Springer-Lehrbuch

Bernhard Bergmans

# System und Grundlagen des deutschen Rechts

Bernhard Bergmans
Wirtschaftsrecht
Westfälische Hochschule
Recklinghausen, Deutschland

ISSN 0937-7433 ISSN 2512-5214 (electronic)
Springer-Lehrbuch
ISBN 978-3-662-72723-2 ISBN 978-3-662-72724-9 (eBook)
https://doi.org/10.1007/978-3-662-72724-9

Die Deutsche Nationalbibliothek verzeichnet diese Publikation in der Deutschen Nationalbibliografie; detaillierte bibliografische Daten sind im Internet über https://portal.dnb.de abrufbar.



Springer ist ein Imprint der eingetragenen Gesellschaft Springer-Verlag GmbH, DE und ist ein Teil von Springer Nature.
Die Anschrift der Gesellschaft ist: Heidelberger Platz 3, 14197 Berlin, Germany

# Vorwort

Studierende des Rechts im Haupt- oder Nebenfach werden in aller Regel ohne allgemeine Einleitung mit positivem Recht und Grundlagenfächern konfrontiert und sind dann gefordert, hieraus in Eigenverantwortung ein Verständnis des Gesamtsystems zu entwickeln. Erfahrungsgemäß gelingt dies allerdings nur in beschränktem Maße und/oder nach längerem Zeitablauf, selbst im klassischen Jurastudium. Das vorliegende Werk zielt darauf ab, dieses Defizit zu kompensieren und damit den Erwerb juristischer Kompetenzen zu erleichtern und verbessern.

Auch interessierte Laien erhalten hier einen systematischen Einstieg und Überblick, der sie befähigen soll, sich im deutschen Rechtssystem zu orientieren und mit Recht umzugehen, unabhängig davon, in welchem Kontext oder mit welchem Schwerpunkt sie mit der Welt des Rechts in Kontakt kommen.

Diese Einführung unterscheidet sich von anderen Einführungsbüchern in mehrfacher Hinsicht:

Es geht zum einen nicht darum, Elemente des positiven Rechts aus wichtigen Rechtsbereichen in geraffter Form darzustellen und damit punktuelle Kenntnis einzelner Rechtsthemen zu vermitteln, sondern ein Basisverständnis des geltenden Rechts in seinen Grundelementen, Begriffen, Zusammenhängen, Funktionsweisen und Entwicklungen. Dazu wird eine Systemperspektive gewählt, deren Verständnis die Grundlage für alle juristischen Fachgebiete bildet und damit einen wichtigen Grundstein für eine theoretische und praktische Rechtsbildung darstellt.

Zum anderen wird das Recht nicht nur aus der Perspektive behandelt, wie es auf dem Papier existiert und funktionieren sollte, sondern auch mit Blick darauf, wie es als Realität ge- und erlebt wird. Daher wird zwar die Bedeutung der Rechtswissenschaft gebührend gewürdigt, aber es werden auch die Sichtweisen anderer Wissenschaften berücksichtigt, die das Recht als zentrales gesellschaftliches Phänomen untersuchen.

Das Buch will entsprechend durch die Relevanz der Themen, eine Schärfung des Problembewusstseins und das Verständnis der Zusammenhänge überzeugen, nicht durch Gelehrsamkeit. Daher wird auch bewusst auf Literaturhinweise verzichtet, da diese für die Zielsetzung nicht erforderlich sind und erfahrungsgemäß auch nicht genutzt werden. Es gibt außerdem zu allen Themen umfangreiche vertiefende Literatur, und diese kann über moderne Recherchetechniken ohne großen Aufwand gefunden werden, sofern die Themen nicht ohnehin im Rahmen des Studiums vertieft werden.

Das Buch setzt keine Vorkenntnisse voraus, aber die erfolgreiche Verarbeitung des Inhalts setzt eine intensive Beschäftigung mit den behandelten Themen voraus. Inhalt und Umfang sind auf eine zweistündige einsemestrige Lehrveranstaltung abgestimmt.

Soweit es um Personen geht, werden hierbei selbstverständlich alle Geschlechter erfasst. Der sprachlichen Einfachheit halber wird im Text nur der generische Maskulin verwendet.

**Competing Interests** Der/die Autor*in hat keine für den Inhalt dieses Manuskripts relevanten Interessenkonflikte.

# Inhaltsverzeichnis

**Einleitung** 1
I. Recht als Grundlage der Gesellschaftsordnung 1
1. Recht und Gesellschaft 1
2. Recht und Ordnung 2
3. Recht und Zwang 3
4. Recht und Macht 4
5. Recht und Gesetz 4
6. Recht und Staat 5
II. Recht und Rechtswissenschaft 7
1. Rechtsdogmatik 7
2. Grundlagenfächer 8
3. Methodenlehren 8
4. Andere Wissenschaften 9
III. Recht und Sprache 10
1. Sprachbindung des Rechts 10
2. Herausforderungen 10
IV. Rechtsideal und Rechtswirklichkeit 11

**Teil I Statik des Rechts**

**Quellen des Rechts** 15
I. Einleitung 15
II. Deutsche Quellen 16
1. Rechtsetzung der Legislative 16
a) Einleitung 16
b) Rechtsetzungsorgane und -verfahren 16
c) Legislative Normen 17
d) Gesetzgebungsmaterialien 19
2. Entscheidungen der Judikative 19
a) Einleitung 19
b) Grundzüge des deutschen Gerichtssystems 20
c) Entscheidungsarten 21
d) „Richterrecht“ 22

3. Akte der Exekutive ..... 24
a) Einleitung ..... 24
b) Akte mit (beschränkter) Allgemeinwirkung ..... 24
c) Akte ohne Allgemeinwirkung ..... 25
III. Überstaatliche und ausländische Quellen ..... 26
1. Völkerrecht ..... 26
2. Europäisches Recht ..... 27
a) Primärrecht ..... 27
b) Sekundärrecht ..... 28
c) Richterrecht ..... 28
3. Ausländisches Recht ..... 29
IV. „Selbstgeschaffenes“ bzw. nichtstaatliches Recht ..... 29
1. Einleitung ..... 29
2. Vereinbartes Recht ..... 30
3. Selbstregulierung, technische Normen ..... 30
V. Gewohnheitsrecht, Verkehrssitte ..... 31
1. Gewohnheitsrecht ..... 31
2. Sitten, Bräuche ..... 32

**Wesentliche Merkmale des deutschen Rechts** ..... 35
I. Rechtliche Erfassung der Realität ..... 35
1. Personen als Inhaber von Rechten und Pflichten ..... 35
a) Rechtssubjekte ..... 35
b) Besondere Gruppen ..... 36
2. Gegenstände des Rechtsverkehrs ..... 37
3. Handlungen im Rechtsverkehr ..... 37
a) Handlungen Privater ..... 37
b) Handlungen des Staates ..... 38
4. Rechtsinstitute ..... 39
II. Systematisierung des Rechts ..... 39
1. Unterteilung des objektiven Rechts ..... 39
a) Rechtsbereiche ..... 39
b) Rechtsgebiete ..... 40
c) Strafrecht ..... 41
2. Differenzierung subjektiver Rechte ..... 41
a) Begriff ..... 41
b) Subjektives Recht und Rechtsreflex ..... 42
III. Wichtige Merkmale und Leitprinzipien den Staat betreffend ..... 42
1. Öffentliches Recht ..... 43
2. Rechtliche Vorgaben rechtmäßigen Handelns ..... 43
a) Grundordnung des Staats ..... 43
b) Grundrechte und -freiheiten der Bürger ..... 44
3. Subjektive Rechte im öffentlichen Recht ..... 44
a) Überblick ..... 44
b) Arten ..... 45
c) Ausübung ..... 46
4. Besonderheiten des Strafrechts ..... 46

IV. Wichtige Merkmale und Leitprinzipien Private betreffend . . . 47
1. Privatrecht . . . 48
2. Rechtliche Vorgaben rechtmäßigen Verhaltens . . . 48
a) Handlungsfreiheit und Verantwortung . . . 49
b) Gebot von Treu und Glauben . . . 49
c) Verbot der Gesetzesumgehung und -erschleichung . . . 50
d) Verbot der Sittenwidrigkeit . . . 50
3. Subjektive Rechte im Privatrecht . . . 50
a) Überblick . . . 50
b) Arten . . . 51
c) Ausübung . . . 52

**Geltung und Ordnung des Rechts** . . . 53
I. Geltung des Rechts . . . 53
1. Geltungsvoraussetzungen . . . 53
2. Sachliche und persönliche Geltung . . . 55
a) Einleitung . . . 55
b) Gesetztes Recht, Normen . . . 55
c) Rechtsprechung . . . 56
d) Akte der Exekutive . . . 56
e) Private Rechtsquellen . . . 56
3. Räumliche Geltung . . . 56
a) Einleitung . . . 56
b) Gesetztes Recht, Normen . . . 57
c) Rechtsprechung . . . 58
d) Akte der Exekutive . . . 59
e) Private Rechtsquellen . . . 59
4. Zeitliche Geltung . . . 59
a) Gesetztes Recht, Normen . . . 60
b) Rechtsprechung . . . 61
c) Akte der Exekutive . . . 62
d) Private Rechtsquellen . . . 62
5. Geltung und Anwendbarkeit . . . 62
a) Einleitung . . . 62
b) Vertiefung . . . 63
II. Ordnung des Rechts . . . 64
1. Einleitung . . . 64
a) Überblick . . . 64
b) Geltungsvorrang und Anwendungsvorrang . . . 65
2. Hierarchie der Rechtsquellen . . . 65
a) Allgemeine Hierarchie . . . 65
b) Normenhierarchie . . . 66
(ba) Hierarchie . . . 66
(bb) Bedeutung . . . 67

3. Regelung von Rechtsnormkonkurrenzen ........ 68
a) Einleitung ........ 68
b) Kombinationsregeln ........ 69
c) Priorisierungsregeln bei nicht gleichrangigen Normen ........ 70
d) Priorisierungsregeln bei gleichrangigen Normen ........ 70
e) Räumliche und zeitliche Kollisionsregeln ........ 71
4. Juristische Methoden und Techniken ........ 72
5. Wissenschaftliche Systematisierung ........ 73
a) Bedeutung ........ 73
b) Instrumente ........ 74

**Akteure des Rechts** ........ 75
I. Einleitung ........ 75
II. Personen der staatlichen Rechtspflege ........ 76
1. Richter ........ 76
2. Staatsanwälte ........ 77
3. Rechtspfleger ........ 77
4. Gerichtsvollzieher ........ 77
5. Schiedspersonen ........ 78
III. Selbständige Rechtsdienstleister ........ 78
1. Rechtsanwälte als Allgemeinanbieter ........ 79
2. Spezialdienstleister ........ 80
a) Notare ........ 80
b) Patentanwälte ........ 80
c) Steuerberater ........ 80
d) Wirtschaftsprüfer ........ 81
e) Sonstige ........ 81
3. Juristische Annexdienstleister ........ 82
a) Grundlagen ........ 82
b) Beispiele ........ 83
IV. Angestellte Juristen ........ 83
1. Unternehmensjuristen ........ 84
a) Überblick ........ 84
b) Juristen in Rechtsabteilungen ........ 85
c) Syndikusrechtsanwälte ........ 85
2. Wirtschaftsjuristen ........ 86
3. Verwaltungsjuristen ........ 87

**Teil II Dynamik des Rechts**

**Praxis des Rechts** ........ 91
I. Das Entstehen und Wirken des Rechts ........ 91
1. Einleitung ........ 91
2. Gesetzgebung ........ 91
a) Gesetzgebungsflut ........ 92
b) Gesetzgebungsqualität ........ 93

c) Gesetzgebungsverfahren ... 93
d) Normative Kraft des Faktischen ... 94
3. Rechtsprechung ... 95
a) Einleitung ... 95
b) Gerichtsverfahren ... 96
c) Publikationspraxis ... 97
d) Leitsätze ... 98
II. Das Anwenden und Gestalten des Rechts ... 99
1. Anwenden und gestalten ... 99
2. Auslegen ... 101
3. Argumentieren, begründen und rechtfertigen ... 101
III. Recht haben und Recht bekommen ... 102
1. Einleitung ... 102
2. Zugang zum Recht bzw. zum Gericht ... 103
a) Rechts(un)kenntnis und Beratungszwang ... 103
b) Kosten ... 104
3. Beweise ... 105
a) Einleitung ... 105
b) Beweismittel ... 106
c) Verfahrensaspekte ... 107
4. Rechtsdurchsetzung ... 108
a) Grundsätze ... 108
b) Eigenmächtige Rechtsdurchsetzung ... 108
c) (Zwangs-)Vollstreckung ... 109
5. Alternative Streitregelung ... 109
a) Außergerichtliche Streitregelung ... 110
b) Nichtjuristische Streitregelung ... 110

**Wirksamkeit des Rechts** ... 113
I. Bedeutung und Ursachen eingeschränkter Wirksamkeit ... 113
1. Bedeutung ... 113
a) Verringerung der Ordnungsfähigkeit ... 114
b) Minderung der Rechtstreue ... 114
c) Beschränkung rechtlicher Gestaltungsmöglichkeiten ... 115
2. Ursachen ... 115
a) Normierungsdefizite ... 115
b) Mehrheiten und Minderheiten ... 116
c) Gesellschaftliche Dynamik ... 116
d) Sonstige ... 117
II. Lösungsansätze ... 118
1. Grundsätzliche Herangehensweisen ... 118
a) Rechtsetzungsmethodik ... 118
b) Psychosoziale Verhaltenssteuerung ... 119
c) Effektivität durch Effizienz? ... 119
2. Rechtskenntnis und -verständlichkeit ... 121
3. Rechtsüberzeugung und -vertrauen ... 122

4. Rechtsdurchsetzung und -vollzug . . . 124
III. Der steuernde Staat . . . 125
1. Differenzierte Rolle des Staats . . . 125
a) Private Interessen . . . 126
b) Öffentliche Aufgaben . . . 126
2. Compliance . . . 127
a) Unternehmens-Compliance . . . 127
b) Hinweisgeber-Unterstützung . . . 128
3. Streitregelung . . . 129
a) Sportgerichtsbarkeit . . . 129
b) Internationale Investitionsschutzgerichtsbarkeit . . . 129
IV. Europäisierung und Internationalisierung . . . 130
1. Grenzüberschreitende Wirksamkeit des Rechts . . . 131
2. Wettbewerb der Rechtsordnungen . . . 132

**Ideale des Rechts** . . . 135
I. Grundlagen . . . 136
1. Überblick . . . 136
a) Unterscheidung . . . 136
b) Funktionsideale . . . 136
c) Leitideale . . . 137
d) Wirkungsideale . . . 137
2. Ziel- und Idealkonflikte . . . 138
3. Ideale der Akteure . . . 139
II. Sicherheit, Frieden, Freiheit . . . 139
1. Sicherheit . . . 140
2. Frieden . . . 140
3. Freiheit . . . 141
III. Sittlichkeit . . . 142
IV. Gerechtigkeit . . . 143
1. Einleitung . . . 144
2. Austauschende und verteilende Gerechtigkeit . . . 145
3. Gleichheit . . . 145
4. Ökonomische Effizienz . . . 146
5. Kategorischer Imperativ . . . 147
6. Verfahrens- und Organisationsgerechtigkeit . . . 148
V. Billigkeit . . . 149
1. Dem Gesetz entsprechen . . . 149
2. Vom Gesetz abweichen . . . 149

**Zukunft des Rechts** . . . 151
I. Makroentwicklungen der Rechtsordnung . . . 151
1. Problemstellung . . . 151
2. Beispiele für aktuelle Veränderungen . . . 152
a) Vielfalt und Komplexität . . . 152
b) Überforderung und Unsicherheit . . . 153

c) Entfremdung von Bürgern, Staat und Recht . . . . . 154
d) Digitalisierung und KI . . . . . 154
II. Deutungsversuche . . . . . 155
1. Verrechtlichung? . . . . . 155
2. Krise des Rechts? . . . . . 156
a) Symptome . . . . . 156
b) Bewertung . . . . . 156
3. Evolution des Rechts? . . . . . 157
III. Folgerungen für die Juristenberufe und -qualifikationen . . . . . 158
1. Problemstellung . . . . . 158
2. Weiterentwicklung . . . . . 159

**Ausblick** . . . . . 161

**Stichwortverzeichnis** . . . . . 163

# Einleitung

In dieser Einleitung soll in einem ersten Schritt Recht als Bestandteil eines geordneten gesellschaftlichen Zusammenlebens situiert werden, um hieraus jene Merkmale abzuleiten, die als Grundlagen bzw. Grundannahmen in vielfältigen Bezügen dem Verständnis der folgenden Kapitel dienen. Dazu zählen auch die Bedeutung der Rechtswissenschaft, des Sprachcharakters des Rechts sowie der Spannung von Ideal und Wirklichkeit.

## I. Recht als Grundlage der Gesellschaftsordnung

Recht als gesellschaftliches Phänomen wird durch verschiedene Merkmale gekennzeichnet, die in ihrer Kombination sowohl das Verständnis des modernen Rechts als auch seine tatsächliche Wirkungsweise als Ordnungsfaktor prägen.

### *1. Recht und Gesellschaft*

Recht ist ein Phänomen, das sich aus dem **Zusammenleben der Menschen** ergibt. Moderne Gesellschaften sind ohne Recht nicht denkbar, es stellt vielmehr einen der **Grundpfeiler unseres Gesellschaftssystems** dar. Dabei wirkt das Recht auf die Gesellschaft bzw. das Zusammenleben der Menschen ein, wird gleichzeitig aber auch von deren konkreten Gegebenheiten geprägt. Insofern findet hier ein komplexes Wechselspiel statt, bei dem der Einzelne sich keineswegs immer bewusst ist, wie das Recht ihn beeinflusst, und umgekehrt.

Fest steht jedenfalls, dass Recht omnipräsent im Leben jedes Einzelnen ist, denn es erfasst grundsätzlich alle Lebensbereiche. Selbst jene Sphären, in denen die Entscheidungs- und Handlungsfreiheit des Einzelnen gewährleistet ist und es weder Ge- noch Verbote spezifischer Art gibt, unterliegen einem allgemeinen Rechtsrahmen bzw. allgemeinen Grundsätzen (wie z. B. dem, dass mit jedem mensch-



B. Bergmans, *System und Grundlagen des deutschen Rechts*, Springer-Lehrbuch, https://doi.org/10.1007/978-3-662-72724-9_1

lichen Verhalten potenzielle Rechtsfolgen verbunden sind). Es gibt **keinen rechtsfreien Raum,** sondern allenfalls Räume rechtlich gesicherter Freiheit sowie Bereiche mit einer geringen Normdichte oder unklaren Rechtslage.

Weil das Recht alle Aspekte des Zusammenlebens erfasst, ist es entsprechend **vielfältig** und in Teilbereichen so komplex, dass es manchmal als gesellschaftliches Problem wahrgenommen wird. Aufgrund der gesellschaftlichen Entwicklungen ist das Recht grundsätzlich **veränderlich,** und in einer länderübergreifenden Perspektive auch **unterschiedlich,** da jeder Staat grundsätzlich eine eigene Rechtsordnung besitzt (Relativität des Rechts in Zeit und Raum).

Da moderne **Gesellschaften** zudem in vielerlei Hinsicht **heterogen** sind (z. B. was Wertvorstellungen oder wirtschaftliche Belange betrifft), stellt es eine Herausforderung dar, sich auf gemeinsame Regeln des Zusammenlebens zu verständigen (dies gilt analog erst recht auf internationaler Ebene). Zu den **primären Aufgaben** des Rechts zählt es daher, diese **Vielfalt zu einem harmonischen oder zumindest friedvollen und sicheren Ganzen zu formen.**

## *2. Recht und Ordnung*

Die hiervor beschriebene **Aufgabe** des Rechts, die **Ordnung** des gesellschaftlichen Zusammenlebens in all seinen Dimensionen zu realisieren, wird mithilfe **rechtlicher Regeln** (= **Normen, Rechtsnormen, Rechtssätze**) verwirklicht, die das **Verhalten** bzw. die **Entscheidungen** all jener Personen und Institutionen **steuern** sollen, die in ihren Anwendungsbereich fallen.

Zu diesem Zweck umfasst das Recht zum einen Regeln, die festlegen, wer welche **Rechte** oder **Pflichten** hat, welche rechtlichen Folgen mit bestimmten Verhaltensweisen oder Ereignissen verbunden sind, was in welcher Form in welchen Umständen zu tun ist, usw. Diese bilden die Grundlage für Entscheidungen bei Streitigkeiten, die auf Basis von Rechtsnormen entschieden werden. Diesen Teil des Rechts nennt man **„materielles Recht“** (oder auch **„Sachrecht“**).

> *Beispiele:* Das Bürgerliche Gesetzbuch (BGB), Handelsgesetzbuch (HGB) und Strafgesetzbuch (StGB) enthalten grundlegende materiellrechtliche Regeln für unser Zusammenleben.

Darüber hinaus müssen diese Normen aber noch durch weitere Regeln ergänzt werden, die z. B. festlegen, wie Recht erschaffen werden soll, wer in diesem Zusammenhang welche Befugnisse hat, wie inhaltliche Widersprüche aufgelöst werden, wie Streitfälle in einem juristischen Verfahren entschieden werden, usw. Dieses **„formelle Recht“** schafft also die Rahmenbedingungen (Verfahren, Zuständigkeiten, Formalien, Arbeitsweisen, Methoden, usw.) dafür, dass das materielle Recht in geordneter Weise seine Wirkung entfalten kann. Es ist in seiner Bedeutung nicht zu unterschätzen, da formelle Regeln zwar keine Entscheidungsgrundlagen bei rechtlichen Streitigkeiten liefern,[1] in vielen Fällen durch ihre Wirkungsweise aber ausschlaggebend dafür sind, wer letztlich Recht bekommt (s. hierzu Kap. 6).

[1] Außer in den Fällen, in denen ein Rechtsstreit sich speziell auf formelle Regelungen bezieht.

*Beispiele:* Wichtige Verfahrensnormen finden sich z. B. in der Zivilprozessordnung (ZPO), Abgabenordnung (AO) oder dem Verwaltungsverfahrensgesetz (VwVfG).

Die Summe all dieser Rechtsnormen, ergänzt um alle aus anderen Rechtsquellen resultierenden Vorgaben (s. Kap. 2), bildet das **„objektive Recht“.** Wenn sich hieraus Rechtspositionen, Befugnisse usw. für einzelne Personen ergeben, die diese individuell geltend machen können, bezeichnet man diese als **„subjektive Rechte“.** Auch diese müssen in eine Ordnung gebracht werden, insbesondere wenn Rechte des Einen mit denen eines Anderen im Widerspruch stehen (zur Vertiefung s. Kap. 3).

Das Recht ist demnach nicht nur ein System zur Ordnung des gesellschaftlichen Zusammenlebens, sondern selbst **als System ordnungsbedürftig** (s. hierzu Kap. 4. III).

## 3. Recht und Zwang

Dass die rechtlich geformte Ordnung auch tatsächlich eingehalten wird, liegt an der **Verbindlichkeit** aller Rechtsregeln bzw. dem **Zwang,** der mit diesen verbunden ist.

Rechtsnormen sind nämlich im Gegensatz zu anderen sozialen Verhaltensbestimmungen des Menschen, etwa denen der Sitte und der Moral, grundsätzlich verbindlich, d. h. sie sind bei Nichtbefolgung mit vorab festgelegten **Rechtsfolgen/Sanktionen/Strafen** verbunden, die jeweils in Rechtsnormen festgelegt sein müssen.

*Beispiele:*

- § 154 Abs. 1 StGB: *„Wer vor Gericht oder vor einer anderen zur Abnahme von Eiden zuständigen Stelle falsch schwört, wird mit Freiheitsstrafe nicht unter einem Jahr bestraft.“*
- § 823 Abs. 1 BGB gebietet demjenigen die Leistung von Schadenersatz, der *„vorsätzlich oder fahrlässig das Leben, den Körper ... eines anderen ... verletzt.“*

Es handelt sich hierbei um **Gebote** (müssen), **Verbote** (nicht dürfen) und deren Gegensatzpaar **Freistellung** (nicht müssen) und **Erlaubnis** (dürfen).

Verbindlichkeit bedeutet grundsätzlich auch **Erzwingbarkeit**, d. h. verbindliche Normen und subjektive Rechte werden ggf. auch gegen den Willen der Betroffenen bzw. Verpflichteten durchgesetzt. Die Rechtsordnung enthält daher auch formelle Regeln (s. Abschn. 2 hiervor), um sicherzustellen, dass bei Rechtsverstößen oder Verletzung subjektiver Rechte mögliche Rechtsfolgen oder Sanktionen tatsächlich eintreten und ggf. vollstreckt werden können.

Der Grad der Verbindlichkeit bzw. des Zwangs, die Art der Rechtsfolgen bzw. Sanktionen, die Klage- und Durchsetzungsbefugnis sowie die Modalitäten einer möglichen Ausübung von Zwang sind jedoch nicht einheitlich, sondern **differenziert geregelt.**

*Beispiel:* Selbst bei einem offenkundigen Rechtsbruch ist **nicht automatisch jeder berechtigt, Klage zu führen** und Rechtsfolgen einzufordern, sondern es wird in den Rechtsnormen jeweils spezifisch festgelegt, wer in welchem Fall Rechtstreue einfordern bzw. Rechtsverletzungen geltend machen kann.

Der Zwangscharakter schränkt also auf nuancierte Weise die Handlungsfreiheit des Einzelnen ein. Gleichzeitig entsteht so aber im Interesse aller auch Vorhersehbarkeit und **Rechtssicherheit,** welche wieder eine Garantie für die persönliche **Freiheit** aller Individuen darstellen. Insofern erfordern die Festlegung von Rechtsnormen und ihre differenzierte Gestaltung immer eine sorgfältige Abwägung der Vor- und Nachteile.

## 4. Recht und Macht

Das Recht hat ein **zweifaches Verhältnis** zur Macht (oder Herrschaft).

Zum einen dient es dazu, tatsächliche Macht (das „Recht" des faktisch Stärkeren) zu beschränken und **Machtmissbrauch** zu **verhindern.** In einer Welt ohne schützendes Recht, in einem rechtlosen Raum siegt immer der jeweils faktisch Stärkere ist (sogen. **„Faustrecht"**). Das ist nicht nur für die Schwächeren individuell oder für Minderheitsgruppen ein Problem, sondern auch für die Entwicklung einer funktionierenden friedlichen Gesellschaft.

Wer also faktische (insbesondere politische und wirtschaftliche) Macht besitzt, muss nach modernem Rechtsverständnis einer wirksamen rechtlichen Kontrolle unterliegen. Recht ist demnach **das Maß und die Grenze der tolerierten faktischen Macht** und damit ein **Herrschaftskontrollinstrument.**

Zum anderen ist das Recht aber auch ein **Instrument der Macht** bzw. **der Herrschaftsausübung.** Das gilt nicht nur für den Staat als obersten Ordnungshüter (s. Abschn. 6 hiernach), sondern auch für die Bürger. Wer das Recht auf seiner Seite hat, kann Macht ausüben. Damit Recht seine Ordnungsfunktion erfüllen kann, muss es daher auch sicherstellen, dass alle ihre Rechte kennen und ausüben können, oder dass **Rechtsmissbrauch verhindert** wird.

## 5. Recht und Gesetz

Das Recht besteht im heutigen Rechtssystem im Wesentlichen aus **von befugten Instanzen geschaffenem Recht** in Form von ausformulierten und nach festgelegten Regeln verabschiedeten **Gesetzen.** Diese Gesetze sind jeweils thematisch geordnete Sammlungen von Normen, wobei die Verteilung auf einzelne Gesetze sich typischerweise aus Sachzusammenhängen ableitet. Dieses Gesetzesrecht nennt man auch **positives Recht,** welches die primäre Rechtsquelle darstellt (s. Teil I).

Soweit sie die formellen Voraussetzungen für ihre Geltung erfüllen (s. Kap. 4. I), sind sie grundsätzlich zu befolgen, unabhängig davon, ob die Menschen inhaltlich mit ihnen einverstanden sind, ob die Gesetzesanwendung im Einzelfall möglicherweise als ungerecht empfundene Folgen hat oder als veraltet betrachtet wird. Diese Sichtweise bzw. diesen Grundsatz nennt man **Rechtspositivismus.**

Dem steht eine Sichtweise gegenüber, derzufolge es neben diesem gesetzten Recht ein **überpositives Recht,** meist **Naturrecht** genannt, gibt, das je nach Auffassung aus „dem Wesen des Menschen", „der Natur der Sache", „der reinen Vernunft" oder „von Gott" abgeleitet wird, und daher als **absolut und unveränderlich** betrachtet wird, d. h. nicht wie bei Gesetzen von Menschenhand erschaffen und willentlich geändert, sondern nur entdeckt werden kann und als gegeben hingenommen werden muss.

Man ist sich heute in der Tat grundsätzlich einig, dass Recht mehr ist als die Summe der Gesetze, dass es also „überpositives Recht" gibt bzw. geben muss, nicht zuletzt als Maßstab für Gerechtigkeit (s. Kap. 8. IV). Über die möglichen Inhalte des Naturrechts gibt es jedoch keinen Konsens. Praktische Bedeutung erlangt es in erster Linie dann, wenn Normen verabschiedet werden, die aus einer naturrechtlichen Perspektive Unrecht darstellen und daher z. B. nicht als legitime Grundlage für Gerichtsurteile akzeptiert werden. Allerdings erfolgt diese Wertung in aller Regel nicht zum Zeitpunkt der Verabschiedung und Anwendung der Gesetze, sondern erst später bei einem Regimewechsel, oder aus dem Ausland heraus.

*Beispiel:* Gesetze aus der Nazizeit wurden formal korrekt (d. h. gemäß den seinerzeitigen rechtlichen Vorgaben) verabschiedet, beinhalteten vielfach aber Unrecht, was allerdings erst nach dem Ende der Dritten Reichs so bewertet wurde.

## 6. Recht und Staat

Sowohl die Existenz als auch die Anwendung des Rechts setzen ein funktionierendes **Gemeinwesen** voraus, das heutzutage in aller Regel als Nationalstaat organisiert ist, dem die Mitglieder der Gesellschaft insbesondere die Aufgabe anvertraut haben, durch das Recht das Zusammenleben **innerhalb des Staatsgebiets** zu regeln. D. h. das Recht ist in erster Linie nationales Recht.

Staaten sind jedoch selbst **Rechtskonstrukte,** die sich intern sehr unterschiedlich organisieren können. Für welches Modell sie sich entscheiden, regeln die Staaten autonom in ihrer **Verfassung,** die in Deutschland als **Grundgesetz** bezeichnet wird.

So gibt es einheitliche **Zentralstaaten,** aber es kann innerhalb eines Territoriums auch unterschiedliche **Teilrechtsordnungen** geben. Durch innerstaatliche Delegation können so z. B. Bundesstaaten wie die Bundesrepublik Deutschland entstehen (s. Art. 20 Abs. 1 GG), die auf Gliedstaaten (den Bundesländern) aufsetzen, die ihrerseits durch eine Landesverfassung geordnet werden. Diese Staatsorganisationsform nennt man **Föderalismus.**

Staaten können auch freiwillig Zuständigkeiten und Kompetenzen an andere Staaten bzw. **überstaatliche Organisationsformen** übertragen (wie dies z. B. bzgl. der Europäischen Union geschehen ist). Auch dies muss allerdings wieder inner-

und zwischenstaatlich mittels Rechtsregeln organisiert werden, die mit der nationalen Verfassung übereinstimmen müssen (s. für Deutschland Art. 23-24 GG).

Auf seinem Territorium ist der Staat souverän, insbesondere besitzt er das **Gewaltmonopol,** d. h. das Recht zur Ausübung von Zwang.[2] Allerdings ist in modernen Staaten der Staat selbst **auch an Regeln gebunden,** deren Grundlagen in der Verfassung festgelegt werden. Um sich gegen eine zu große Machtfülle des Staates zu schützen, gelten in demokratischen Staaten daher insbesondere zwei Grundprinzipien:

(1) Das **Prinzip der Gewaltenteilung:** Die Staatsgewalt wird auf verschiedene Organe verteilt. D. h. in modernen Staaten werden die Befugnisse, Rechtsnormen zu verfassen, sie auf den einzelnen Streitfall mit Autorität anzuwenden und auf ihrer Grundlage Streitfälle rechtskräftig zu entscheiden, sowie Gesetze auszuführen und Urteile zu vollstrecken, auf drei Gewalten[3] aufgeteilt (s. Art. 20 Abs. 2 S. 2 GG):

- Die Legislative (gesetzgebende Gewalt) liegt in den Händen der Gesetzgebungsorgane, auf Bundesebene z. B. des Bundestags und des Bundesrats.
- Die **Judikative (rechtsprechende Gewalt)** wird durch die Gerichte repräsentiert.
- Die **Exekutive (vollziehende Gewalt)** wird durch die Regierung und Verwaltung (i. w. S.[4]) ausgeübt.

Diese drei Gewalten sollen sich **gegenseitig kontrollieren** und somit ein **Machtgleichgewicht** herstellen.

(2) Das **Rechtsstaatsprinzip** (i. e. S.): Der Staat selbst und seine Gewalten sind dem Recht unterworfen und können nicht beliebig agieren (der Staat handelt **nicht nur „durch Regeln", sondern auch „nach Regeln"**) (s. Art. 1 Abs. 3, 20 Abs 3 GG). Das gilt auch für die Entstehung und Anwendung von Recht, d. h.: Das Rechtssystem regelt nicht nur faktische Sachverhalte, sondern das Recht regelt auch sich bzw. das Rechtssystem selbst.

Um Gesetze als akzeptables Gerechtigkeitsinstrument zu handhaben und das vorerwähnte Problem des Rechtsmissbrauchs zu bändigen, haben in der Tat alle modernen Gesellschaften – und auch Deutschland – in ihren Verfassungen festgelegt,

- dass das **Rechts- und Erzwingungssystem vom Staat im Auftrag und gemäß dem Willen der Bevölkerung ausgeübt** werden muss. Art. 20 Abs. 2 S. 1 GG

[2] Von einigen wenigen Fällen abgesehen, in denen Private ihre Rechte ausnahmsweise selber durchsetzen können, wenn der Staat nicht eingreifen kann oder zu spät kommen würde: s. Kap. 6, III. 4.

[3] (Massen)Medien werden manchmal als „vierte Gewalt" bezeichnet, aber dabei handelt es sich um einen politischen Begriff, keinen rechtlichen.

[4] I. w. S. = im weiten Sinne, i. e. S. = im engen Sinne.

besagt entsprechend: *„Alle Staatsgewalt geht vom Volke aus."* Dies stellt die Grundlage des **demokratischen Staatssystems** dar.
- dass es **Grundrechte und -werte** gibt, die durch den Staat nicht verletzt werden dürfen, auch nicht durch formal verabschiedete Gesetze (Art. 1 Abs. 1 und 3 GG).

## II. Recht und Rechtswissenschaft

Bereits aus dem bisher Gesagten wird ansatzweise deutlich, dass Rechtssysteme – so auch das deutsche – komplex und kompliziert sind. Es stellt daher nicht nur für die Staatsgewalten, sondern für alle Akteure des Rechts (s. Kap. 5) eine große Herausforderung dar,

- diese anspruchsvollen Gebilde inhaltlich in allen Verästelungen zu kennen, verstehen und handhaben,
- formal die Einheit der Rechtsordnung sicherzustellen, und
- das Recht daraufhin zu prüfen, ob es seinen Aufgaben gerecht wird.

Sie werden hierbei durch die Wissenschaften auf verschiedene Weise unterstützt. Im Mittelpunkt steht dabei natürlich die **Rechtswissenschaft** als Oberbegriff für die wissenschaftliche Beschäftigung mit dem Recht als Normensystem zur Ordnung des sozialen Zusammenlebens. Die Rechtswissenschaft in diesem weiten Sinne setzt sich aus verschiedenen **Teilbereichen** zusammen, die jeweils unterschiedliche Perspektiven einnehmen und Methoden anwenden. Daneben spielen auch **andere Wissenschaften** sowohl in der wissenschaftlichen Aufbereitung des Rechts als auch in seiner Praxis eine relevante Rolle.

### *1. Rechtsdogmatik*

Die **Rechtsdogmatik** beschäftigt sich mit dem hier und heute geltenden Recht und stellt den Kernbereich der Rechtswissenschaft dar (sie wird auch als Rechtswissenschaft i. e. S. bezeichnet). Sie **erschließt** die geltenden **Rechtsquellen** und ihre Anwendung, **systematisiert** und **kommentiert** sie zustimmend oder kritisch und **entwickelt** ggf. Vorschläge für eine Weiterentwicklung.

Grundlage hierfür sind vor allem die Gesetze und Gerichturteile (s. Teil I) sowie die Lehrmeinungen anderer Wissenschaftler, die methodisch analysiert und bewertet werden. Hieraus leitet sich auch der Begriff „Rechtsdogmatik" (Dogma = Lehrmeinung zum geltenden Recht) ab.

Dogmatische Arbeit beinhaltet daher im Kern die **Bildung von Begriffen, Systemen und Prinzipien.** Sie gewinnt ihre Autorität aus der Qualität ihrer Argumente. Ihren Nutzen entfaltet sie als **Ratgeber** für den Gesetzgeber, die Gerichte, die Rechtsberater und nicht zuletzt die Rechtsanwender durch systematische Aufarbeitung und Beschreibung der aktuellen Rechtslage, zu der die Rechtssubjekte angesichts des damit verbundenen Arbeitsaufwands häufig nicht in der Lage wären. Und nicht zuletzt wird durch diese wissenschaftliche Aufarbeitung das Recht überhaupt erst **lehr- und lernbar.**

## 2. Grundlagenfächer

Das objektive Recht kann darüber hinaus noch unter verschiedenen anderen Gesichtspunkten wissenschaftlich behandelt bzw. betrachtet werden. Diese sind Gegenstand der sogen. Grundlagenfächer, da ihre Grundlagen und Methoden typischerweise im außerjuristischen Bereich liegen:

- **Rechtsgeschichte** ist Rechtsdogmatik und ggf. Methodenlehre bzgl. des heute nicht mehr geltenden Rechts.
- **Rechtsvergleichung** beschäftigt sich mit dem Vergleichen verschiedener Rechtsordnungen insgesamt (Makrovergleichung) oder bestimmter Teilbereiche (Mikrovergleichung).
- **Rechtspolitik** beschäftigt sich mit der Frage, wie Recht sein sollte, wohin es sich entwickeln soll und wie es verändert werden kann.
- **Rechtsphilosophie** denkt grundlegend über das Recht nach, insbesondere über Werte des geltenden Rechts, über Gerechtigkeit und andere Kriterien für „richtiges Recht".
- **Rechtstheorie** wird als Oberbegriff für unterschiedliche Ansätze intra- oder interdisziplinärer Grundlagenforschung zu theoretischen Fragen bzgl. des Recht als Normensystem ohne Bezug zu einer konkreten Rechtsordnung verwendet.
- **Rechtssoziologie** untersucht das Recht, wie es tatsächlich ist und gelebt wird, bzw. welche gesellschaftlichen Auswirkungen es hat und wie es von der Gesellschaft geprägt wird bzw. diese prägt.
- **Rechtsökonomik** (oft auch „Ökonomische Theorie des Rechts") untersucht die Rechtsordnung aus einem speziell wirtschaftswissenschaftlichen Blickwinkel, insbesondere unter dem Aspekt der Effizienz, und leitet hieraus normative Empfehlungen für eine Optimierung der Rechtsordnung ab.
- **Rechtspsychologie** beschäftigt sich mit der Anwendung psychologischer Methoden und Erkenntnisse insbesondere in Gerichtsverfahren (forensische Psychologie), aber auch in anderen Bereichen juristischer Tätigkeiten und Phänomene (z. B. Kriminalpsychologie).

## 3. Methodenlehren

Alle vorgenannten Wissenschaften verfügen über Untersuchungs-, Darstellungs-, Argumentations- und Nachweismethoden, die üblicherweise fachspezifische Besonderheiten ausweisen, auch wenn sie auf gemeinsamen Grundlagen beruhen. Entsprechend unterscheiden sich die Methoden der Grundlagenfächer, und diese werden auch üblicherweise nicht der eigentlichen **juristischen Methodenlehre** zugerechnet.

Letztere beschäftigt sich mit den Methoden und Techniken der Rechtsetzung, Rechtsgestaltung, Rechtsanwendung, Rechtsgewinnung und Rechtsfortbildung. Im

Mittelpunkt stehen dabei Methoden der Gesetzesauslegung und der Argumentation bzw. rechtlichen Begründung (insbesondere im Rahmen der richterlichen Rechtsfortbildung bei Gesetzeslücken) (s. hierzu auch Kap. 6. II. 2).

Auch ergänzende praxisbezogene Techniken wie z. B. Informationsrecherche, Fallbearbeitung, Gutachten oder Vertragsgestaltung weisen fachspezifische Besonderheiten auf und müssen von Juristen beherrscht werden, werden jedoch üblicherweise als Kunstlehren und nicht als wissenschaftliche Methoden betrachtet.

### 4. Andere Wissenschaften

In vielen juristischen Tätigkeitsbereichen kommen häufig auch die Erkenntnisse anderer Wissenschaften zur Anwendung, wenn andere als rein juristische Fragen zu klären sind. Deshalb werden diese anderen Wissenschaften gelegentlich auch als **Hilfswissenschaften** oder **ergänzende Wissenschaften** bezeichnet.

Bei der Vorbereitung zu erlassender Normen (Perspektive **de lege ferenda**) z. B. werden andere Wissenschaften benötigt, um insbesondere den Regelungsbedarf erkennen und die Regelungsinhalte sachgerecht formulieren zu können. Auch die heute übliche Gesetzesfolgenanalyse erfordert meist den Rückgriff auf andere Wissenschaften.

*Beispiel:* Die Festsetzung von Geschwindigkeitsbegrenzungen zwecks Verringerung des Schadstoffgehalts der Luft ist eine juristische Maßnahme, die sinnvoll nur auf der Grundlage naturwissenschaftlicher Erkenntnisse oder Hypothesen über Schädigungsverläufe getroffen werden kann.

*Beispiel:* Die Kriminologie liefert Erkenntnisse unterschiedlicher Art, die sowohl für den Gesetzgeber als auch für die Strafrechtswissenschaft und die Strafrechtspraxis relevant sind.

Bei der Interpretation bereits bestehender Gesetze (Perspektive **de lege lata**) ist die Einbeziehung der Erkenntnisse aus anderen Wissenschaften nicht ganz so selbstverständlich, aber häufig unerlässlich, wenn Fachbegriffe anderer Wissenschaften verwendet werden.

*Beispiel:* Es wird z. B. die Hilfe der Wirtschaftswissenschaften benötigt, um juristische Begriffe wie „Wettbewerb" oder „unlauterer Wettbewerb" oder „Kartell" richtig auslegen zu können.

Ganz selbstverständlich und alltäglich ist der Rückgriff auf andere Wissenschaften in der **Praxis** im Zusammenhang mit der **Sachverhaltsfeststellung** und **Beweisführung** in Gerichtsverfahren. Hier ziehen Juristen routinemäßig Sachverständige aus anderen Disziplinen zu Rate (s. auch Kap. 6. III. 2).

*Beispiel:* Bei einem Straßenverkehrsunfall werden Sachverständige benötigt z. B. zur Bestimmung des Blutalkoholgehalts, zur Errechnung der Geschwindigkeit aus der Bremsspur oder zur Widerlegung der Behauptung, die Verkehrsampel habe in alle Richtungen zugleich grün gezeigt.

## III. Recht und Sprache

### *1. Sprachbindung des Rechts*

Das Recht ist **von Natur aus sprach- und textgebunden,** denn Gesetze, Urteile oder Verwaltungsakte können ohne Sprache nicht ausgedrückt und mitgeteilt werden. Gleiches gilt für vertragliche Absprachen, die Darstellung der Rechtslage, den wissenschaftlichen Diskurs über das Recht und nicht zuletzt auch die Beschreibung der rechtlich zu würdigenden Sachverhalte.

Bei dieser diese Sprachgebundenheit handelt es sich um mehr als nur ein interessantes kulturelles Phänomen, denn sie betrifft der **Wesenskern** des Rechts und der Arbeit mit Recht.

Zum einen prägen die Eigenschaften und Grenzen der Sprache in gewissem Maße das Recht selbst und die Arbeit hiermit. Zwar ist es grundsätzlich möglich, jeden Gedanken und jede Regel in jeglicher Sprache in Worte zu fassen, aber die Erfahrung zeigt, dass die Merkmale einer Sprache – vom Begriffsreichtum bis zur Grammatik – sich auf die Art und Weise auswirken, wie Rechtstexte nicht nur verfasst, sondern auch ausgelegt werden und auf welche Weise juristisch argumentiert wird. Dies wird besonders offenkundig, wenn man deutsches Recht in deutscher Sprache mit anderen Rechtsordnungen in anderen Sprachen vergleicht.

Deutsches Recht ist (wie die deutsche Sprache) z. B. stark von **Substantiven und Begriffen** geprägt, mit denen typischerweise auch eine spezifische Bedeutung verbunden ist. Die Kehrseite dieses Merkmals (das man grundsätzlich als Stärke betrachten kann) ist das Phänomen, dass juristisches Denken und Bewerten sich häufig in Begriffsdiskussionen verliert, Regelungsziele und -auswirkungen aber wenig Beachtung finden.

Begriffe sind immer **abstrakt** und bezeichnen mit einem **Wort** mehrere, mehr oder weniger unterschiedliche konkrete Aspekte der Realität. Die Begriffsbedeutung wird besonders dann wichtig, wenn die Elemente der Realität, die der Begriff abbilden soll, keine unmittelbar sinnlich fassbaren Dinge sind, wie dies im Rechtsleben häufig der Fall ist.

Je allgemeiner und unbestimmter ein Begriff (z. B. „Zumutbarkeit", „Treu und Glauben"), desto mehr verbinden sich mit ihm zudem Konnotationen (d. h. die Grundbedeutung eines Wortes begleitende zusätzliche, emotional, usw. geprägte Vorstellungen), die sehr oft individuell unterschiedlich verstanden werden.

Angesichts dieser unvermeidbaren Vieldeutigkeit erfordern verwendete Begriffe immer eine **Auslegung** zur Klärung der im jeweiligen Kontext damit verbundenen Bedeutung.

### *2. Herausforderungen*

Der Sprachcharakter des Rechts stellt die Akteure des Rechts vor besondere Herausforderungen:

**(1)** Die Sprache des Rechts muss für alle Rechtssubjekte **verständlich** sein, gleichzeitig aber auch ausreichend **präzise,** damit die sprachlich ausgedrückten rechtlichen Bedeutungen möglichst eindeutig sind. Das führt dazu, dass die Rechtssprache zwangsläufig viele **Fachbegriffe** enthält, die eine spezifisch juristische Bedeutung besitzen, die von derjenigen der Umgangssprache abweicht. Insbesondere Laien stellt das vor Verständnisprobleme, obschon sie in vielen Fällen die Adressaten der Rechtstexte sind. Auch der Stil des Juristen- bzw. Verwaltungsdeutsch trägt dazu bei, die Zugangshürden zu Recht und Justiz zu erhöhen.

**(2)** Die Sprache entwickelt sich kontinuierlich weiter, Rechtsnormen aber haben oft Jahrzehnte Bestand. Das kann nicht nur zu „verstaubten" Ausdrücken und Texten führen, sondern auch dazu, dass Worte und Begriffe nicht einheitlich in der Rechtsordnung verwendet werden.

**(3)** Die **Auslegung** von Rechtstexten geht zwar natürlicherweise vom Wortlaut aus, aber gerade weil dieser unterschiedliche Bedeutungen haben kann, gibt es zurecht ergänzende Auslegungsmethoden, insbesondere, dass bei Willenserklärungen der tatsächliche Wille der Parteien zu erforschen ist (§ 133 BGB). Da aber nicht festlegbar ist, wann eine Abweichung vom Wortlaut erlaubt oder sogar geboten ist, erwecken Auslegungen leicht den Eindruck von Willkür, dem nur mit einer überzeugenden **Argumentation** abgeholfen werden kann (s. auch Kap. 6. II. 2).

**(4)** In Deutschland ist naheliegenderweise Deutsch **Amtssprache,** in mehrsprachigen Staaten oder auf internationaler Ebene (auch in der Europäischen Union) gibt es jedoch mehrere verbindliche sprachliche Fassungen z. B. der Gesetzestexte. Hier besteht die Herausforderung darin, durch geeignete Übersetzungen eine inhaltliche Gleichheit der Texte zu realisieren.

Aus alldem folgt, dass **Sprachbewusstsein und Sprachbeherrschung** wichtige Bestandteile juristischer Basiskompetenz darstellen.

## IV. Rechtsideal und Rechtswirklichkeit

Die hiervor skizzierte Sprachlichkeit des Rechts betrifft auch die Begriffe „Recht" bzw. „Rechtssystem" selbst. Diese können nämlich in unterschiedlicher Weise verstanden werden.

Zunächst stellt das Recht die Summe aller Regeln und Anweisungen dar, die den in dieser Einleitung beschriebenen Merkmalen entsprechen. Es ist das Recht, wie es als autonomes System konzipiert wurde und als Sollens-Modell die Handlungen der Staatsorgane und Rechtssubjekte prägt, dabei (mit etwas Auslegungsaufwand) ein kohärentes Gesamtsystem darstellt, jedoch flexibel genug ist, den Herausforderungen einer sich ständig ändernden Realität gerecht zu werden. Was dieses (deutsche) **Recht als ideales System** ausmacht, wird in Teil I beschrieben.

Wenn man dieses Idealbild in der Anwendung und Umsetzung als Akteur oder Betroffener erlebt, wird es zu einem **Wirklichkeitsbild des praktizierten Rechts,** das von den Stärken und Schwächen des Systems sowie den Lücken und Tücken in der Anwendung auf den Einzelfall geprägt wird. Diese gelebte Dimension des Rechts wird in Teil II dargestellt.

Das Gesamtgebilde des deutschen Rechts orientiert sich am Modell eines gut funktionierenden Systems als Grundfeste unserer Rechtsordnung, der eine **statische** (unverrückbare) Stärke innewohnt, die vor allem Stabilität und Sicherheit herstellen soll. Was die einzelnen Systemteile bewirken, wohin sie sich und das System bewegen, zeugt durch die lebendige Rechtsrealität vom Gesamtpotenzial dieses Modells, das auch in seiner **Dynamik** verstanden werden muss.

Die im Folgenden durchgeführte **dichotomische Betrachtung** schärft das notwendige Verständnis für die Vielgestaltigkeit des Rechts und die Ansatzpunkte, um sich in diesem komplexen Phänomen zurecht zu finden.

# Teil I
# Statik des Rechts

Das Rechts„system“ besteht aus zahlreichen **Elementen** sowie den diese verbindenden **Beziehungen** und daraus resultierenden **Strukturen.** Diese betreffen zum einen das Recht selbst als Normensystem, zum anderen auch die Personen und Organe, die dieses System mit Leben erfüllen. In diesem Teil sollen diese verschiedenen Aspekte dargestellt werden, um mit Hilfe dieser statischen Betrachtung den **Bauplan des deutschen Rechtssystems** zu verdeutlichen.

Im Folgenden wird entsprechend thematisiert,

- was alles als „Recht“ qualifiziert wird,
- durch wen dieses Recht geschaffen, geändert (oder abgeschafft) und angewendet wird,
- aus welchen wesentlichen Teilbereichen das deutsche Recht besteht und welche Grundideen diese prägen,
- wie der Geltungsbereich des Rechts definiert und abgegrenzt werden kann,
- wie dessen verschiedenen Bestandteile in eine kohärente Ordnung gebracht werden, und
- welche Berufsgruppen mit spezifisch juristischen Tätigkeitsfeldern es gibt.

Es handelt sich hierbei um eine aktuelle Zustandsbeschreibung, d. h. es wird nicht untersucht, wie es hierzu gekommen ist und wohin das System sich entwickeln könnte, auch nicht, wie das System funktioniert, wenn es mit Leben erfüllt wird. Letztere Aspekte werden in Teil II behandelt.

# Quellen des Rechts

## I. Einleitung

Die Gesamtsumme des in Deutschland geltenden Rechts (das sogen. **„objektive Recht“**) setzt sich aus **verschiedenen Bestandteilen** zusammen, die sich hinsichtlich ihrer Art, Entstehung, Bedeutung und Tragweite bzw. Verbindlichkeit unterscheiden.

Das Recht stellt also trotz seiner Bezeichnung im Singular keinen monolithischen Block dar, sondern ein komplexes Gebilde, das sich aus **unterschiedlichen Quellen** speist, die im Gesamtsystem jeweils **spezifische Funktionen** ausüben.

Wichtigste **„Rechtsquelle“ i. e. S. (echte Rechtsquelle)** sind von rechtsetzenden Instanzen verabschiedete Normen, welche auch die **grundlegende Form allgemeingültigen Rechts** darstellen. Dazu zählen insbesondere Gesetze und nach deren Modell verabschiedete Normierungen.

Daneben gibt es auch **Rechtsquellen i. w. S.**, die nur **für einen begrenzten Personenkreis** gelten, d. h. sie entfalten nur eine **relative Wirkung,** können jedoch auf andere Rechtspositionen ausstrahlen und in diesem Sinne **intersubjektiv verbindlich** sein. Hierzu zählen insbesondere Gerichtsurteile, Verwaltungsakte und Verträge.

Neben diesen textlich ausformulierten Erscheinungsformen des Rechts gibt es diffusere Vorstufen oder Zwischenräume, auf die man sich nicht als verbindliches Recht berufen kann, die aber als **Quellen der Rechtserkenntnis** zur Konkretisierung von Normen und zur Weiterentwicklung des Rechtsbestands beitragen. Dazu gehören in der Rechtswissenschaft vertretene Meinungen, geübte Rechtspraxis (z. B. Vertragspraxis, Rechtsprechung) und auch (in noch zu präzisierendem Maße) die Verhaltensweisen und Rechtsanschauungen der Bevölkerung.

Diese **nationale Perspektive** muss noch um die **europäische und internationale Dimension** erweitert werden, denn das in Deutschland zu beachtende Recht kann ggf. nichtdeutschen Ursprungs sein.

Diese vielfältigen Quellen **wirken in einem Gesamtsystem** zusammen, dessen Ordnungsprinzipien in Kap. 4 erläutert werden.



B. Bergmans, *System und Grundlagen des deutschen Rechts*, Springer-Lehrbuch,
https://doi.org/10.1007/978-3-662-72724-9_2

## II. Deutsche Quellen

Das objektive Recht in Deutschland ist naheliegenderweise weit überwiegend nationalen Ursprungs und wird i. W. **durch die drei Staatsgewalten** in unterschiedlicher Weise und Tragweite hervorgebracht.

### *1. Rechtsetzung der Legislative*

#### a) Einleitung

Es ist die Legislative, die nach dem Staatsorganisationsprinzip grundsätzlich dazu berufen ist, **durch verbindliche und abstrakt-generelle Normen Recht zu setzen:**

- „Abstrakt" bedeutet, dass sie nicht nur auf eine einzelne konkrete Situation anwendbar sind, sondern auf alle in der Norm abstrakt umschriebenen Konstellationen.
- „Generell" bedeutet, dass sie für jedermann gelten und nicht nur individuell für einzelne Personen.

Weil diese Normen meist die Form von Gesetzen annehmen, wird vereinfachend meist von Gesetzgebung gesprochen. Hierbei unterscheidet man zwei Begriffsbedeutungen:

- Unter **Gesetzgebung *sensu stricto*** (d. h. in einer engen Bedeutung) versteht man den Erlass von Gesetzen im **formellen** Sinn, d. h. alle Normen, die ein Parlament durch ein Gesetzgebungsverfahren verabschiedet.[1]
- Die **Gesetzgebung *sensu lato*** (d. h. im weiten Sinn) umfasst die gesamte Rechtsetzung, also den Erlass aller Gesetze im **materiellen** Sinn, d. h. auch solche Rechtsetzungen, die keine formellen Gesetze darstellen. Dazu zählen insbesondere (Rechts-) Verordnungen und Satzungen, die von der Exekutive bzw. von sonstigen Körperschaften aufgrund einer ausdrücklichen gesetzlichen Ermächtigung erlassen werden (s. Abschn. 3 hiernach).

  *Beispiele:* Ein Haushaltsgesetz ist ein Gesetz im formellen Sinne, aber nicht im materiellen (es gilt nur für den Staat, wird aber vom Parlament verabschiedet), umgekehrt ist die Straßenverkehrsordnung ein Gesetz im materiellen Sinne, aber nicht im formellen (es gilt für alle, wird aber nicht vom Parlament verabschiedet).

#### b) Rechtsetzungsorgane und -verfahren

(1) Die **Gesetzgebungskompetenzen** werden in Deutschland durch das Grundgesetz festgelegt und sind i. w. auf **Bund und Länder** verteilt. Auf Bundesebene sind gemäß Grundgesetz Träger der gesetzgebenden Gewalt (d. h. **Gesetzgebungsorgane**)

---

[1] Von der **„Verabschiedung"** eines Gesetzes spricht man, wenn es gemäß den formellen Vorgaben beschlossen wurde.

der Bundestag zusammen mit dem Bundesrat; der Bundespräsident wirkt hieran durch die Ausfertigung der Gesetze und als völkerrechtlicher Vertreter der Bundesrepublik Deutschland mit. In den Bundesländern steht sie i. W. den Landtagen (z. T. auch Bürgerschaften genannt, z. B. in Bremen und Hamburg) zu.

Durch **gesetzliche Delegation** können auch **öffentlich-rechtliche Körperschaften** im Rahmen ihrer Satzungsautonomie sowie in engerem Rahmen die **Exekutive** gesetzgebend aktiv sein (s. Abschn. 3).

**(2)** Die gesetzgebenden Instanzen erlassen die Gesetze in einem rechtlich geordneten **Rechtsetzungsverfahren,** zu dem bestimmte Formalien zählen.[2] Insbesondere müssen Gesetze schriftlich verfasst (man spricht daher auch von **geschriebenem Recht**) und in einem gesetzlich festgelegten Publikationsorgan (z. B. auf Bundesebene im Bundesgesetzblatt) **veröffentlicht** werden. Wenn ein bestehendes Gesetz geändert wird, veröffentlicht man üblicherweise allerdings nur das ändernde Gesetz, nur ausnahmsweise das geänderte in der dann vollständigen aktuellen Fassung, die als **konsolidierte Fassung** bezeichnet wird.[3] Diese Konsolidierung müssen die Rechtssubjekte selber vornehmen. In der Praxis übernehmen diese Arbeit meist privatwirtschaftliche Verlage und Datenbankanbieter.[4]

**(3)** Gesetze erhalten in Deutschland eine Abkürzung, die in der Praxis aus Vereinfachungsgründen üblicherweise anstelle der meist umständlicheren offiziellen Bezeichnung verwendet werden. Für Laien (bei Spezialgesetzen oft auch für Juristen) sind daher Abkürzungsverzeichnisse[5] hilfreich.

*Beispiel:* Das Gesetz zur Verbesserung der Rechtsdurchsetzung in sozialen Netzwerken (Netzwerkdurchsetzungsgesetz) wird mit NetzDG abgekürzt.

### c) Legislative Normen

#### (1) Verfassungen

Verfassungen enthalten alle grundlegenden Regeln für das Funktionieren des Staates und das Verhältnis des Staates zu seinen Bürgern. Dies gilt sowohl auf Bundesebene (dort wird die Verfassung Grundgesetz genannt), als auch in den Ländern.

„Technisch" werden Verfassungen wie Gesetze gehandhabt, aber sie sind besonderen zusätzlichen Anforderungen unterworfen, insbesondere anspruchsvolleren Mehrheitserfordernissen bei Verabschiedung oder Änderungen als bei normalen Gesetzen.

---

[2] Zu formellen Aspekten der Gesetzesredaktion s. *Bundesministerium der Justiz,* Handbuch der Rechtsförmlichkeit, online unter www.hdr.bmj.de.

[3] Das BGB z. B. wurde zum letzten Mal 2002 in der seinerzeit gültigen Fassung im Bundesgesetzblatt (BGBl) veröffentlicht und seither ca. 150 Mal geändert.

[4] Der Bund (www.gesetze-im-internet.de) und die Länder (z. B. NRW unter https://recht.nrw.de) bieten allerdings auch frei zugängliche konsolidierte Gesetzesdatenbanken an.

[5] Als Standardnachschlagewerk gilt *H. Kirchner*, Abkürzungsverzeichnis der Rechtssprache, 11. Aul., Berlin 2024, das auch Abkürzungen von periodischen Zeitschriften enthält.

**(2) Formelle Gesetze**

Gesetze im formellen Sinn sind die wichtigsten Rechtsquellen. Terminologisch werden sie meist als **Gesetz** bezeichnet, manchmal auch als **Ordnung.**

*Beispiele:* Wohnungseigentumsgesetz, Hochschulgesetz, Abgabenordnung, Zivilprozessordnung

Gesetze können einen sehr unterschiedlichen Umfang haben. Wenn sie ein Themengebiet grundlegend (und umfassend) regeln, werden sie ggf. auch **Gesetzbuch** genannt.

*Beispiele:* Bürgerliches Gesetzbuch (BGB), Handelsgesetzbuch (HGB), Strafgesetzbuch (StGB), Sozialgesetzbuch (SGB)

Gesetze werden üblicherweise in nummerierte **Paragraphen** unterteilt (seltener in **Artikel**, z. B. im Grundgesetz), die ihrerseits bei Bedarf in ebenfalls nummerierte **Absätze** untergliedert werden.

Je nach Form oder Zweck werden auch noch folgende Begriffe bzw. Bezeichnungen verwendet:

- Ein **Stammgesetz** ist ein Basisgesetz zu einem Themengebiet oder Regelungsgegenstand.
- Ein **Änderungsgesetz** ändert ein bestehendes Gesetz ab, enthält darüber hinaus aber kein eigenständiges und dauerhaftes Recht. Die Änderung eines Gesetzes wird auch als **Novelle** (Gesetzesnovelle) bezeichnet. Wenn ein Stammgesetz ganz neugefasst wird, spricht man von einem **Ablösungsgesetz.**
- Ein **Aufhebungsgesetz** dient dazu, ein bestehendes Gesetz ganz oder teilweise aufzuheben, ohne es durch andere Normen zu ersetzen.
- Ein **Mantelgesetz** ist ein Gesetz, in dem gleichzeitig mehrere Gesetze geändert, neugeschaffen und/oder abgeschafft werden, wobei die Regelungsinhalte der einzelnen Teile üblicherweise in einem Sachzusammenhang stehen.
- Als **Artikelgesetz** bezeichnet man ein umfangreiches Stamm-, Änderungs- oder Ablösungsgesetz, das aus mehreren Teilen besteht und bei dem die Teile als „Artikel" (des Gesamtgesetzes) bezeichnet werden.[6]
- Als **Omnibusgesetz** bezeichnet man (inoffiziell) Mantelgesetze, deren Bestandteile nicht sachlogisch zusammenhängen, sondern die aus taktischen (z. B. zur Mehrheitsbeschaffung im Parlament) oder praktischen (z. B. Dringlichkeit) Gründen formal zu einem Gesamtgesetz zusammengefügt wurden.
- Bedeutende und umfangreiche Gesetze werden oftmals von **Einführungsgesetzen** begleitet, in denen insbesondere Übergangsregeln, Kollisionsregeln oder Ausführungsregeln enthalten sind (s. hierzu auch Kap. 4. II).

[6] Einzelgesetze, die nicht nach Paragraphen, sondern nach Artikeln unterteilt sind (wie z. B. das Einführungsgesetz zum BGB), werden jedoch nicht als Artikelgesetze bezeichnet.

*Beispiele:* Einführungsgesetze zum Bürgerlichen Gesetzbuch (EGBGB) oder zum Handelsgesetzbuch (EGHGB).

Unabhängig von diesen Bezeichnungen und Funktionen sind die formellen Anforderungen für die Rechtswirksamkeit dieser Gesetze identisch.

**(3) Rechtsverordnungen**
Siehe die Ausführungen zu „Akte der Exekutive" (Abschn. 3 hiernach).

**(4) Satzungen**
Satzungen sind Normen, die von juristischen Personen des öffentlichen Rechts[7] zur Regelung ihres Aufgabenbereichs im Rahmen ihrer gesetzlich verliehenen **Satzungsautonomie** als **Selbstverwaltungsträger** mit Geltung für die ihnen angehörenden oder unterworfenen Personen in allgemeiner und verbindlicher Form erlassen werden (s. ergänzend Abschn. 3).

*Beispiele:* Hauptsatzung oder Haushaltssatzung einer Kommune, Grundordnung einer Hochschule, Satzung der Rechtsanwaltskammer, (internes) Kirchenrecht.

### d) Gesetzgebungsmaterialien

Unter Gesetzgebungsmaterialien versteht man die Dokumente, die den Werdegang eines Gesetzes in seinen verschiedenen Stadien wiedergeben. Hierzu zählen vor allem die Vorentwürfe und Entwürfe eines Gesetzes, aber auch die Unterlagen über seine parlamentarische Behandlung. All diese Dokumente können für die **Auslegung** eines Gesetzes wichtig werden. Darüber hinaus entfalten sie jedoch **keine Rechtskraft.**

*Beispiele:* Auf Bundesebene gibt es für den Bundestag und Bundesrat jeweils Drucksachen (insbesondere Gesetzesvorlagen mit ggf. Begründungen) und Sitzungsprotokolle. Z. B. Gesetzesentwurf der Bundesregierung zur Neuregelung des Rechtsberatungsrechts vom 30.11.2006, BT-Drs. 16/3655.

## *2. Entscheidungen der Judikative*

### a) Einleitung

**(1)** Aufgabe der Judikative ist es, **Recht zu sprechen,** d. h. Recht im strittigen Einzelfall im Wege eines verbindlichen Urteils anzuwenden und so den Streit zu entscheiden (Die Summe dieser Urteile wird „Rechtsprechung" genannt.). Es gehört zum Rechtsstaatsprinzip, dass jedes Rechtssubjekt Zugang zu einem lückenlosen gerichtlichen **Rechtsschutz** erhält.

Umgesetzt wird dies grundsätzlich durch **staatliche Gerichte,** die mit sachlich und persönlich **unabhängigen Richtern** besetzt und im Übrigen auf Grundlage der Verfassung gesetzlich geregelt sind. Entsprechend gibt es in Deutschland ein

---

[7] Zu den Begriffen „Öffentliches Recht" und „Privatrecht" s. Kap. 3.

umfassendes **Gerichtssystem** (s. Abschn. b hiernach), in dem jährlich hunderttausende von Entscheidungen getroffen werden.

Die Gerichte sind grundsätzlich **an die Verfassung und die Gesetze gebunden** und können diese nur auslegen, aber nicht ändern (Art. 20 Abs. 3 GG). Als einzige Ausnahme entfalten manche Entscheidungen des Bundesverfassungsgerichts Gesetzeskraft, d. h. sie können bestehende Gesetzesnormen ganz oder teilweise außer Kraft setzen (s. Art. 94 Abs. 2 S. 1 GG, Art. 31 Abs. 2 BVerfGG **Normenkontrollentscheidungen**), aber nicht ersetzen.

Urteile entfalten grundsätzlich **nur Wirkung für die Parteien** eines Rechtsstreits, allerdings können sich hieraus **indirekt** Auswirkungen auf **Dritte** ergeben.

*Beispiel:* Bei der Scheidung einer Ehe betrifft dies zwar unmittelbar nur die Ehepartner, aber der geänderte rechtliche Status entfaltet auch eine rechtliche Wirkung gegenüber Dritten (d. h. Personen, die nicht unmittelbar beteiligt sind, z. B. dem Finanzamt).

**(2)** In den **Prozessordnungen** der einzelnen Gerichtszweige werden die Verfahren geregelt, im Rahmen derer die Gerichte rechtswirksame Entscheidungen treffen können.

**Gerichtsverfahren** sind in aller Regel **öffentlich,** d. h. für alle zugänglich, soweit sie mündlich verhandelt werden. Nur in bestimmten Fällen, insbesondere zum Schutz der Verfahrensbeteiligten oder der Sicherheit des Staates, kann die Öffentlichkeit ausgeschlossen werden.

**Urteile** werden **öffentlich verkündet, schriftlich verfasst und den Verfahrensparteien zugestellt.** Wenn bestimmten Urteilen über den Einzelfall hinaus als Erkenntnisquelle Bedeutung zukommt (s. hierzu Abschn. d), werden diese häufig auch veröffentlicht. Traditionell erfolgt dies durch Verlage in Datenbanken, Entscheidungssammlungen und Zeitschriften, inzwischen teilweise auch im Internet durch die Gerichte selbst.

Neben der Entscheidung von Streitfällen ist die Justiz im Rahmen der sogenannten **freiwilligen Gerichtsbarkeit** im zivilrechtlichen Bereich auch in nichtstreitigen Verfahren aktiv.

*Beispiele:* Betreuungs- und Nachlassangelegenheiten, Registerangelegenheiten bzgl. Unternehmen, Grundbuchangelegenheiten, in denen Beschlüsse gefasst, Eintragungen vorgenommen, Urkunden ausgestellt, Sachverhalte geklärt werden müssen.

### b) Grundzüge des deutschen Gerichtssystems

**(1)** Die deutschen Gerichte sind i. W. auf fünf Bereiche (**Gerichtsbarkeiten**) verteilt: Die ordentliche Gerichtsbarkeit (diese umfasst Zivilgerichtsbarkeit und Strafgerichtsbarkeit), die Arbeitsgerichtsbarkeit, die allgemeine Verwaltungsgerichtsbarkeit, die Sozialgerichtsbarkeit und die Finanzgerichtsbarkeit. In der ordentlichen Gerichtsbarkeit gibt es **spezialisierte Gerichte** (z. B. Familiengericht, Insolvenzgericht, Strafgericht). Die einzelnen Gerichtsbarkeiten sind jeweils durch spezifische Gesetze strukturell und verfahrensmäßig organisiert. Die Trennung der

Gerichtsbarkeiten ist historisch gewachsen und z. T. durch die erforderlichen Spezialkenntnisse bedingt. Sie führt aber immer wieder zu Abgrenzungs- und Zuständigkeitsfragen.

Je nach Größe sind die Gerichte unterteilt in verschiedene **Kammern** (bei den obersten Gerichten werden diese als **Senate** bezeichnet), die ihrerseits wieder spezielle Fachgebiete abdecken.

Innerhalb jeder Gerichtsbarkeit gibt es grundsätzlich eine **hierarchische Stufung** (i. d. R. drei Stufen) in verschiedene **Instanzen.** An der Spitze jeder Gerichtsbarkeit stehen ein Gerichtshof des Bundes (Bundesgerichtshof, Bundesarbeitsgericht, Bundessozialgericht, Bundesfinanzhof, Bundesverwaltungsgericht). Im Übrigen ist das Gerichtswesen auf Landesebene organisiert.

**(2)** Prozesse beginnen üblicherweise bei einem niederen Gericht. Durch **Rechtsbehelfe** (auch **Rechtsmittel** genannt) gegen deren Entscheidungen kann ein Rechtsstreit vor eine höhere Instanz gebracht werden. Hierbei muss man nach der Art des Rechtsbehelfs unterscheiden:

- Bei der **Berufung** prüft das Berufungsgericht den gesamten Prozessstoff erneut, also auch die relevanten Tatsachen.
- Bei der **Revision** findet nur eine Überprüfung der Rechtsfragen und -argumente statt.
- Eine **Beschwerde** betrifft i. d. R. nur einzelne Fragen eines gesamten Verfahrens.

Urteile werden rechtskräftig (Juristen sagen auch: sie erwachsen in **Rechtskraft**), sofern sie nicht durch ein Rechtsmittel erfolgreich angefochten werden. Sie sind gleichzeitig **Vollstreckungstitel,** d. h. auf Basis des Urteils kann gegen den Verlierer des Rechtsstreits zwangsvollstreckt werden.

**(3)** Außerdem gibt es **Verfassungsgerichte** auf Bundes- und Landesebene. Rechtssubjekte können sich mit Beschwerden direkt an diese Gerichte wenden, sofern bestimmte Voraussetzungen erfüllt sind. Beanstandet werden kann aber nur die Verletzung der Verfassung (insbesondere der Grundrechte). Die Gerichte sind im Übrigen keine weitere bzw. höhere Instanz und den übrigen Gerichten nicht übergeordnet.

**(4)** Die gesetzlichen Struktur- und Funktionsregeln der Judikative gelten unabhängig von der Person des Klägers oder Beklagten, um jegliche Form von einzelfallbezogener Manipulation vorzubeugen (**Grundsatz des gesetzlichen Richters).** Nur in gesetzlich festgelegten Ausnahmefällen muss bzw. darf davon abgewichen werden.

*Beispiel:* Befangenheit eines Richters, der mit einer Streitpartei befreundet ist.

### c) Entscheidungsarten

**(1)** Grundsätzlich werden von Gerichten **Urteile gefällt.** Diese müssen bestimmten **Formalien** entsprechen, die sich in gewissem Maße je nach Gerichtsbarkeit unterscheiden. Typischerweise sind in einem Urteil aber folgende Elemente enthalten:

*Rubrum* (Urteilskopf), *Tenor oder Spruch* (Urteilsformel), *Sachverhalt* und *Begründung,* bei einigen Verfahrenstypen auch *Rechtsmittelbelehrungen*

(2) Man unterscheidet verschiedene **Arten** von Urteilen:

- Das **Endurteil** ist ein Urteil, welches die Endentscheidung über einen Streitfall enthält.
- Das **Zwischenurteil** ist ein Urteil, durch das über einen prozessualen Zwischenstreit entschieden wird, damit materiellrechtlich entschieden werden kann.
- Das **Teilurteil** ist ein Endurteil, durch das über einen von mehreren Streitgegenständen (bei Verbindung mehrerer Klagen) oder einen selbständigen Teil eines Streitgegenstands (bei einheitlichem Streitgegenstand) entschieden wird.
- Das **Anerkenntnisurteil** ist ein Urteil auf Basis des Anerkenntnisses des gegen ihn gerichteten Anspruchs durch den Beklagten.
- Das **Versäumnisurteil** ist ein Urteil im Zivilrechtsprozess gegen eine säumige Partei (eine Partei ist säumig, wenn sie einen Termin zur mündlichen Verhandlung unentschuldigt verpasst oder in einem streitigen Verfahren sich nicht zur Streitsache äußert).

(3) Im Verfahren der freiwilligen Gerichtsbarkeit **ergehen Beschlüsse** (d. h. es werden Beschlüsse gefasst), die formell einfacher sind als Urteile. Sie können angefochten werden (i. d. R. durch **Beschwerde**) und unter bestimmten Umständen in Rechtskraft erwachsen.

*Beispiel:* Beschluss über den Versorgungsausgleich in einem Scheidungsverfahren.

Eine gerichtliche **Verfügung** wird im Verfahren durch einen Richter oder Staatsanwalt **getroffen** und unterliegt nur wenigen Formalien.

*Beispiele:* Ladungsverfügung, Terminsanberaumung, Bestellung eines Sachverständigen.

### d) „Richterrecht"

(1) Aus dem Vorstehenden ergibt sich, dass Gerichte grundsätzlich kein Recht erzeugen, sondern es anwenden. Dennoch stellt sich die **Frage, ob nicht auch aus der Rechtsprechung der Gerichte allgemeingültiges („echtes") Recht entstehen kann,** das über den Einzelfall hinaus gilt.

Es gibt in der Tat Fälle, in denen die Gerichte ihre Entscheidungen nicht allein mit dem klaren Gesetzeswortlaut begründen können, sondern darüber hinaus gehende, auch wertende Überlegungen anstellen und Urteile fällen müssen, für die es keine eindeutige gesetzliche Grundlage gibt. Gerichte können sich nämlich nicht weigern, Recht zu sprechen, weil eine Rechtsfrage nicht klar gesetzlich geregelt ist, sodass sie ggf. gezwungen sind, einen Beitrag zur **Rechtsfortbildung** zu leisten.

Durch die Anwendung der juristischen Methoden werden dann insbesondere durch die Rechtsprechung der obersten Gerichte neue Rechtssätze entwickelt. Die

Ergebnisse dieser gerichtlichen Rechtsfindung werden dann vielfach als **Leitsätze** diesen veröffentlichten Entscheidungen vorangestellt. Sie ähneln in ihrer Formulierung echten Rechtsnormen, dennoch ist die die ganz h. M. (herrschende Meinung[8]), dass derartiges „Richterrecht" **den Rechtsnormen nicht gleichgestellt** werden kann.

Auch grundlegende Leitsätze der obersten Gerichte sind demnach formal betrachtet nicht allgemeinverbindlich, sondern andere Gerichte (auch untere Instanzen) können grundsätzlich abweichend entscheiden, und das Gericht, das den Leitsatz aufgestellt hat, kann später seine Rechtsprechung ändern.

Selbst eine sogenannte **„ständige Rechtsprechung"** kann nur in Ausnahmefällen zur Rechtsquelle erstarken, und zwar dann, wenn sie Ausdruck einer allgemeinen Rechtsüberzeugung wird; dann aber ist sie meistens als **gewohnheitsrechtliche Rechtsquelle** zu qualifizieren (s. u.). Das setzt allerdings u. a. eine langdauernde tatsächliche Praxis voraus.

**(2)** Bei richtungsweisenden Entscheidungen (vor allem der Bundesgerichte) spricht man von **Präjudizien.** Diese besitzen zwar keine rechtliche, aber eine **große praktische Bedeutung.**

Hat nämlich ein Gericht ein Gesetz in einem bestimmten Einzelfall in dieser oder jener Weise konkretisiert, so ist es nach dem Gleichheitsgebot gehalten, jeden gleichartigen Fall künftig nach den gleichen Grundsätzen zu entscheiden. Gelangt das Gericht später zu der Einsicht, dass die bisherige Auslegung nicht aufrechterhalten werden soll, ist es zwar an frühere Entscheidungen nicht mehr gebunden; die Änderung der Rechtsprechung muss dann jedoch wiederum allgemein sein und für alle gleichgelagerten künftigen Fälle gelten. Infolge dieser unter Gleichheits- wie auch Rechtssicherheitsaspekten notwendigen Konstanz und Einheitlichkeit der gesetzeskonkretisierenden Rechtsprechung kann der Bürger daher i. d. R. vorhersehen, wie sein Verhalten beurteilt werden würde, und dementsprechend sein Handeln ausrichten.

Auch wenn unterinstanzliche Gerichte nicht verpflichtet sind, den Urteilen der höherinstanzlichen Gerichte oder der herrschenden Rechtsprechungsmeinung zu folgen, richten sie sich i. d. R. nach ihnen, sodass letzteren eine starke faktische **Leitwirkung** zukommt. Denn zum einen sind die höchstrichterlichen Entscheidungen meist gut durchdacht und begründet, zum anderen werden bei abweichenden Urteilen unterlegene Parteien wahrscheinlich Rechtsmittel einlegen, und in der höheren Instanz wird es vermutlich doch zu einem Urteil kommen, dass der höchstrichterlichen Meinung entspricht.

**(3)** In der Praxis hat die Rechtsprechung jedenfalls eine große Bedeutung als **Maßstab für die Präzisierung und Konkretisierung von Rechtsbegriffen und Normen, insbesondere Generalklauseln.** Gerade in Rechtsbereichen, die gesetzlich nicht oder kaum normiert und daher mit zahlreichen rechtlichen Unsicherheiten behaftet sind (z. B. Arbeitsrecht), oder in neu entstandenen Rechtsbereichen

[8] Zu dem Begriff s. unten Kap. 3. II. 5.

(z. B. Internetrecht), kommt daher der Rechtsprechung eine erhöhte Bedeutung zu, weil die Rechtspraxis mangels gesetzlicher Regelung davon ausgeht, dass die Rechtsprechung die Rechtslage korrekt wiedergibt.

Durch die Vielzahl von Einzelfallurteilen entwickeln sich auf diese Weise allgemeinere Regeln, die als Maßstab oder Inspiration für spätere Konfliktlösungen dienen können. Vor allem Entscheidungen der obersten Gerichte fungieren insofern als umfassende **„Rechtserkenntnisquellen"**, die häufig auch später den Gesetzgeber zur Verabschiedung von entsprechenden verbindlichen Normen inspirieren.

## *3. Akte der Exekutive*

### a) Einleitung

Die vollziehende Staatsgewalt ist in ihren Aspekten des Regierens und Verwaltens auf den verschiedenen Stufen der Staatsorganisation in unterschiedlichster Weise gestaltet, sodass es kein Standardmodell gibt, sondern insbesondere politische Präferenzen oder Sachnotwendigkeiten einen prägenden Einfluss auf die Organisation der Exekutive haben. Zudem verändern sich die Zuständigkeiten und Bezeichnungen der Ministerien und Behörden auch immer wieder.[9]

Die Exekutive ist in ihrem Handeln nicht nur a**n die Verfassung** und an die **Gesetze gebunden** (Art. 20 Abs. 3 GG), sondern auch an **Urteile** der Judikative, für deren Vollstreckung (durch die Polizei oder Gerichtsvollzieher) sie im Übrigen auch Sorge tragen muss.

Sie handelt durch **Verwaltungsakte.** Nach der gesetzlichen Definition (§ 35 Verwaltungsverfahrensgesetz) handelt es sich dabei um jede Verfügung, Entscheidung oder andere hoheitliche Maßnahme, die eine Behörde zur **Regelung eines Einzelfalls** auf dem Gebiet des öffentlichen Rechts trifft und die auf eine unmittelbare Rechtswirkung nach außen gerichtet ist.

Eine **Allgemeinverfügung** ist ein Verwaltungsakt, der sich an einen nach allgemeinen Merkmalen bestimmten oder bestimmbaren Personenkreis richtet oder die öffentlich-rechtliche Eigenschaft einer Sache oder ihre Benutzung durch die Allgemeinheit betrifft.

Hieraus ergeben sich verschiedene **Handlungsformen,** die mit jeweils spezifischer Tragweite auch als echte Rechtsquellen betrachtet werden können:

### b) Akte mit (beschränkter) Allgemeinwirkung

#### (1) Rechtsverordnungen

Die Normen von **Rechtsverordnungen** sind zwar abstrakt-generelle Regelungen, aber sie ergehen nicht in einem förmlichen (parlamentarischen) Gesetzgebungsverfahren, sondern werden **kraft formell-gesetzlicher Ermächtigung,** die nach Inhalt, Zweck und Ausmaß ausreichend bestimmt sein muss (s. Art. 80 Abs. 1 GG oder die jeweils entsprechende Vorschrift der Landesverfassung) von Exekutiv-

---

[9] Detaillierte Informationen hierüber bietet das *Staatshandbuch* mit 16 Ausgaben für die Bundesländer und einen Band für den Bund.

organen (Regierung, Minister, Verwaltungsbehörden) im dafür vorgesehenen Verfahren ordnungsgemäß erlassen und veröffentlicht. Rechtsverordnungen sind also **Gesetze nur im materiellen Sinn** (s. o. Abschn. 1).

*Beispiele:* Straßenverkehrsordnung (StVO) in der Zuständigkeit des Bundesverkehrsministeriums, Baunutzungsverordnung (BauNVO) in der Zuständigkeit des Bundesministeriums für Wohnen, Stadtentwicklung und Bauwesen.

**(2) Satzungen, Ordnungen**

**Satzungen und Ordnungen** werden im Rahmen ihrer Befugnisse (Satzungsautonomie) von **Verwaltungsträgern** erlassen, die gegenüber dem Staat (Bund und Ländern) **rechtlich verselbständigt** sind. Derartige Selbstverwaltungsträger sind in erster Linie öffentlich-rechtliche Körperschaften wie Gemeinden und Landkreise, ferner Bundesbehörden und z. B. Universitäten oder Sozialversicherungsträger.

*Beispiele:* Kommunale Satzungen wie Ortssatzungen über die Müllabfuhr, Baumschutzsatzungen, Bebauungspläne von Gemeinden, Grundordnung oder Prüfungsordnungen einer öffentlich-rechtlichen Hochschule.

Diese Akte sind zwar wie allgemeingültige formuliert und zählen daher zur **Gesetzgebung im materiellen Sinne,** aber ihr **Anwendungs- bzw. Geltungsbereich** ist von vornherein **begrenzt.** Damit sie rechtswirksam werden, müssen sie in einem vorgegebenen Verfahren von den befugten Organen (z. B. Stadtrat, Senat der Hochschule) erlassen werden. Außerdem werden diese Verordnungen in einer jeweils spezifischen (ihrer Bedeutung und Reichweite entsprechenden) Form veröffentlicht (meist als *Amtliche Mitteilungen* gekennzeichnet, z. B. Amtliche Mitteilungen der Hochschule).

### c) Akte ohne Allgemeinwirkung

**(1) Allgemeine Verwaltungsvorschriften, Erlasse usw**

Allgemeine Verwaltungsvorschriften sind von der Exekutive erlassene, abstrakt-generelle Regelungen, die jedoch keine Rechtsverordnungen sind, die sich an andere Rechtssubjekte richten, sondern nur die **Organisation und Arbeitsweise der Verwaltung selbst regeln** und dabei z. B. auch Anordnungen der vorgesetzten gegenüber den nachgeordneten Behörden enthalten.

*Beispiele:* Organisationsakte, Beschlüsse, Geschäftsordnungen.

Sie **binden** (zunächst) nur die **Behörden intern,** nicht die Bürger, denen hieraus auch keine Rechte erwachsen. **Außenwirkung** erhalten sie aber **(mittelbar)** dann, wenn sie in der Verwaltungspraxis angewandt werden. Der Gleichheitsgrundsatz (Art. 3 Abs. 1 GG) bewirkt dann, dass eine auf Verwaltungsvorschriften beruhende rechtmäßige Verwaltungspraxis Rechte und Ansprüche der Bürger begründen kann. Auch im Übrigen kann es für die Bürger von Bedeutung sein zu wissen, nach welchen Regeln die Verwaltung arbeitet bzw. wie sie ein Gesetz auslegt.

*Beispiel:* In Steuersachen gibt es z. B. Durchführungsvorschriften oder Vollzugsbestimmungen zu Gesetzen, Richtlinien (insbesondere Steuer- und Subventionsrichtlinien), Dienstanweisungen, Schreiben, (Rund)Erlasse und Verfügungen, deren Inhalte für die Steuerpflichtigen praktisch relevant sind und auf die sie sich berufen können.

Diese Vorschriften sind rechtswirksam, ohne veröffentlicht zu werden, aber sie werden oft der Öffentlichkeit dennoch zur Verfügung gestellt.

**(2) Individuelle Verwaltungsakte**
Schließlich gibt es noch nur für den Einzelfall geltende Verwaltungsanordnungen, -weisungen oder -akte, die nur für die Betroffenen verbindlich sind.

*Beispiele:* Baugenehmigung, Steuerbescheid, Einbürgerungsurkunde.

## III. Überstaatliche und ausländische Quellen

Das in Deutschland geltende Recht ist nicht nur deutschen Ursprungs, sondern es werden auch Normen verbindlich, die internationalen (insbesondere europäischen) oder ausländischen Rechtsquellen entstammen. Außerdem können auch Urteile internationaler, europäischer und ausländischer Gerichte in Deutschland rechtskräftig werden.

Beides erfolgt jedoch grundsätzlich nur in dem Maße, in dem der deutsche Staat bzw. die deutsche Rechtsordnung dies **freiwillig akzeptiert** und durch entsprechende Rechtsnormen absichert.

### *1. Völkerrecht*

Das Völkerrecht (auch als Internationales Öffentliches Recht bezeichnet) **umfasst** alle Regeln über die **Rechtsbeziehungen zwischen Völkerrechtssubjekten,** d. h. Staaten, Staatenverbünden sowie alle Formen über- und zwischenstaatlicher Organisationen. Außerdem zählt dazu das **interne Recht internationaler Organisationen,** soweit dieses nicht nationalen Ursprungs ist.

Das Völkerrecht entsteht nicht durch Gesetzgebung, sondern durch

- **Völkerrechtliche Verträge** zwischen den Völkerrechtssubjekten, die meist zwischenstaatliche Verträge sind: Diese können **bilateral** (zweiseitig) oder **multilateral** (mehrseitig) sein. Diese Verträge werden nur durch Zustimmung auf Basis eines formellen **Ratifizierungsverfahrens** durch den Gesetzgeber Teil der deutschen Rechtsordnung (Art. 59 GG).

  *Beispiele:* Nordatlantikvertrag zur Gründung der NATO, Investitionsschutzabkommen.

- **Völkergewohnheitsrecht** und **Allgemeine Grundsätze des Völkerrechts:** Diese gelten in Deutschland ausnahmsweise unmittelbar lt. Art. 25 GG.

*Beispiele:* Humanitäres Völkerrecht, fundamentale Menschenrechte (Folterverbot, Sklavereiverbot).

**Sonstige völkerrechtliche Akte,** wie z. B. Beschlüsse oder Resolutionen von völkerrechtlichen Organisationen (insbesondere den Vereinten Nationen) sind in aller Regel **politische** Akte, keine Rechtsakte. Im Einzelnen ergibt sich das jedoch spezifisch aus den sehr unterschiedlichen Statuten dieser Organisationen, die auch zu rechtsverbindlichen Beschlüssen oder Handlungen befugt sein können.

Es gibt daneben auch **verschiedene Internationale Gerichtshöfe,** deren Statut jeweils individuell durch Staatsverträge geregelt ist.

*Beispiele:* Internationaler Gerichtshof, Internationaler Seegerichtshof, Internationaler Strafgerichtshof, Europäischer Gerichtshof für Menschenrechte.

Auch die **Rechtswirkung** der Entscheidungen dieser Gerichtshöfe hängt von ihrem **spezifischen Statut** ab. Nur in Ausnahmefällen ergibt sich daraus jedoch ein individueller Anspruch von (nicht-völkerrechtlichen) Rechtssubjekten und in den meisten Fällen auch keine Vollstreckungsmöglichkeit.[10] Denn Völkerrecht wird zwar als verbindliches Recht betrachtet, es gibt aber auf globaler Ebene gegen Völkerrechtssubjekte grundsätzlich **kein Sanktions- bzw. Rechtsdurchsetzungssystem,** wie es auf nationaler Ebene existiert.

Insgesamt ist das Völkerrecht ein Rechtsbereich mit vielen Besonderheiten und unscharfen Konturen, die sich zudem dynamisch weiterentwickeln. Man kann es daher als einen **Rechtsbereich „im Entstehen"** betrachten.

## 2. Europäisches Recht

Staaten können freiwillig Zuständigkeiten und Kompetenzen an **über- oder zwischenstaatliche Organisationen** übertragen, die ihrerseits je nach Statut Recht schaffen und anwenden können. Für Deutschland besonders relevant ist das **Recht der Europäischen Union** (kurz: Europäisches Recht oder Europarecht).

Hier muss man zwei Bestandteile unterscheiden:

### a) Primärrecht

Das Europäische Primärrecht besteht aus **völkerrechtlichen Verträgen** zwischen den Mitgliedstaaten (Vertrag über die Europäische Union – EUV, und Vertrag über die Arbeitsweise der Europäischen Union – AEUV).

In den Verträgen wird das Verhältnis der Staaten untereinander geregelt und es werden Organe und Institutionen geschaffen, denen Kompetenzen zugewiesen und Arbeitsweisen vorgegeben werden. Dabei wird auch festgelegt, ob und in welchem

[10] Die Staaten können sich aber darauf verständigen, dass Verfahren Internationaler Gerichte gegen natürliche oder juristische Personen möglich sind und auf nationaler Ebene vollstreckt werden. S. z. B. den Internationalen Strafgerichtshof.

Maße von ihnen verbindliche Rechtsakte erlassen werden können und ob bzw. in welchem Maße Rechtssubjekte (und nicht bloß die Mitgliedstaaten) sich auf dieses Recht berufen können. Aufgrund dieser Grundlagenbedeutung wird das Primärrecht auch **Unionsverfassungsrecht** genannt.

### b) Sekundärrecht

Die Organe und Institutionen der EU können auf der Grundlage des Primärrechts in festgelegten Zuständigkeitsbereichen und nach staatsvertraglich fixierten Verfahren Sekundärrecht schaffen, d. h. Normen, die letztlich in den Mitgliedstaaten verbindlich werden. Hier sind vor allem zwei Formen relevant:

- **Verordnungen** gelten **unmittelbar** als solche in allen Mitgliedstaaten und alle Rechtssubjekte sind ihnen direkt (ohne weiteres Zutun des nationalen Gesetzgebers) unterworfen bzw. können sich darauf berufen.

  *Beispiel:* Verordnung (EU) 2016/679 des Europäischen Parlaments und des Rates vom 27. April 2016 zum Schutz natürlicher Personen bei der Verarbeitung personenbezogener Daten, zum freien Datenverkehr und zur Aufhebung der Richtlinie 95/46/EG (Datenschutz-Grundverordnung)

- **Richtlinien** wirken **nicht direkt,** sondern geben den Mitgliedstaaten Ziele, Maßstäbe usw. vor, überlassen es diesen aber, mit welchen Mitteln, Maßnahmen und in welchen Formen sie dies umsetzen. Richtlinien entfalten also grundsätzlich nur Wirkung durch nationale Gesetzgebung, die innerhalb einer in den Richtlinien vorgegebenen Frist in Kraft treten muss.

  *Beispiel:* Richtlinie (EU) 2024/1760 des Europäischen Parlaments und des Rates vom 13. Juni 2024 über die Sorgfaltspflichten von Unternehmen im Hinblick auf Nachhaltigkeit (Lieferkettenrichtlinie CSDDD): Diese muss spätestens zwei Jahre nach Inkrafttreten in nationales Recht umgesetzt worden sein.

### c) Richterrecht

Zu den Institutionen der EU zählen auch **Gerichte,** nämlich der *Gerichtshof (EuGH)* , das *Gericht (EuG)* sowie *Fachgerichten.* Diese haben spezifische Zuständigkeiten im Rahmen der Europäischen Union und stellen keine weitere Instanz der nationalen Gerichtsbarkeit dar.

Vor allem die Entscheidungen des **Gerichtshofs** sind von Bedeutung. Diese betreffen insbesondere folgende Aspekte:

- Der EuGH trifft auf der Basis von Fragen, die ihm vorgelegt werden, Vorabentscheidungen über die Gültigkeit der Verträge und die Auslegung des Sekundärrechts. Die entsprechenden Anfragen können von allen Gerichten der Mitgliedstaaten (und nur von diesen) gestellt werden; soweit sie in letzter Instanz über eine nicht geklärte Rechtsfrage in diesen Bereichen entscheiden, sind sie sogar verpflichtet, diese dem EuGH vorlegen **(Vorabentscheidungsverfahren),**[11]

[11] In einigen Spezialbereichen (z. B. Flug- und Fahrgastrechte) ist zur Entlastung des EuGH die Zuständigkeit für Vorabentscheidungen an das EuG übertragen worden.

- Der EuGH trifft auch Entscheidungen über mögliche Vertragsverletzungen durch Mitgliedstaaten auf Basis von Klagen der Kommission oder der Mitgliedstaaten **(Vertragsverletzungsverfahren),**

Daneben besitzt der EuGH noch Zuständigkeiten für **Nichtigkeits- und Untätigkeitsklagen** gegen Entscheidungen der Organe der EU sowie für Rechtsmittel gegen Entscheidungen des *Gerichts,* das für eine Reihe spezifischer Klagen gegen die EU und ihre Organe zuständig ist.

### *3. Ausländisches Recht*

Auf deutschem Hoheitsgebiet gelten grundsätzlich nur die bisher beschriebenen Rechtsquellen. Es gibt aber verschiedene Konstellationen, in denen Rechtssubjekte, Verwaltungen und Gerichte in Deutschland ausländisches Recht beachten und anwenden müssen.

Zunächst kann die Anwendung der Kollisionsregeln des **Internationalen Privatrechts** dazu führen, dass deutsche Gerichte, Standesämter und Notare ausländisches (materielles) Privatrecht auf grenzüberschreitende Sachverhalte anwenden müssen. Dies geschieht jedoch nur, weil der deutsche Gesetzgeber der Anwendung solcher Kollisionsregeln zugestimmt hat (zur Vertiefung s. Kap. 4. I. 4).

Ausländisches Recht spielt zudem für deutsche Rechtssubjekte natürlich insofern eine Rolle, als sie in **fremden Ländern, in die sie sich** aus welchem Grund auch immer **begeben** (Reise, Investition, Niederlassung usw.), dort jeweils dem nationalen (aus deutscher Sicht: ausländischen) Recht unterliegen, solange sie sich dort aufhalten, und auf dieser Basis dort auch rechtlich belangt werden können.

Um die sich aus der Vielfalt der nationalen Rechtsordnungen resultierenden Probleme für die Rechtssubjekte zu verringern, gibt es Bestrebungen zur **Rechtsvereinheitlichung** oder zumindest **Rechtsharmonisierung** mehrerer Länder. Am weitesten fortgeschritten sind solche Bemühungen innerhalb der EU (Rechtsvereinheitlichung durch Verordnungen, Rechtsharmonisierung durch Richtlinien in vielen Bereichen), auf internationaler Ebene ist dies nur in sehr beschränktem Maße gelungen.

## IV. „Selbstgeschaffenes“ bzw. nichtstaatliches Recht

### *1. Einleitung*

Auch private Rechtssubjekte können aufgrund des Grundsatzes der **Handlungsfreiheit** (Art. 2 Abs. 1 GG) und der hierauf beruhenden **Privatautonomie** (s. Kap. 3. II hiernach) Recht schaffen, allerdings immer nur im Rahmen der geltenden Rechtsordnung und der durch zwingende Vorschriften vorgegebenen Grenzen.

Dieses privatautonome Recht **gilt** dabei grundsätzlich jedoch nur für einen **begrenzten Kreis** von Personen, die sich dem **freiwillig** unterwerfen. Durch verschiedene Umstände, insbesondere durch die Bezugnahme hierauf in Gesetzen,

Verwaltungsakten oder Urteilen, kann ihre Wirkung jedoch deutlich **darüber hinaus** gehen.

Dieses „selbstgeschaffene" bzw. nichtstaatliche Recht kommt auf verschiedene Weise zustande:

## 2. Vereinbartes Recht

Private Rechtssubjekte dürfen unter Beachtung **zwingender gesetzlicher Normen** ihre gegenseitigen privatrechtlichen Beziehungen rechtsverbindlich vertraglich selber regeln und dabei auch **dispositive Gesetzesnormen** abbedingen. Die Vertragsparteien können sogar gemäß den Regeln des Internationalen Privatrechts vereinbaren, dass nicht deutsches, sondern ein ausländisches Recht auf den Vertrag anwendbar sein soll.

Das Vereinbarte gilt zwar **grundsätzlich nur zwischen den Vertragsparteien (Grundsatz der Relativität),**[12] aber

- Verträge können **mehrseitig** sein und grundsätzlich eine unbegrenzte Anzahl Vertragspartner haben, und
- der Gesetzgeber erlaubt, durch Verträge **Organisationen** (mit mehr oder weniger ausgeprägter Rechtsfähigkeit: s. Kap. 1) zu schaffen bzw. **gründen** (z. B. Vereine mit Satzungen oder Gesellschaften mit Gesellschaftsvertrag). Diese wiederum verwenden Verfahren der kollektiven Willensbildung, im Rahmen derer Mehrheitsbeschlüsse gefasst werden können, die dann alle Beteiligten/Mitglieder binden, auch wenn sie einer Entscheidung selber ggf. nicht zugestimmt haben.

Eine besondere Form vereinbarten Rechts und von besonderer Bedeutung im Wirtschaftsleben sind **Tarifverträge** (§ 1 Tarifvertragsgesetz) bzw. **Betriebsvereinbarungen** (§ 77, 88 Betriebsverfassungsgesetz) im Bereich der Arbeitsbeziehungen, die auf der Basis einer ausdrücklichen gesetzlichen Regelung als privatrechtliche Verträge zwischen tariffähigen Parteien (insbesondere Gewerkschaften und Arbeitgeberverbände) in ihrem normativen Teil Arbeitsverhältnisse verbindlich für alle Tarifgebundenen[13] bzw. alle Arbeitnehmer eines Betriebs regeln, obschon diese nicht unmittelbare Vertragsparteien sind.

## 3. Selbstregulierung, technische Normen

Als letzte Kategorie ist auf **Standards** hinzuweisen, die selbst keine Rechtsquellen darstellen, bei der Konkretisierung von Gesetzen und Verträgen aber eine wichtige Rolle spielen können und damit **mittelbar rechtsrelevant** sind.

**(1)** Insbesondere im Wirtschaftsbereich kommt als Zwischenstufe bzw. Kompromiss zwischen einer vollkommenen Handlungsfreiheit und einer strengen Regulierung in manchen Bereichen das Instrument der „Selbstverpflichtungen" der Wirtschaftsakteure zur Anwendung. Diese werden in Dokumenten unterschiedlicher

[12] Ausnahmen: Vertrag zugunsten Dritter, Vertrag mit Schutzwirkung zugunsten Dritter.

[13] Der Gesetzgeber kann darüber hinaus Tarifverträge für allgemeinverbindlich erklären und damit auch verbindlich für nicht tarifgebundene Vertragsparteien von Arbeitsverträgen machen.

Ausprägung konkretisiert, wo **z. B.** Standards definiert werden, an die zu halten insbesondere Verbände und Unternehmen versprechen.

*Beispiele:* „Ethikcodes" (z. B. Corporate Governance Kodex), Selbstverpflichtungserklärung deutscher Wirtschafts- und Industrieverbände zum Klimaschutz.

Hierbei handelt es sich grundsätzlich nicht um einklagbare Verpflichtungen und demnach nicht um verbindliches Recht. Die so festgelegten Regeln können jedoch bei der Auslegung von Gesetzen, insbesondere der Bewertung rechtmäßigen Verhaltens der Unternehmensleiter, von Gerichten als ergänzende Maßstäbe herangezogen werden.

*Beispiel:* Die Regelungen des Corporate Governance Kodex werden von den Gerichten als Maßstab genutzt, wenn es um die rechtliche Einschätzung ordnungsgemäßer Unternehmensführung durch die Geschäftsleitung eines Unternehmens geht, welche gesetzlich nur als Generalklausel definiert ist und daher der Konkretisierung bedarf.

**(2)** Für fast alle Lebensbereiche gibt es **technische Standards bzw. Normen** (z. B. Qualitätsnormen, Sicherheitsstandards, Gestaltungsstandards für Dokumente, usw.). Trotz ihrer großen praktischen Bedeutung handelt es sich hierbei um **private Regelwerke** von hierauf spezialisierten Organisationen und nicht um allgemeinverbindliches Recht.

*Beispiel:* In Deutschland werden diese z. B. von der DIN-Organisation, auf internationaler Ebene von der ISO-Organisation erstellt (und vermarktet). Daneben gibt es zahlreiche weitere Normierungsorganisationen.

In Gesetzen (vor allem mit technischem Inhalt) oder auch Verträgen wird allerdings häufig auf den **Stand der Technik** (bzw. Stand von Wissenschaft und Technik) oder auf **bestimmte Normierungen Bezug genommen,** die in solchen technischen Normwerken formuliert und standardisiert sind. Hierdurch erlangen diese dann indirekt verbindlichen Charakter.

Auch bei der Klärung von **Haftungsfragen** spielen diese Normen eine wichtige Rolle, z. B. bei der Beurteilung, ob jemand seine Aufgaben bzw. Sorgfaltspflichten erfüllt hat, was umso eher der Fall ist, je mehr er sich an diesen Normen orientiert bzw. diese angewendet hat.

## V. Gewohnheitsrecht, Verkehrssitte

### *1. Gewohnheitsrecht*

Gewohnheitsrecht entsteht, wenn ein bestimmtes Verhalten, ohne ausdrückliche rechtliche Normierung, von den Beteiligten längere Zeit hindurch kontinuierlich und regelmäßig geübt wird, verbunden mit der Überzeugung, dass dies rechtlich geboten ist. Mit dieser **„Rechtsüberzeugung“** ist gemeint, dass die Rechtssubjekte eine Abweichung vom Üblichen nicht nur als unüblich, sondern als Unrecht betrachten müssen, damit eine bloße geübte Praxis zum Gewohnheitsrecht wird.

Rechtssätze des Gewohnheitsrechts liegen zwar nicht in geschriebener Form vor, ihre Inhalte sind aber schriftlich fixierbar. Sie werden als **ungeschriebene Rechtsquelle** anerkannt.

Gewohnheitsrecht ist grundsätzlich **auf allen Normebenen** möglich. Heutzutage tritt es aber zunehmend in den Hintergrund. Denn in einer zunehmend heterogenen Gesellschaft kann durch die Praxis kaum noch Gewohnheitsrecht entstehen. Und falls doch, wird es aus Rechtssicherheitsgründen vom Gesetzgeber dann auch oft ausdrücklich gesetzlich fixiert

*Beispiel:* § 362 HGB: Das Schweigen des Kaufmanns kann als Vertragsannahme gelten.

Innerstaatliches Gewohnheitsrecht gibt es heute daher nur noch **selten** und meist lediglich im **lokalen Bereich.**

*Beispiele:* ungeschriebenes Wegerecht, Straffreiheit des Maibaumstehlens.

Richterrecht wird nur in seltenen Fällen als Gewohnheitsrecht gelten können. Denn in Anbetracht der unterschiedlichen Verbindlichkeit von Richterrecht und Gewohnheitsrecht stellt selbst eine **ständige Rechtsprechung,** welche über einen langen Zeitraum unangefochten praktiziert wird, **nicht automatisch Gewohnheitsrecht** dar. Dies würde nämlich bedeuten, dass diese Rechtsprechung nicht mehr geändert werden könnte, weil die Gerichte rechtlich daran gebunden wären (s. Abschn. II. 2).

Am ehesten ist das Gewohnheitsrecht noch im Völkerrecht relevant (s. Abschn. III. 1).

## 2. Sitten, Bräuche

Sitten und Bräuche sind die **faktische Vorstufe** zum Gewohnheitsrecht. Sie sind das, was man gewöhnlich tut oder was die Mehrheit tut, ohne dass hierzu eine Pflicht bestünde oder hieraus Rechte abgeleitet werden könnten. Das gilt auch für in bestimmten Situationen, Kreisen usw. übliche **Gefälligkeiten**. Auch diese bleiben grundsätzlich außerhalb des Rechts, selbst wenn sie als gesellschaftliche Standards weit verbreitet sind.

Die **Schwelle zum Recht** wird erst dann überschritten, wenn z. B. in bilateralen Beziehungen die Bereitschaft bzw. der Wille erkennbar wird, sich rechtsverbindlich verpflichten zu wollen **(Rechtsbindungswille),** oder im größeren Zusammenhang, wenn durch die Praxis und eine geänderte Rechtsüberzeugung ausnahmsweise der Übergang zum **Gewohnheitsrecht** vollzogen wird.

Dennoch entfaltet auch das rein Faktische ggf. **indirekt** eine rechtliche Wirkung, nämlich dann, wenn der **Gesetzgeber sich selbst darauf bezieht.**

*Beispiele:* Für die Ermittlung des Willens der Parteien bzw. Auslegung von Verträgen kann auch die **Verkehrssitte**[14] relevant werden (§ 157 BGB, § 346 HGB bzgl. Handelsbräuchen), ebenso bei der Beurteilung von Treu und Glauben (§ 242 BGB).

Auch im Bereich der Haftung z. B. spielt die **„verkehrsübliche Sorgfalt“** eine wichtige Rolle bei der Einschätzung der Fahrlässigkeit des Verhaltens.

[14] Die Sitte bzw. Verkehrssitte ist nicht zu verwechseln mit den **„guten Sitten“** (s. Kap. 8. III).

# Wesentliche Merkmale des deutschen Rechts

Es ist weder möglich noch sinnvoll, das deutsche positive Recht anhand einzelner Normen oder Normkomplexe darstellen zu wollen. Vielmehr sollen ausgehend von zentralen Begriffen und Rechtsinstituten (s. I) sowie Systemzusammenhängen (s. II), welche die deutsche Rechtsordnung prägen, wesentliche rechtliche Merkmale und Grundsätze vorgestellt werden, welche die Rechtsposition und das Handeln des Staates sowie privater Rechtssubjekte prägen (s. III–IV), woraus sich ein Basisverständnis der strukturellen Elemente und inhaltlichen Leitlinien des positiven Rechts ergibt.

## I. Rechtliche Erfassung der Realität

Das Recht erfasst die gesamte Realität systematisch mit rechtlichen Begriffen, denn es muss all diese Phänomene in seinem Ordnungssystem berücksichtigen. Im Folgenden soll dies überblicksartig anhand wesentlicher Elemente, nämlich Personen, Gegenständen und Handlungen, dargestellt werden.

### *1. Personen als Inhaber von Rechten und Pflichten*

#### a) Rechtssubjekte

Das Recht als verbindliches Regelsystem funktioniert nicht nur durch bzw. über den Staat und seine Organe, sondern auch durch die Menschen und Vereinigungen von Menschen. Diese sind nicht nur **Adressaten** der Rechtsnormen, sondern auch als **Handelnde** aktiv in das Rechtsleben einbezogen.

Alle Personen, die **Träger** (bzw. Inhaber) von (subjektiven) Rechten und Pflichten sind bzw. sein können (d. h. **rechtsfähig** sind), werden als **Rechtssubjekte** bezeichnet. Dazu zählen folgende:



B. Bergmans, *System und Grundlagen des deutschen Rechts*, Springer-Lehrbuch,
https://doi.org/10.1007/978-3-662-72724-9_3

(1) **Natürliche Personen,** d. h. alle Menschen. Diese sind ab Geburt bis zu ihrem Tode rechtsfähig (§ 1 BGB), unabhängig von Geschlecht, Staatsangehörigkeit, Wohnsitz, Religion, Sprache, Herkunft usw. (vgl. Art. 1 und 3 GG).

Grundsätzlich haben alle natürlichen Personen dieselbe Rechtsstellung. In Abhängigkeit insbesondere vom Alter, von der Gesundheit und Einsichtsfähigkeit in getätigte Handlungen (Kinder, Demente usw.) unterscheidet man verschiedene Abstufungen dessen, was sie mit rechtlicher Wirkung tun können.

*Beispiele:* Im Zivilrecht unterscheidet man Geschäftsfähigkeit (§§ 140 ff. BGB), Deliktsfähigkeit (§§ 827 ff. BGB),[1] Testierfähigkeit (§ 2223 BGB), im Prozessrecht Parteifähigkeit (§ 50 ZPO), Prozessfähigkeit (§ 51 ZPO), Eidesfähigkeit (§ 393 ZPO). Im Strafrecht gibt es die Straffähigkeit (§ 1–3 Jugendgerichtsgesetz).

(2) **Juristische Personen,** d. h. Personenvereinigungen (z. B. Vereine, Kapitalgesellschaften) oder Vermögensmassen (z. B. Stiftungen, Anstalten), denen bei Einhaltung spezifisch gesetzlich definierter Gründungsvoraussetzungen und Eintragung in ein jeweils festgelegtes Register, bzw. durch staatliche Genehmigung oder Verleihungsakt, eine **eigene Rechtspersönlichkeit** zuerkannt wird, die unabhängig von den Gründern, Mitgliedern usw. ist. Juristische Personen handeln durch ihre **Organe,** deren Bestellung/Abberufung und Aufgaben jeweils gesetzlich definiert sind. Ihre Rechtsfähigkeit endet mit der Löschung im Register bzw. dem Entzug der Genehmigung oder Konzession. Im Übrigen unterscheiden juristische Personen sich als **Rechtskonstrukte** in vielerlei Hinsicht.

*Beispiele:* GmbH (mit Geschäftsführung), Aktiengesellschaft (mit Vorstand und Aufsichtsrat), Alfried Krupp von Bohlen und Halbach-Stiftung (mit Vorstand und Kuratorium)

Auch der Staat selbst, seine Gebietskörperschaften (z. B. Bund, Länder, Kommunen) sowie Personalkörperschaften mit öffentlich-rechtlichen Aufgaben (z. B. Industrie- und Handelskammern, Hochschulen) sind juristische Personen, für die jeweils spezifische Regeln gelten, auch bzgl. der genauen Ausprägung ihrer Rechtsstellung.

(3) Zwischen beiden Gruppen situieren sich **Personenvereinigungen oder -zusammenschlüsse,** die **spezifisch geregelt** sind und durch die Verleihung von bestimmten Rechten mehr oder weniger den juristischen Personen angenähert werden.

*Beispiele:* Gesellschaft bürgerlichen Rechts, Offene Handelsgesellschaft, Miteigentum gemäß Wohnungseigentumsgesetz.

### b) Besondere Gruppen

Die Gesetzgebung differenziert in vielen Fällen die Rechtssubjekte nach besonderen Merkmalen. Je nach **Vorliegen bestimmter Merkmale** und entsprechend spezi-

[1] Geschäfts- und Deliktsfähigkeit werden auch unter dem Begriff der **„Handlungsfähigkeit"** zusammengefasst, d. h. die Macht, durch eigenes verantwortliches Handeln Rechtswirkungen hervorzurufen.

fischem persönlichem Geltungs- und Anwendungsbereich (s. Kap. 4) enthalten die Gesetze dann **spezifische Rechte und/oder Pflichten.**

Dies gilt insbesondere auch, wenn natürliche Personen im Rechtssystem bestimmte Aufgaben wahrnehmen. Die für diese **Akteure des Rechts** geltenden Regeln werden im Kap. 5 dargestellt.

## *2. Gegenstände des Rechtsverkehrs*

Gegenstände des Rechtsverkehrs werden als **Rechtsobjekte** bezeichnet. Gemeint sind hiermit

- **Sachen** (§§ 90 ff. BGB), d. h. körperliche (materielle) Gegenstände: **bewegliche** (Mobilien) oder **unbewegliche** (Immobilien),
- **Tiere** (§ 90a BGB),
- **Rechte,** z. B. Eigentumsrecht, Forderungsrecht, Urheberrecht,
- **Immaterielle Güter,** z. B. Firmenwert, Kundenstamm, Informationen, Energieleistungen.

Rechtssubjekte können über diese Rechtsobjekte gemäß den gesetzlichen Regeln verfügen. Grundsätzlich gilt dabei der Grundsatz der absoluten Herrschaft und Verfügbarkeit nach dem grundlegenden **Modell des Eigentumsrechts.** Es kann jedoch aus Gründen der Ethik (z. B. Teile des menschlichen Körpers, Tiere) oder des Gemeinwohls (z. B. Schutz von Umwelt oder Kulturgütern) Einschränkungen dieses Verfügungsrechts geben.

Der Grundsatz der Unantastbarkeit der Menschenwürde (Art. 1 GG) und das hierauf beruhende Verbot des Menschenhandels bzw. der Sklaverei bedingen, dass **Menschen keine Rechtsobjekte** sein können. Wie im vorigen Abschnitt beschrieben, können sie allerdings Gegenstand rechtlicher Regelungen sein.

Rechtsobjekte (auch Tiere) können nicht Träger von Rechten und Pflichten sein.

## *3. Handlungen im Rechtsverkehr*

Eine Handlung ist ein menschliches Verhalten, das ein **Tun** umfasst, aber je nach Umständen auch ein **Unterlassen** (= Nichttun) (vgl. § 194 BGB). Die rechtliche Behandlung einzelner Handlungen ist **sehr differenziert,** was letztlich angesichts der Vielfalt der Ausdrucksformen menschlichen Verhaltens (zu denen z. B. auch Reden bzw. Schweigen zählt) nicht überraschen kann. Hiernach werden daher nur die Grundbegriffe erläutert.

### a) Handlungen Privater

**(1)** Eine **Rechtshandlung** i. w. S. ist jede **erlaubte** Handlung, an die sich Rechtsfolgen knüpfen. Innerhalb der Rechtshandlungen unterscheidet man i. W. folgende:

Wenn die Rechtsfolge einer Rechtshandlung eintritt, weil dies vom Rechtssubjekt gewollt ist, liegt eine **Willenserklärung** bzw. ein **Rechtsgeschäft** vor, die ausführlich hinsichtlich ihrer Rechtswirksamkeit und Folgen geregelt sind, insbesondere im Zivilrecht.

Wenn die Rechtsfolge unabhängig vom erklärten Willen eintritt, handelt es sich

- entweder um **rechtsgeschäftsähnliche Handlungen,** d. h. Willenserklärungen, die aber nur tatsächliche Folgen hervorrufen sollen (z. B. Fristsetzung , Mahnung, Mängelanzeige),
- oder um reine **Tathandlungen (Realakte),** die nur den äußeren Erfolg bezwecken (z. B. Inbesitznahme, Geschäftsführung).

(**2**) Daneben gibt es **nicht erlaubte** Handlungen, an die das Gesetz unabhängig vom Willen des Handelnden Rechtsfolgen knüpft:
Eine **unerlaubte Handlung** im haftungsrechtlichen Sinn (Zivilrecht) (auch (zivilrechtliches) **„Delikt"** genannt) ist ein widerrechtlicher Eingriff in das Rechtsgut eines anderen, durch den ein Schaden kausal verursacht wird und meist auch ein Verschulden erfordert (s. vor allem § 823 BGB).[2]

Eine **Straftat** ist eine Handlung, die einen im Strafrecht definierten Straftatbestand (d. h. seine äußeren Merkmale) erfüllt und die außerdem rechtswidrig und schuldhaft ist. Wenn es sich um mehr als eine **Ordnungswidrigkeit** handelt, spricht man auch hier von einem (strafrechtlichen) **„Delikt",** nämlich bei

- einem **Verbrechen:** Dieses wird als rechtswidrige Tat definiert, die im Mindestmaß mit Freiheitsstrafe von einem Jahr oder mehr bedroht wird (vgl. § 12 Abs. 1 StGB), oder
- einem **Vergehen:** Hierbei handelt es sich rechtlich um eine rechtswidrige Tat, die im Mindestmaß mit einer geringeren Freiheitsstrafe oder nur mit Geldstrafe bedroht wird (vgl. § 12 Abs. 2 StGB).

### b) Handlungen des Staates

Die Verwaltung bzw. Exekutive handelt durch **Verwaltungsakte, wenn sie eine rechtliche Wirkung beabsichtigt** (s. Kap. 2. II. 3 zu den Rechtsquellen). **Realakte** im Verwaltungsrecht sind Handlungen der Verwaltung, die nicht auf einen rechtlichen, sondern nur auf einen tatsächlichen Erfolg ausgerichtet sind (z. B. Dienstfahrt, Auskunft).

Wie bereits dargestellt handeln Gerichte durch **Urteile,** der Gesetzgeber durch die **Beratung und Verabschiedung von Gesetzen.** Soweit hierbei jeweils administrative Handlungen erfolgen, handelt es sich um Verwaltungsakte.

[2] Das deutsche Recht kennt aber auch Fälle objektiver Haftung ohne Verschulden, wie z. B. bei der Produkthaftung).

### 4. Rechtsinstitute

Für bestimmte „typische" Lebenssachverhalte, Bedürfnisse, Handlungsweisen, Rechtstechniken usw. sind durch Gesetzgebung, Rechtsprechung und Rechtswissenschaften in sich schlüssige und mit der Gesamtrechtsordnung konforme Konstrukte bzw. Regelkomplexe geschaffen worden, die unterschiedlich ausführlich, weitreichend oder praxisrelevant sind, und die man jeweils als „Rechtsinstitute" (manchmal auch als „Rechtsfigur") bezeichnet.

*Beispiele:* Vertrag, Eigentum, Ehe, Beamtentum, Steuerpflicht, repräsentative Demokratie.

Der Begriff wird nicht einheitlich verwendet und hat auch keine eigene rechtliche Bedeutung, die über ihre einzelnen Bestandteile hinausgeht, stellt aber ein gedankliches Ordnungsprinzip dar, das zwischen einzelnen Begriffen und Grundsätzen sowie ganzen Rechtsbereichen angesiedelt ist.

## II. Systematisierung des Rechts

### 1. Unterteilung des objektiven Rechts

Das objektive Recht als Summe aller normativen Vorgaben innerhalb einer Rechtsordnung ist nicht nur zahlenmäßig nicht greifbar, sondern bedarf auch inhaltlich einer Systematisierung, um sich in ihr nicht zu verlieren. Ein wichtiges Instrument hierbei ist die durch die Rechtswissenschaft entwickelte Unterteilung in Rechtsbereiche und Rechtsgebiete.

#### a) Rechtsbereiche

Das objektive Recht wird traditionellerweise in **Privatrecht** und **Öffentliches Recht** (zum **Strafrecht** s. hiernach) unterteilt. Diese Gliederung in zwei **Rechtsbereiche** hat in erster Linie eine Erkenntnisfunktion und hilft beim Verständnis der Funktionsweise von Gesetzen und Regeln. Denn beide Bereiche weisen unterschiedliche Grundgedanken und Prinzipien auf.

Ein eindeutiges Unterscheidungskriterium für beide Bereiche gibt es allerdings nicht. Üblicherweise werden sie nach den in Tab. 1 aufgeführten Merkmalen unterschieden.

Die Unterscheidung ist aber aus verschiedenen Gründen **nicht in jeder Hinsicht überzeugend.** Denn auch der Staat kann privatrechtlich agieren (z. B. Verträge mit privaten Rechtssubjekten abschließen), umgekehrt gibt es auch im Privatrecht zahlreiche zwingende Regeln zum Schutz der Bürger. Manche Rechtsgebiete (s. hiernach) haben sowohl öffentlich-rechtliche als auch privatrechtliche Teile.

Dennoch ist die Zuordnung in gewissem Umfang auch rechtlich **relevant** für

**Tab. 1** Unterscheidungskriterien Öffentliches Recht und Privatrecht

| Öffentliches Recht | Privatrecht |
|---|---|
| Summe der Normen, die ausschließlich einen Träger öffentlicher Gewalt (inkl. internationaler Organisationen) berechtigen oder verpflichten<br>Im Verhältnis zu den Bürgern besteht ein Über–/ Unterordnungsverhältnis.<br>Es geht in erster Linie um den Schutz der Allgemeinheit, daher sind die Normen zwingend und müssen befolgt werden. | Summe der Normen, die die Rechtsbeziehungen der Rechtssubjekte untereinander regeln<br>Wird geprägt durch die Ideen der Gleichheit und Freiheit<br>Normen sind oft dispositiv, d. h. die Rechtssubjekte können ihre Rechtsverhältnisse weitgehend selbst gestalten |

- einzuhaltende Verfahren, da im öffentlichen Recht spezielle Verfahren gelten,
- den richtigen Rechtsweg bei Rechtsstreitigkeiten, und
- die Haftung bei Schadensfällen.

Diese Aspekte sind aber in den meisten Fällen gesetzlich geregelt und ergeben sich nicht aus einer abstrakten Zuordnung zu einem Rechtsbereich.

### b) Rechtsgebiete

Als **Rechtsgebiete** bezeichnet man **sachlich zusammenhängende Teilbereiche** des objektiven Rechts, die überwiegend durch spezifische Gesetze geprägt werden. Für eine Zuordnung gibt es jedoch **keine klaren Kriterien oder verbindlichen Unterteilungsprinzipien.** Z. T. sind diese historisch gewachsen, z. T. entstehen sie laufend neu aufgrund der gesellschaftlichen und technischen Entwicklung (z. B. Datenrecht, Internetrecht), oder aber sie „verschwinden" wieder, weil sie keinen oder einen zu geringen Mehrwert besitzen und sich nicht durchsetzen (z. B. Unternehmensrecht).

In den meisten Fällen sind sie **Schöpfungen der Rechtswissenschaft** im Rahmen ihrer Ordnungsfunktion (s. hiervor). Manchmal schafft oder bestätigt der **Gesetzgeber** Rechtsgebiete, indem er die Normen in Gesetzbücher fasst (z. B. Bürgerliches Gesetzbuch, Sozialgesetzbuch), aber dies ist nicht immer der Fall (z. B. Steuerrecht, Arbeitsrecht, für die es trotz ihres Umfangs kein Gesetzbuch gibt). Manche Rechtsgebiete sind sehr breit und untergliedern sich in weitere (z. B. Zivilrecht), manche sind eher schmal und beruhen i. W. auf einem einzigen Gesetz (z. B. Lauterkeitsrecht im Gesetz gegen den unlauteren Wettbewerb).

Die Zuordnung von Normen oder gesetzen zum einen oder anderen Rechtsgebiet hat **i. d. R. keine rechtliche Bedeutung,** sondern erleichtert die Systematisierung und das Verständnis und damit die Arbeit der Juristen.

Die verschiedenen Gebiete werden beiden Bereichen üblicherweise wie in Tab. 2 aufgeführt zugeordnet (Beispiele).

In der Tabelle ist ersichtlich, dass manche Rechtsgebiete je nach den betroffenen Regeln beiden Bereichen zugeordnet werden können. Je weiter die Definition des Rechtsgebiets gefasst ist, desto eher wird dies der Fall sein.

**Tab. 2** Zuordnung verschiedener Rechtsgebiete

| Öffentliches Recht | Privatrecht |
|---|---|
| Verfassungsrecht | Zivilrecht (mit den verschiedenen Teilbereichen der 5 Bücher des BGB) |
| Verwaltungsrecht | Handelsrecht |
| Kommunalrecht | Arbeitsrecht |
| Strafrecht | Gewerbliche Schutzrechte und Urheberrecht |
| Steuerrecht | Recht des unlauteren Wettbewerbs |
| Sozialrecht | Gesellschaftsrecht |
| Kartellrecht | Privates Kapitalmarktrecht |
| Polizeirecht | Versicherungsrecht |
| Ausländerrecht | Kreditsicherungsrecht |
| Gewerberecht | Privates Baurecht |
| Umweltrecht | Internationales Privatrecht |
| Öffentliches Baurecht | |
| Öffentliches Kapitalmarktrecht | |
| Gerichtsverfassungsrecht | |
| Europäisches Primärrecht | |
| Völkerrecht | |

*Beispiel:* Das Wirtschaftsrecht umfasst je nach Definition eine mehr oder weniger große Anzahl von Rechtsmaterien, die je nach Inhalt sowohl dem Privatrecht als auch dem öffentlichen Recht zugeordnet werden können.

### c) Strafrecht

Das **Strafrecht** wird traditionellerweise in Deutschland oft als eigener Rechtsbereich neben den Öffentlichen Recht und dem Privatrecht betrachtet, obschon es grundsätzlich auch zum Öffentlichen Recht zählt. Es unterteilt sich in verschiedene Teilbereiche wie Allgemeines Strafrecht, Wirtschaftsstrafrecht, Jugendstrafrecht usw., und ist in der Praxis eng mit der Kriminologie und Rechtspsychologie verwoben.

## *2. Differenzierung subjektiver Rechte*

### a) Begriff

Die Rechte, die dem Einzelnen zustehen, werden als **subjektive Rechte** bezeichnet. Diese sind äußerst **vielfältig** (s. die folgenden Abschnitte), besitzen jedoch auch **gemeinsame Eigenschaften:**

Subjektive Rechte sind **Berechtigungen,** die den **einzelnen Rechtssubjekten zustehen,** und über die diese in dem Sinne verfügen dürfen, dass sie frei entscheiden können, ob und in welcher Art und Weise sie diese Rechte ausüben.

Die **Rechtsgrundlagen** hierfür sowie die **Modalitäten** der Ausübung finden sich im **objektiven Recht.** Dort wird festgelegt, ob ein subjektives Recht besteht, wie es entsteht, wer es innehaben kann, welchen Inhalt es hat, wie und gegen wen es ausgeübt werden kann, wann es sich verändert, untergeht usw. Zu diesem objektiven

Recht, das subjektive Rechte begründet, zählen nicht nur Normen, sondern alle Rechtsquellen, insbesondere Gerichtsurteile, Verträge oder das Gewohnheitsrecht.

Subjektive Rechte **richten sich immer an bzw. gegen andere Rechtssubjekte** (inkl. ggf. den Staat). Dabei entspricht dem Recht des einen eine Pflicht eines anderen oder vieler anderer, die in einem Tun oder Unterlassen bestehen kann.

Subjektive Rechte können nur **auf Initiative des Rechtsinhabers geltend gemacht** werden, d. h. es gibt keine dritte (staatliche) Stelle, die dies für ihn übernimmt. Selbst wenn diese Rechte vom Gegner anerkannt oder von einem Gericht bestätigt wurden, kann ihr Inhaber seine Rechte nicht eigenmächtig gegen die Personen **vollstrecken,** gegen die ein Recht sich richtet. Dies ist ein **Vorrecht des Staates** bzw. der öffentlichen Hand.

Die Personen, gegen die sich Rechte richten, können eigene subjektive **(Gegen) Rechte** besitzen, sodass es letztlich oft der rechtlichen bzw. gerichtlichen Klärung bedarf, welche bzw. wessen Rechte sich in welchem Umfang durchsetzen.

### b) Subjektives Recht und Rechtsreflex

Viele Rechtsvorschriften dienen dazu, Einzelne, Personengruppen oder die Allgemeinheit zu schützen, indem sie anderen (ggf. auch dem Staat) Pflichten auferlegen. Das alleine reicht jedoch noch nicht, dass die hiervon „Begünstigten" automatisch eigene Rechte ableiten, d. h. selber die Einhaltung der Pflichten fordern, könnten, denn sie können ggf. nur **faktisch begünstigt** sein, ohne eigene Rechte zu erhalten. Dann liegt nur ein sogenannter **Rechtsreflex** vor.

> *Beispiel:* Die Streupflicht des Gehwegs eines Grundstücksbesitzers vor seinem Haus bei Schnee und Eisglätte kommt zwar auch den Nachbarn zugute, aber nur die Kommune, die dies über eine Satzung vorgegeben hat, kann die Einhaltung dieser Pflicht einfordern.

Der Gesetzgeber legt in diesen Fällen jeweils fest, **wer/welche Stelle berechtigt sein soll, die Einhaltung** dieser verbindlichen Pflichten zu **überprüfen und sanktionieren.** Dort kann ein faktisch Begünstigter z. B. sich beschweren, Strafanzeige erstatten usw., aber er hat ohne ein eigenes subjektives Recht keine eigene Klagemöglichkeit gegen den Pflichteninhaber.

Wenn es um den Schutz von **Gemeinwohlinteressen** geht, wird manchmal als Zwischenschritt **Verbänden** eine Klagemöglichkeit eingeräumt, die gewissermaßen stellvertretend für viele Einzelne agieren (s. auch Kap. 7. III. 1).

## III. Wichtige Merkmale und Leitprinzipien den Staat betreffend

Aus der bisherigen Darstellung ist deutlich geworden, dass dem Staat eine **zentrale Bedeutung für die Existenz und das Funktionieren der Rechtsordnung** zukommt. Im Folgenden sollen daher kurz einige wichtige Problemstellungen, Merkmale und Leitprinzipien des öffentlichen Rechts angeführt werden, anhand derer nachvollzogen werden kann, worum es im Kern geht und auf Basis welcher inhaltlichen Grundlagen das rechtmäßige Handeln staatlicher Institutionen beurteilt wird.

## *1. Öffentliches Recht*

Grundlegend enthält das öffentliche Recht **Regeln zur Staatsorganisation in allen Gewalten und auf allen Ebenen.** Hierbei handelt es sich in erster Linie um formelles Recht betreffend Zuständigkeiten, Strukturen, Verfahren, usw.

Daneben geht es zentral um **hoheitliche Machtausübung** bzw. Anwendung von Zwang zwecks Durchsetzung verbindlicher Normen durch den Staat bei der Realisierung der Staatsziele, gleichzeitig aber auch um die Absicherung individueller Freiheit der Rechtssubjekte gegenüber dem Staat und anderen Rechtssubjekten. Sowohl die **Belange der Einzelnen als auch das Gemeinwohlinteresse** müssen dabei in vielen Einzelbereichen durch den Staat **ausbalanciert** werden.

In der Praxis stehen sehr oft **Eingriffe** in das gesamtgesellschaftliche oder wirtschaftliche Geschehen durch regulierende und/oder strafrechtliche Normen im Fokus. Die dazu erforderlichen Abwägungen werden stark von den jeweiligen politischen Rahmenbedingungen geprägt. In vielen Fällen wird in dem Zusammenhang auch der Verwaltung bei ihren Umsetzungsentscheidungen ein **„Ermessen“** in unterschiedlichen Abstufungen eingeräumt.

Bei all dem gilt jedoch, dass der **Staat selbst an Recht und Gesetz gebunden** ist. Auch das Ermessen der Verwaltung berechtigt diese nicht zum beliebigen Handeln, sondern auch dieses ist rechtlich „eingehegt“.

Die **Bürger** sind also nicht nur Adressaten und Nutznießer staatlichen Handelns, sondern auch dazu berufen, den Staat und seine Organe zu kontrollieren. Dabei sind Öffentlichkeit und Transparenz des staatlichen Handelns weitere Leitideen, welche die Beteiligung der Bürger und ihre Akzeptanz des staatlichen Handelns sicherstellen sollen.

## *2. Rechtliche Vorgaben rechtmäßigen Handelns*

Damit sein Handeln als rechtmäßig betrachtet werden kann, muss sich der Staat an rechtliche Vorgaben halten, von denen einige wichtige hier angeführt werden sollen.

### a) Grundordnung des Staats

Das Grundgesetz enthält in Art. 79 Abs. 3 GG eine Aufzählung dessen, was als **unabänderliches Fundament des deutschen Staats und seiner Ordnung** betrachtet wird und auch nicht durch eine Änderung des Grundgesetzes modifiziert werden kann: Die Gliederung des Bundes in Länder, die grundsätzliche Mitwirkung der Länder bei der Gesetzgebung, und die in den Art. 1 (Menschenwürde) und 20 niedergelegten Grundsätze, nämlich dass

- Deutschland ein demokratischer und sozialer Bundesstaat ist,
- alle Staatsgewalt vom Volk ausgeht und vom Volke in Wahlen und Abstimmungen und durch besondere Organe der Gesetzgebung, der vollziehenden Gewalt und der Rechtsprechung ausgeübt wird,

- die Gesetzgebung an die verfassungsmäßige Ordnung, die vollziehende Gewalt und die Rechtsprechung an Gesetz und Recht gebunden sind, und
- alle Deutschen das Recht zum Widerstand gegen jeden haben, der es unternimmt, diese Ordnung zu beseitigen, wenn andere Abhilfe nicht möglich ist.

Zur formellen Rechtsstaatlichkeit zählt zudem der Gerichtsschutz, d. h.: Wenn jemand durch die öffentliche Gewalt in seinen Rechten verletzt wird, steht ihm der Rechtsweg offen (Art. 19 Abs. 4 GG).

### b) Grundrechte und -freiheiten der Bürger

Die in Art. 1 ff. GG niedergelegten subjektiven Rechte und Freiheiten sind **individuelle Rechte der Rechtssubjekte gegen den Staat bzw. gegen die Träger hoheitlicher Gewalt.** Alle Bürger, zu denen auch inländische juristische Personen zählen, soweit Grundrechte ihrem Wesen nach auf diese anwendbar sind, können diese auch gerichtlich geltend machen.

Dass es diese Rechte überhaupt gibt, und vor allem das Ausmaß dieser Rechte, ist ein wichtiges Anzeichen für den demokratischen, (politisch und wirtschaftlich) liberalen und vor allem **rechtsstaatlichen Charakter** der Rechtsordnung.

Diese Rechte und Freiheiten wirken über die unmittelbar öffentlich-rechtliche Sphäre hinaus und prägen die gesamte materielle Rechtsordnung (z. B. die Rechte von Beschuldigten im Strafprozess). Zwischen Privaten entfalten sie zwar grundsätzlich keine unmittelbare Rechtswirkung (ein Rechtssubjekt kann ein anderes nicht wegen Verletzung eines Grundrechts verklagen), aber die in ihnen verankerten **Werte** und **Ideale** kommen in Gesetzen und bei der verfassungskonformen Auslegung von Generalklauseln zum Ausdruck (sogenannte **„Drittwirkung der Grundrechte“**) (s. auch Kap. 8).

Diese Grundrechte und -freiheiten werden im folgenden Abschnitt näher erläutert.

## *3. Subjektive Rechte im öffentlichen Recht*

### a) Überblick

Ein subjektiv-öffentliches Recht gibt dem Einzelnen die **Berechtigung, von einem Träger hoheitlicher Gewalt ein** (gesetzlich definiertes) **bestimmtes Tun oder Unterlassen zu fordern.**

*Beispiele:* Ein Bauwilliger hat einen Anspruch auf eine Baugenehmigung, sofern das Bauvorhaben nicht gegen öffentlich-rechtliche Bauvorschriften verstößt.

Hat eine Baubehörde gegen einen Eigentümer eine Abbruchverfügung erlassen, gegen die dieser Widerspruch eingelegt hat, dann kann er von der Baubehörde verlangen, dass diese bis zu einer endgültigen Entscheidung über den Widerspruch Zwangsmaßnahmen unterlässt.

Bei **Auslegungszweifeln, ob tatsächlich ein subjektiv-öffentliches Recht vorliegt,** ist in erster Linie der gesetzliche Zweck entscheidend (s. auch hiervor bzgl. Rechtsreflex):

- Ist die Rechtsnorm in erster Linie im Interesse der einzelnen Bürger erlassen worden, ist im Zweifel ein solches Recht anzunehmen.
- Bezweckt das Gesetz vor allem das Wohl der Allgemeinheit, dann will es dem Einzelnen im Zweifel kein individuelles Recht einräumen.

Je größer der (gesetzlich eingeräumte) **Ermessensspielraum** der Verwaltung oder Behörde, desto geringer ist die Möglichkeit, ein subjektiv-öffentliches Recht geltend zu machen. In einem solchen Fall hat der Bürger nur das Recht, die fehlerfreie Ausübung des Ermessens überprüfen zu lassen.

### b) Arten

Es gibt verschiedene Arten subjektiv-öffentlicher Rechte:

**(1) Grundrechte**

**(i)** Die Grundrechte bilden das Fundament aller Rechtsbeziehungen zwischen dem Einzelnen und dem Staat. Sie sind verbindlich für alle drei Gewalten.

Bzgl. der berechtigten Rechtssubjekte wird wie folgt unterschieden:

- **Menschenrechte** sind Grundrechte, die allen Menschen ohne Unterschied zustehen,

  *Beispiel:* Gleichheit vor dem Gesetz (Art. 3 Abs. 1 GG).

- **Bürgerrechte** sind die Grundrechte, die nur Menschen mit deutscher Staatsangehörigkeit (i. S. v. Art. 116 GG) zugestanden werden.

  *Beispiel:* Freizügigkeit im Bundesgebiet (Art. 11 Abs. 1).

Grundrechte stehen im Übrigen auch inländischen juristischen Personen zu, soweit sie ihrem Wesen nach auf diese anwendbar sind (Art. 19 Abs. 3 GG).

**(ii)** Aus der Perspektive als subjektiv-öffentliche Rechte können die Grundrechte in folgende Arten unterteilt werden:

- **Abwehrrechte** sollen den Einzelnen vor rechtswidrigen Eingriffen staatlicher Stellen schützen. Diese Freiheitsgrundrechte (z. B. Art. 2, 4, 5, 8 und 12 GG) sind ein wichtiger Bestandteil des Rechtsstaats. Im Unterschied zu rein **faktischen** Freiheiten handelt es sich hier um **rechtlich abgesicherte** Freiheiten, d. h. ihr Inhaber kann diese einfordern und gerichtlich einklagen.

  *Beispiel:* Ob jemand in der Öffentlichkeit seine politische Meinung kundtut, ist er faktisch frei zu entscheiden. Will ihm dies aber jemand verbieten, kann er sich auf das Grundrecht der Meinungsfreiheit als subjektives Recht berufen (Art. 5 GG).

- **Teilhaberechte** verkörpern das Recht auf Teilhabe an staatlichen Leistungen, vor allem in den Bereichen, in denen der Staat ein echtes oder faktisches Monopol besitzt (z. B. im Schul- und Hochschulwesen). Dem Einzelnen steht hier ein Recht auf gleichen Zugang und gleiche Beteiligung zu.

  *Beispiel*: Grundsätzlich hat jeder Bewerber ein Recht auf gleiche Teilhabe am vorhandenen Studienplatzangebot der Hochschulen. Zulassungsbeschränkungen sind daher nur unter bestimmten Umständen zulässig.

- **Leistungsrechte** (bzw. Leistungsansprüche) ergeben sich nur ausnahmsweise direkt aus den Grundrechten.

  *Beispiel:* Aus Art. 1, 2 Abs. 1 und 2 GG i. V. m. dem Sozialstaatsprinzip ergibt sich ein Anspruch auf Sozialhilfe.

(2) **Öffentlich-rechtliche Ansprüche,** kraft derer Einzelne von der öffentlichen Hand eine Leistung verlangt können:

*Beispiele:* Anspruch des Beamten auf Dienstbezüge; Anspruch eines Arbeitnehmers auf Leistungen aus der gesetzlichen Sozialversicherung; Anspruch auf Erstattung zuviel gezahlter Steuern.

(3) Subjektive Rechte, die durch die **Verleihung bestimmter Befugnisse** entstehen:

*Beispiele:* Zulassung als Rechtsanwalt, Erteilung einer Fahrerlaubnis oder eines Gewerbescheins.

#### c) Ausübung

Bzgl. der Ausübung gilt sinngemäß das in Abschn. II. 2 Gesagte. Dabei ist zu berücksichtigen, dass es sich weitestgehend um höchstpersönliche Rechte handelt, die nicht übertragbar sind.

Die Grundrechte stehen grundsätzlich jeder Person gegen jeden Träger öffentlicher Hoheitsgewalt zu und sind in diesem Sinne **absolut,** aber sie sind **nicht unbeschränkt.** Insbesondere muss bei der Ausübung der Grundrechte Rücksicht auf die Grundrechte anderer Rechtssubjekte genommen werden.

Die Verletzung von Grundrechten durch die öffentliche Gewalt wird auf dem üblichen Instanzenweg geltend gemacht. Wenn alle Rechtsbehelfe, Anträge und Rügen im Verfahren vor den Fachgerichten ergebnislos genutzt worden sind, ist als letzte Instanz eine Klage vor dem **Bundesverfassungsgericht** bzw. den **Verfassungsgerichten der Länder** möglich.

### *4. Besonderheiten des Strafrechts*

Handlungen können nur strafrechtlich sanktioniert werden, wenn diese Taten gesetzlich festgelegt sind und das gesetzliche Verbot zum Tatzeitpunkt bereits bestand (**Gesetzlichkeitsprinzip**: *Nullum crimen, nulla poena sine lege*: Art. 103 Abs. 2 GG).

Das Strafgesetz muss zudem **hinreichend bestimmt** sein, um eine Strafe aussprechen zu können. Es gibt keine analoge Gesetzesanwendung und auch kein Gewohnheitsrecht als Rechtsgrundlage.

Grundsätzlich sind nur staatliche Organe, insbesondere Staatsanwaltschaft und Polizei, befugt, Straftaten zu verfolgen (**Offizialmaxime**). Die Strafverfolgungsbehörden sind dabei grundsätzlich verpflichtet, **Straftaten bei Bestehen eines Anfangsverdachts von Amts wegen zu verfolgen** (Legalitätsprinzip (§ 152 Abs. 2 StPO).

Ausnahmsweise findet bei **absoluten Antragsdelikten** eine Strafverfolgung nur statt, wenn ein Geschädigter einen Strafantrag stellt ist (z. B. bei Beleidigung § 185 StGB), bei **relativen Antragsdelikten** (z. B. sexuelle Belästigung § 184i StGB) kann die Staatsanwaltschaft von der Möglichkeit Gebrauch machen, das besondere öffentliche Interesse an der Strafverfolgung zu bejahen. Wenn ein Geschädigter aktiv wird und die Staatsanwaltschaft von ihrem Recht keinen Gebrauch macht, kann er in Form einer **Privatklage** selbst kann vor dem Strafgericht Klage erheben (§§ 374 ff StPO).

Bei minderschweren Straftaten (Vergehen) wird das Legalitätsprinzip durch das **Opportunitätsprinzip** eingeschränkt: Staatsanwaltschaft und Gericht können Verfahren ohne Auflage wegen Geringfügigkeit oder, wenn die Schwere der Schuld nicht entgegensteht, gegen Auflagen oder Weisungen gemäß § 153a StPO einstellen.

Gemäß dem **Objektivitätsprinzip** muss die Staatsanwaltschaft alle zur Aufklärung eines Sachverhalts relevanten Tatsachen erforschen und würdigen, auch solche, die der Entlastung dienen (§ 160 Abs. 2 StPO).

Die Verurteilung zu einer Strafe darf nur vorgenommen werden, wenn feststeht, dass alle Voraussetzungen des Schuld- und Strafausspruchs vorliegen (§ 267 Abs. 1 StPO). Ist dies nicht eindeutig der Fall, gilt der Grundsatz „**im Zweifel für den Angeklagten**[3]" (*in dubio pro reo*).

## IV. Wichtige Merkmale und Leitprinzipien Private betreffend

Alle natürlichen und juristischen Privatpersonen (inkl. dem Staat, soweit er privatrechtlich handelt) unterliegen Rechtsnormen, die gänzlich andere Fragestellungen behandeln als dies im öffentlich-rechtlichen Bereich der Fall ist. Hier geht es in erster Linie darum, welche **Rahmenbedingungen** Privaten für die Gestaltung ihres Privat-, Berufs- und Geschäftslebens zur Verfügung stehen, welchen **gegenseitigen Rechte und Pflichten** sie unterliegen, wie diese zustande kommen, und wie man Rechte ausüben und sich gegen Ansprüche anderer wehren kann.

[3] Wenn eine Person konkret verdächtigt wird, eine strafbare Handlung begangen zu haben und gegen sie ein Ermittlungsverfahren eingeleitet worden ist, bezeichnet man diese als „**Beschuldigten.**" Sie wird „**Angeklagte**" genannt, sobald die Staatsanwaltschaft Anklage gegen sie beim Strafgericht erhebt.

### *1. Privatrecht*

Prägend für das Privatrecht, das die **Rechtsbeziehungen zwischen Rechtssubjekten** regelt, die einander **gleichgeordnet und selbstbestimmt** begegnen, ist der Grundsatz der **Privatautonomie,** der aus Art. 1 und Art. 2 Abs. 1 GG abgeleitet wird.

Gemäß diesem Grundsatz hat jeder die Freiheit bzw. das Recht, seine privaten Rechtsverhältnisse nach eigener Entscheidung zu gestalten. Dies entspricht dem liberalen Ideal einer freien Gesellschaft, in der vernunftbegabte Menschen in der Lage sind, nach ihrem Willen selbstverantwortlich zu handeln. Konkretisiert wird dies im Zivilrecht z. B. durch die **Vertragsfreiheit,** die **Vereinigungsfreiheit,** die **Eigentumsfreiheit** (und das damit zusammenhängende Verfügungsrecht), die **Ehe- bzw. Partnerschaftsschließungsfreiheit** und die **Testierfreiheit** (d. h. die Freiheit, ein Testament zu erstellen).

Weil zum Teil große Unterschiede zwischen den Menschen bestehen (z. B. in Bezug auf ihre wirtschaftlichen Möglichkeiten und ihre Bildung), besteht die Gefahr, dass in diesem Modell trotz der formalen Gleichheit viele Menschen faktisch nicht in der Lage sind, ihre Rechte und Freiheiten zu nutzen oder sich gegen faktisch Stärkere zu behaupten. Daher gibt es zum **Schutz typischerweise Schwächerer** (z. B. Mieter, Verbraucher, Arbeitnehmer) **zwingende** Vorschriften welche die Privatautonomie einschränken. Gemeinwohlinteressen hingegen spielen hier typischerweise keine Rolle, obwohl die Abgrenzung insbesondere zu gleichlaufenden Individualinteressen einer großen Anzahl Menschen nicht eindeutig ist.

Bei Verletzung der zwingenden oder vereinbarten Normen ist der Einzelne gefordert, seine Rechte **selbst vor Gericht geltend zu machen** (es gibt keinen „zivilrechtlichen Staatsanwalt"). Im Zivilverfahren ist es ihm freigestellt, ob und was er einklagt, was er vorbringt und welche Beweismittel er beibringt. Auch eine einvernehmliche Streitregelung zwischen Kläger und Beklagtem wird nicht von Dritten geprüft, sondern obliegt der Verantwortung der Beteiligten.

Da diese Rechtsdurchsetzung den Einzelnen überfordern kann, sind verschiedene Instrumente entwickelt worden, um den **tatsächlichen Zugang zum Recht bzw. zur Justiz** zu erleichtern (s. hierzu Kap. 6. III).

### *2. Rechtliche Vorgaben rechtmäßigen Verhaltens*

Private Rechtssubjekte verfügen zwar über zahlreiche subjektive Rechte (s. Abschn. 3), aber sie unterliegen auch zahlreichen rechtlichen Verhaltensregeln für die Beziehungen untereinander und gegenüber dem Staat. Diese sind teilweise generalklauselmäßig formuliert und werden erst durch die Rechtsprechungspraxis konkretisiert. Sie bringen zum Ausdruck, was als rechtmäßiges Verhalten der privaten Rechtssubjekte betrachtet wird.

### a) Handlungsfreiheit und Verantwortung

Gemäß Art. 2 Abs. 1 GG hat jeder das Recht auf freie Entfaltung seiner Persönlichkeit, soweit er nicht die Rechte anderer verletzt und nicht gegen die verfassungsmäßige Ordnung oder das Sittengesetz verstößt.

Die Handlungs- und Verhaltensfreiheit des Einzelnen ist also weitgehend, aber nicht unbeschränkt. Insbesondere **haftet jeder für die Folgen seines Tuns oder Unterlassens,** sofern ihm dies „vorgeworfen" werden kann. Hierzu hat die Rechtsordnung ein nuanciertes System von **Verschulden** etabliert, das neben Vorsatz auch verschiedene Formen von Fahrlässigkeit umfasst. Dabei gilt als Grundidee, dass jemand umso eher haftet, je mehr er wusste und wollte, was er tat bzw. welche Folgen eintreten sollten. Die Rechtsordnung erwartet in der Tat grundsätzlich, dass jeder sowohl privat als auch beruflich **jederzeit verantwortungsvoll handelt.**

Weil durch diese Haftungsregeln in bestimmten Umständen auch ungewollte Haftungsbefreiungen im Zivilrecht eintreten können, hat die Rechtsordnung in Teilbereichen Sonderregeln entwickelt, die eine **objektive** Haftung (ohne Verschulden) und/oder eine Haftung für das **Verhalten Dritter** umfassen. Trotz eines weit ausgreifenden Haftungsregimes gibt es auch Fälle, in denen nach geltendem Recht niemand für entstandene Schäden haftet (sogen. **„Pechfaktor"**).

Insgesamt prägt die Frage des rechtlichen Umgangs mit **individuellen Schicksalen** und/oder **gesellschaftlichen Risiken** zahlreiche Rechtsgebiete. Bzgl. dieser Aspekte der **Sicherheit** bzw. Absicherung haben die Gesellschaft und die Rechtsordnung sich permanent weiterentwickelt und insbesondere den Staat über das Sozialrecht zu einem wichtigen Akteur werden lassen, sodass diese Thematik sich zu einem erheblichen Teil vom Privatrecht **(Prinzip Eigenverantwortung)** zum öffentlichen Recht **(Prinzip Solidarität)** verschoben hat.

### b) Gebot von Treu und Glauben

Gemäß § 242 BGB ist der Schuldner verpflichtet, die Leistung so zu bewirken, wie Treu und Glauben mit Rücksicht auf die Verkehrssitte es erfordern. Hier kommt zum Ausdruck, dass die Gesellschaft bzw. Rechtsordnung ein **ehrliches bzw. redliches Verhalten** erwartet, wobei allerdings auch zu berücksichtigen ist, was der gesellschaftliche Standard ist, d. h. die **Verkehrssitte** (d. h. das, was die Mehrheit üblicherweise tut).

Aus diesem Gebot hat die Rechtsprechung zahlreiche weitere Regeln abgeleitet, die in der gesamten Rechtsordnung und nicht nur im Schuldrecht gelten, und die insbesondere alle Formen missbräuchlicher Rechtsausübung **(Rechtsmissbrauch)** sanktionieren sollen.

> *Beispiele:* Der unredliche Erwerb der eigenen Rechtsstellung; die Verletzung eigener Pflichten bei gleichzeitiger Ausübung eines Rechts (je nach Umständen); Vertrauensbruch (je nach Umständen).

Auch bei Handlungen wider besseres Wissen **(Bösgläubigkeit)** wird die rechtliche Bewertung i. d. R. so ausfallen, dass dies Treu und Glauben widerspricht.

### c) Verbot der Gesetzesumgehung und -erschleichung

Es gibt keine ausdrückliche Norm, welche allgemein die Umgehung von zwingenden gesetzlichen Ge- oder Verboten verbietet, sondern nur einige spezielle Ausprägungen (z. B. bei Steuergestaltungen § 42 AO, bei zwingenden AGB-Regeln § 306a BGB). Dennoch wird in der deutschen Rechtsordnung allgemein akzeptiert, dass ein solches allgemeines Verbot existiert.

**Gesetzesumgehung** liegt demnach vor, wenn zwar der Anwendungsbereich einer zwingenden Norm nicht greift, wohl aber gegen ihr Ziel bzw. ihren Sinn und Zweck verstoßen wird. Wenn eine Umgehung vorliegt, besteht die Sanktion darin, dass die umgangenen Gesetzesbestimmungen dennoch angewendet werden. Die **Gesetzeserschleichung** stellt das Spiegelbild der Umgehung dar.

*Beispiel:* Die Erschleichung von Sozialleistungen durch Vortäuschen von Tatsachen (z. B. Vortäuschen einer eigenen Wohnung, obschon man mit einem Partner/einer Partnerin zusammenwohnt).

Letztlich handelt es sich hier um die Übertragung des Grundsatzes von Treu und Glauben in den Bereich der **Sachverhaltsgestaltung.**

### d) Verbot der Sittenwidrigkeit

Aus dem Vorstehenden wurde schon deutlich, dass der Gesetzgeber häufig **allgemeine Rechtsbegriffe und Generalklauseln** verwendet, weil die darin zum Ausdruck kommenden Werte schwer definierbar sind oder einem kontinuierlichen **Bedeutungswandel** unterliegen und daher nicht festgeschrieben werden sollen, damit das Recht ausreichend flexibel bleibt.

Dazu gehört auch das Verbot des **„Verstoßes gegen die guten Sitten“,** das sich in zahlreichen Bestimmungen in unterschiedlicher Formulierung findet (Art. 2 Abs. 1 GG (s. o.), § 138 BGB (sittenwidriges Rechtsgeschäft), § 826 BGB (sittenwidrige vorsätzliche Schädigung).[4]

Genau definierbar ist der Begriff nicht. Die Rechtsprechung spricht häufig vom „Anstandsgefühl aller billig und gerecht Denkenden“, aber das ist letztlich auch nicht präziser (s. auch Kap. 8, III).

## *3. Subjektive Rechte im Privatrecht*

### a) Überblick

Subjektive Rechte gehören zum **Kernbereich des Privatrechts.** Denn gemäß dem Grundsatz der **Privatautonomie** sollen die Rechtssubjekte im Wesentlichen ihre Rechtsverhältnisse selbst gestalten, ohne dass eine der Staatsgewalten eingreifen müsste. Die Rechtsordnung liefert hierzu den Rahmen, insbesondere durch die Definition unterschiedlicher subjektiver Rechte, bei denen grundsätzlich kein Unter-

---

[4] Im Übrigen auch außerhalb des Privatrechts: § 228 StGB (Körperverletzung trotz Einwilligung bei Verstoß gegen die guten Sitten), § 44 Abs. 2 Nr. 6 VwVfG (sittenwidriger Verwaltungsakt).

schied zwischen natürlichen und juristischen Personen gemacht wird (außer es ergeben sich Unterschiede aus der Natur der Sache, z. B. im Familien- und Erbrecht).

Die subjektiven Rechte richten sich typischerweise an bzw. gegen andere Private, aber auch an bzw. gegen den Staat und seine Teile, soweit diese als Private agieren. Sie entstehen entweder einvernehmlich auf freiwillige gewollte Weise zwischen den Beteiligten oder auf der Basis einer Gesetzesnorm.

Man unterscheidet

- **absolute** subjektive Rechte, die gegenüber jedermann bestehen *(erga omnes),* und
- **relative** subjektive Rechte, die nur gegenüber einer bestimmten Person oder einigen bestimmten Personen *(inter partes)* bestehen.

### b) Arten

Im Privatrecht werden folgende Arten subjektiver Rechte unterschieden:

**(1) Herrschaftsrechte (Beherrschungsrechte)** verleihen dem Inhaber das Recht, mit einem Gegenstand grundsätzlich nach Belieben zu verfahren, sowohl faktisch als auch rechtlich, und gleichzeitig andere von der Nutzung auszuschließen.

*Beispiele:* Eigentum, Pfandrecht, Persönlichkeitsrechte (insbesondere Namensrecht), Urheber- oder Patentrecht.

Es handelt sich um **absolute** Rechte, die typischerweise der Abwehr gegen Übergriffe anderer dienen und dann zu Ansprüchen führen (s. hiernach).

*Beispiele:* Herausgabeanspruch von Eigentum; Schadensersatz bei Verletzung von Persönlichkeits- oder Patentrechten.

Die Rechte des Rechtsinhabers werden allerdings teilweise auch mit ihm auferlegten **Pflichten** verbunden, welche die **absolute Wirkung abmildern.**

*Beispiele:* Sozialgebundenheit des Eigentums als Gegengewicht zum absoluten Anspruch des Eigentümers; elterliche Sorgepflicht als Ausgleich zum Sorgerecht; mögliche Zwangslizenzen im öffentlichen Interesse zu Lasten des Patentinhabers.

**(2) Ansprüche (Forderungsrechte)** geben dem Inhaber das Recht, von einem anderen ein Tun oder Unterlassen zu fordern (§ 194 Abs. 1 BGB), das konkret die unterschiedlichsten Inhalte haben kann (z. B. Arbeitsleistung, Zahlung, Rückgabe usw.). Dem Anspruch einer Person steht spiegelbildlich die Pflicht (Verbindlichkeit, Schuld) einer anderen Person gegenüber.

Das Grundmodell der Ansprüche und ihrer Geltendmachung findet man ihm Schuldrecht, aber Forderungsrechte existieren in der einen oder anderen Form in fast allen anderen Rechtsgebieten. Ansprüche sind **relativ,** d. h. sie existieren nur zwischen den Personen eines durch Rechtsgeschäft oder Gesetz begründeten Rechtsverhältnisses.

*Beispiele:* Ansprüche aus Verträgen, aus Geschäftsführung ohne Auftrag, aus Erbschaft.

(3) **Gestaltungsrechte** geben dem Inhaber das Recht, ein Rechtsverhältnis durch einseitigen Willensakt zu begründen, ändern oder beenden. Insofern sind auch sie **relativ.**

*Beispiele:* Anfechtung, Kündigung, Rücktritt, Aneignung.

### c) Ausübung

**In welchem Fall und gegen wen** die subjektiven Rechte geltend gemacht werden können, vereinbaren die **Beteiligten** oder wird vom **Gesetzgeber** festgelegt.

Ob und in welchem Maße bzw. Umfang der Berechtigte seine Rechte **ausübt,** liegt ausschließlich in seinem Belieben (s. o.). Dabei muss man jedoch in gewissem Maße unterscheiden:

- **Übertragbare** Rechte muss der Inhaber nicht selber ausüben, sondern er kann sie **abtreten.**

  *Beispiele:* Vertragliche Ansprüche, Eigentumsrecht.

- **Höchstpersönliche** Rechte kann nur ihr Inhaber selbst ausüben, sie sind nicht auf andere Personen übertragbar.

  *Beispiele:* Persönlichkeitsrechte, Gestaltungsrechte.

Den subjektiven Rechten des einen können subjektive **Gegenrechte** (Einreden, Einwendungen in der Terminologie des Schuldrechts) gegenüber stehen, die das geltend gemachte Recht unwirksam machen oder einschränken können.

Schließlich stößt das subjektive Recht an Grenzen, wenn seine Ausübung nach allgemeinen Rechtsgrundsätzen **unzulässig oder rechtsmissbräuchlich** wäre. Grundlagen hierfür sind insbesondere das Gebot von Treu und Glauben (§ 242 BGB) und das Verbot sittenwidrigen Handelns (§ 138, 826 BGB). (s. auch hiervor).

# Geltung und Ordnung des Rechts

In den ersten Kapiteln wurde die Vielfalt der Bausteine des deutschen Rechts offenkundig, die zu einem kohärent funktionierenden System verbunden werden müssen. Dazu sollen zum einen die jeweilige Reichweite der einzelnen Rechtsquellen präzisiert (s. I) und zum anderen die Ordnungsprinzipien für ihr Zusammenspiel (s. II) dargestellt werden.

## I. Geltung des Rechts

Damit die im Kap. 2 beschriebenen möglichen Rechtsquellen im konkreten Einzelfall rechtliche Wirkung entfalten, müssen sie **gelten**. Neben den grundlegenden Voraussetzungen für ihr Zustandekommen (Abschn. 1) ist daher zu klären, für welchen Adressatenkreis und Gegenstand, auf welchem Territorium und in welchem Zeitraum die jeweilige Rechtsquelle grundsätzlich Geltung besitzt (s. Abschn. 2, 3 und 4).

Soweit es sich bei den Rechtsquellen um allgemein-abstrakt formulierte Rechtsregeln handelt, ist von der Geltung des Rechts dessen **Anwendbarkeit** zu **unterscheiden** (s. Abschn. 5).

### *1. Geltungsvoraussetzungen*

Unabhängig davon, um welche Rechtsquelle es geht, gelten die jeweils darin enthaltenen Rechtsanweisungen nur, wenn zwei Arten von Bedingungen erfüllt sind:

**(1) Formelle Voraussetzungen**
Zum einen muss die rechtsetzende oder -sprechende Instanz dafür sowohl eine **Zuständigkeit** besitzen (d. h. es muss zu ihrem Aufgabenbereich gehören) als auch die notwendige **Befugnis oder Kompetenzen** (d. h. sie muss in diesem Rahmen



B. Bergmans, *System und Grundlagen des deutschen Rechts*, Springer-Lehrbuch,
https://doi.org/10.1007/978-3-662-72724-9_4

berechtigt sein, die in Frage stehenden Handlungen vorzunehmen). Es geht also darum, *ob* eine Instanz *überhaupt* Recht schaffen bzw. sprechen darf und *mit welchem Instrument* sie das darf. Da beides typischerweise gemeinsam geregelt ist, wird zwischen diesen Aspekten oft nicht unterschieden.

Außerdem muss das Recht in den jeweils dafür vorgesehenen **Verfahren** geschaffen/geändert bzw. gesprochen worden sein.

Die Grundlagen hierfür stehen grundsätzlich in der Verfassung, von der aus kaskadenförmig jeweils niederrangigeres Recht abgeleitet wird, welches diese formellen Voraussetzungen auf den verschiedenen Stufen für die unterschiedlichen Rechtsquellen konkretisiert (s. Kap. 2).

*Beispiel*: Für die Frage, ob die Grundordnung einer Hochschule formelle Geltung besitzt, muss diese Ordnung zunächst einmal vom Senat einer Hochschule verabschiedet worden sein, da dieses Organ gemäß Landeshochschulgesetz zuständig für die Verabschiedung der Grundordnung ist. Der Senat kann dafür aber kein Gesetz verabschieden, sondern nur eine Satzung. Die Grundordnung muss zudem gemäß dem im Landeshochschulgesetz festgelegten Verfahren verabschiedet werden. Das zugrunde liegende Landeshochschulgesetz leitet seine Geltung aus dem Grundgesetz bzw. der Landesverfassung ab.

**(2) Materielle Voraussetzungen**

**Inhaltlich** darf das Recht nicht anderem Recht widersprechen, das Vorrang besitzt. Eine Rechtsquelle ist daher nur rechtswirksam, wenn sie sich korrekt **in die Ordnung des Rechts einfügt** (s. hierzu ausführlich Abschn. II hiernach).

*Beispiel*: Die Grundordnung darf keine Regelungen enthalten, die dem Landeshochschulgesetz widersprechen (z. B. bzgl. der Befugnisse der Dekane).

(3) Ist eine dieser Voraussetzungen nicht erfüllt, können unterschiedliche **Rechtsfolgen** eintreten:

- Die Rechtsquelle (bzw. eine einzelne Norm in ihr) kann **nichtig** sein, d. h. sie entfaltet grundsätzlich keinerlei Wirkung. Es liegt dann keine Rechtsnorm, kein Rechtsakt oder Rechtsspruch vor, der verbindlich wäre.
- Sie kann **anfechtbar** sein: Dann bleibt sie rechtswirksam, solange sie nicht angefochten und durch eine hierfür zuständige Stelle (Gericht, Behörde) aufgehoben wird.
- Sie bleibt möglicherweise gültig, wird aber in einem konkreten Einzelfall nicht angewendet.

Welche Rechtsfolge greift, ist **jeweils gesetzlich geregelt**.

## 2. *Sachliche und persönliche Geltung*

### a) Einleitung

Die **sachliche** Geltung einer Rechtsquelle gibt Auskunft darüber, für welche Fragen, Problemstellungen, Gegenstände, Materien usw. sie verbindliche allgemeine Regeln oder einzelne Aussagen bereithält. Dies ist das primäre Prüfmaßstab, ob eine Rechtsquelle für einen konkreten Fall überhaupt infrage kommt. Die Bandbreite ist hier sehr groß, von sehr allgemein formulierten bis hin zu sehr spezifisch definierten Inhalten.

Die **persönliche** Geltung ist weniger variantenreich und häufig auch nicht näher spezifiziert. Denn die Frage, für wen eine Rechtsquelle gilt, muss angesichts der Allgemeingültigkeit der Quellen häufig nicht spezifiziert werden, oder sie ergibt sich automatisch aus den Umständen.

### b) Gesetztes Recht, Normen

Der **sachliche** Geltungsbereich eines Gesetzes wird typischerweise zu Beginn des Gesetzes in mehr oder weniger stringenter Weise festgelegt und kommt dabei auch im Titel zum Ausdruck.

> *Beispiel*: Art. 1 Abs. 1 der Verordnung (EG) über das auf vertragliche Schuldverhältnisse anwendbare Recht (Rom I): „Diese Verordnung gilt für vertragliche Schuldverhältnisse in Zivil- und Handelssachen, die eine Verbindung zum Recht verschiedener Staaten aufweisen. Sie gilt insbesondere nicht für Steuer und Zollsachen sowie verwaltungsrechtliche Angelegenheiten." In Abs. 2 wird dies durch spezifische Ausnahmen konkretisiert.

Eine genauere Spezifizierung ergibt sich meist aus den einzelnen Regelungen, bei denen die Tatbestände der Normen deren sachliche Eingrenzung enthalten.

> *Beispiel*: § 1 Unterlassungsklagengesetz: *„Wer in allgemeinen Geschäftsbedingungen Bestimmungen, die nach den §§ 307 bis 309 des Bürgerlichen Gesetzbuches unwirksam sind, verwendet oder für den rechtsgeschäftlichen Verkehr empfiehlt, kann auf Unterlassung und im Fall der Empfehlung auch auf Widerruf in Anspruch genommen werden."*

Der **persönliche** Geltungsbereich von Gesetzen wird meist nicht spezifiziert, weil diese für alle Rechtssubjekte gleichermaßen gelten.

> *Beispiel:* Das BGB ist grundsätzlich auf alle Personen anwendbar.

Innerhalb der Gesetze kann es aber Teilbereiche geben, welche die Geltung der Normen personenspezifisch einschränken.

> *Beispiel*: §§ 312 ff. BGB enthalten Regeln über Verbraucherverträge, die nur für Verträge zwischen Verbrauchern und Unternehmern gelten. Wer Verbraucher und Unternehmer ist, wird in §§ 13–14 BGB definiert.

Manche Gesetze beziehen sich insgesamt nur auf bestimmte Personengruppen.

*Beispiel*: Das Rechtsanwaltsvergütungsgesetz gilt nur für die Berufsgruppe der Rechtsanwälte.

#### c) Rechtsprechung

Die sachliche Geltung von Urteilen wird als **materielle Rechtskraft** bezeichnet. Das bedeutet, dass der Inhalt der Entscheidung für das Gericht und die Parteien maßgebend ist, d. h. über eine rechtskräftig festgestellte Rechtsfolge darf grundsätzlich[1] nicht nochmals und auch nicht anders entschieden werden. Diese Rechtskraft wirkt aber nur bzgl. eines identischen Streitgegenstands.

Auf **personenbezogener** Ebene entfalten Urteile eine Rechtswirkung nur zwischen den Parteien oder Beteiligten des Rechtsstreits sowie ihren Rechtsnachfolgern, indirekt allerdings auch für Dritte (s. Kap. 2, II. 2). Auch die materielle Rechtskraft gilt nur bei Personenidentität (d. h. einem Verfahren zwischen denselben Personen).

#### d) Akte der Exekutive

Hier greifen je nach Allgemein- oder Einzelwirkung analog die Regeln bzw. Normen oder Urteile.

#### e) Private Rechtsquellen

Private Rechtsquellen (insbesondere Verträge) besitzen im Rahmen der Privatautonomie grundsätzlich die **sachliche Geltung**, welche die Parteien ihnen geben. Verstoßen sie dabei aber gegen zwingendes Recht, kann dies je nach Konstellation zu Anfechtbarkeit, Nichtigkeit und/oder gesetzlicher Ersatzregelung führen.

*Beispiel*: Mietverträge unterliegen zahlreichen (einseitig) zwingenden Regeln zugunsten der Mieter. Wird davon vertraglich zulasten der Mieter abgewichen, sind diese Bestimmungen nichtig und es greift die gesetzliche Regelung.

Dies gilt analog für die **persönliche Geltung**. Verträge sind demnach grundsätzlich nur für die Parteien verbindlich, welche sie schließen. Allerdings können unter Beachtung oder auf gesetzlicher Vorschriften Rechte oder Pflichten auf Dritte übertragen und damit der persönliche Geltungsbereich eines Vertrags verändert werden.

*Beispiel*: Übertragung von Rechten auf Dritte durch privatrechtliche Forderungsabtretung oder gesetzlichen Forderungsübergang

### *3. Räumliche Geltung*

#### a) Einleitung

Der Aspekt der räumlichen Geltung betrifft die Frage, **wo** die jeweilige Rechtsquelle **Rechtswirkung entfaltet und justiziabel ist,** d. h. wo sie vor Gerichten oder

[1] Eine Ausnahme hierzu bilden Wiederaufnahmeverfahren, die aber nur unter engen Voraussetzungen zugelassen sind.

bei Behörden geltend gemacht können und von diesen als Entscheidungsgrundlage verwendet werden.

Da das Recht typischerweise national bzw. staatlich ist, gilt es grundsätzlich nur innerhalb der Grenzen dieses Staats. Das **Staatsgebiet** der Bundesrepublik Deutschland, dessen Grenzverlauf zu anderen Staaten durch Staatsverträge festgelegt wird, setzt sich aus den Staatsgebieten der Bundesländer zusammen, außerdem zählt dazu das Küstenmeer bis 12 Seemeilen vor der Küstenlinie (außer bei Teilen der Ostsee). Auch der über diesem Gebiet liegende Luftraum gehört zum deutschen **Hoheitsbereich**, ebenso wie unter deutscher Flagge fahrende Schiffe oder fliegende Luftfahrzeuge.

Ob deutsches Recht über diese Grenzen hinaus Wirkung entfalten kann, hängt grundsätzlich von der Bereitschaft anderer Staaten ab, dies zuzulassen. Dies gilt grundsätzlich analog für die Geltung ausländischen Rechts in Deutschland. Die möglichen Konstellationen sind vielfältig und komplex und werden üblicherweise in internationalen Verträgen geregelt.

Auch **Landesrecht** ist grundsätzlich bundesweit justiziabel, allerdings ergibt sich aus den Zuständigkeiten sowie der persönlichen und sachlichen Anknüpfung in aller Regel eine räumliche Begrenzung auf das jeweilige Bundesland.

*Beispiel*: Die Länder sind zuständig für das Schulwesen. Diesbezügliche Erlasse entfalten daher nur Wirkung im jeweiligen Bundesland. Allerdings sind landesrechtliche Schulabschlüsse bundesweit anerkannt und mögliche Klagegrundlage für die Zulassung zu weiterführenden Qualifikationen.

*Beispiel*: Urteile oder Steuerbescheide aus einem Bundesland entfalten auch Rechtswirkung in anderen Bundesländern.

Diese grundsätzlichen Regeln werden im Folgenden rechtsquellenspezifisch näher erläutert.

### b) Gesetztes Recht, Normen

(1) Die räumliche Geltung von Rechtsnormen hängt im Grundsatz davon ab, **wer** diese **mit welcher Zuständigkeit** erlassen hat.

*Beispiele*: Bundesgesetze gelten im gesamten Bundesgebiet, EU-Normen in allen Mitgliedstaaten der Europäischen Union, Landesgesetze im jeweiligen Bundesland, kommunale Satzungen nur in der jeweiligen Kommune.

Entsprechend unterliegen alle **Sachverhalte**, die sich **auf diesem jeweiligen Territorium** (bzw. ggf. Hoheitsbereich) **verwirklichen**, den hier geltenden Normen. Folglich gilt dieses Recht ggf. auch für alle **Personen, die sich auf diesem Territorium aufhalten**, unabhängig davon, ob sie hier sesshaft sind oder nur auf der Durchreise.

*Beispiel*: Nach dem Territorialitätsprinzip gilt deutsches Strafrecht grundsätzlich für alle in Deutschland begangene Straftaten (§ 3 StGB), unabhängig von Staatsangehörigkeit und Wohnsitz des Täters.

Die Tatsache, dass das Recht hier gilt und Wirkung entfaltet, beschreibt jedoch nur die Rechtslage. Diese Geltungsraum begrenzt nämlich auch den Handlungsraum des Staates und dessen Möglichkeiten zur Durchsetzung dieses Rechts.

*Beispiel*: Die deutsche beschränkte Steuerpflicht für in Deutschland generierte Einkünfte gilt für Personen, die im Inland weder Wohnsitz noch gewöhnlichen Aufenthalt haben. Die deutschen Finanzbehörden können diesen Personenkreis aber nicht im Ausland belangen, sondern nur, wenn diese sich ins Inland begeben oder hier über pfändbares Vermögen verfügen.

**(2)** Über die Kollisionsregeln des **Internationalen Privatrechts** kann es geschehen, dass ausländisches Recht in Deutschland angewendet werden muss (z. B. von Gerichten oder Standesämtern), obschon es hier eigentlich keine Geltung besitzt (s. Kap. 2, III. 3 und Abschn. II. 3 e) hiernach). Analog kann das auch für deutsches Recht im Ausland der Fall sein.

**(3)** Ausnahmsweise entwickelt nationales Recht im Ausland (und ausländisches Recht im Inland) insofern **extraterritoriale Wirkung**, als die Rechtssubjekte im Eigeninteresse die fremden Normen beachten sollten, obschon sie dazu rechtlich nicht verpflichtet sind (z. B. weil sie sich dort nicht aufhalten), um mögliche Nachteile auf rechtlicher und/oder faktischer Ebene zu vermeiden.

*Beispiele*: Embargoregeln gegen ausländische Staaten im amerikanischen Außenwirtschaftsrecht sollten von deutschen Unternehmen mit Handelsbeziehungen zu den USA beachtet werden, sonst drohen Sanktionen in den USA (nicht in Deutschland).

Eine deutsche Kapitalgesellschaft, deren Aktien an einer Börse in Land X gehandelt werden, in der die Gesellschaft sonst nicht aktiv ist, könnte vom dortigen Börsenhandel ausgeschlossen werden, wenn sie die lokalen Börsenvorschriften verletzt.

### c) Rechtsprechung

Urteile deutscher Gerichte gelten grundsätzlich im **gesamten Bundesgebiet** und sind hier auch vollstreckbar. Die **örtliche Zuständigkeit** (Gerichtsstand) ist nur relevant für die Frage, welches der sachlich kompetenten Gerichte angerufen werden muss. Diese wird in den jeweiligen Prozessordnungen festgelegt.

Ob auch bei grenzüberschreitenden Sachverhalten eine internationale Zuständigkeit gegeben ist, ist Gegenstand des **Europäischen und Internationalen Prozessrechts**. Dies eröffnet u. U. auch die Möglichkeit eines Prozesses vor deutschen Gerichten, selbst wenn der Sachverhalt weitgehend im Ausland angesiedelt ist/war.

Urteile deutscher Gerichte entfalten **grundsätzlich nur Wirkung innerhalb des deutschen Hoheitsgebiets**, eine Vollstreckung im Ausland ist im Prinzip nicht möglich. Das gilt umgekehrt auch für **ausländische Urteile**, die in Deutschland nicht automatisch **anerkannt oder vollstreckt** werden.

Es gibt jedoch zahlreiche Staatsverträge, die es ermöglichen, deutschen Urteilen im Ausland Wirkung zu verleihen bzw. ausländischen Urteilen in Deutschland, wenn die jeweils hierfür fixierten rechtlichen Voraussetzungen erfüllt sind. Insbesondere innerhalb der Europäischen Union ist die grundsätzliche gegenseitige grenzüberschreitende Anerkennung von Urteilen aus anderen Mitgliedstaaten sowie deren Vollstreckbarkeit als Standard etabliert worden.

#### d) Akte der Exekutive

Diese entfalten grundsätzlich nur Wirkung innerhalb des jeweiligen territorialen Zuständigkeitsbereichs, und dies grundsätzlich nur im Inland. Ausnahmen können durch interne Regelungen oder Internationale Abkommen eingeführt werden.

*Beispiel*: Im Rahmen der polizeilichen Zusammenarbeit zwischen Grenzkommunen unterschiedlicher Länder können z. B. unter bestimmten Bedingungen Festnahmen außerhalb des eigenen Hoheitsbereichs vorgenommen werden.

#### e) Private Rechtsquellen

Bei privaten Quellen ist die räumliche Geltung **grundsätzlich frei gestaltbar** zwischen den beteiligten Parteien. Allerdings müssen die Beteiligten klären, welchem nationalen Recht und/oder Gerichtswesen sie ihre Rechtsbeziehungen unterwerfen. Tun sie dies nicht, greifen ersatzweise die Regeln des Internationalen Privat- und Prozessrechts.

Je nach Gegenstandsbereich sind private Rechtssubjekte aber in ihrer Gestaltungsfreiheit beschränkt auf die Instrumente, die ihnen die deutsche Rechtsordnung zur Verfügung stellt (**numerus clausus** – Modell). Deren Nutzung ist dann allerdings typischerweise auch grenzüberschreitend möglich.

*Beispiel:* In Deutschland können nur Gesellschaften oder Vereine gegründet werden, die den diesbezüglichen deutschen Rechtsvorschriften entsprechen. Diese können aber auch im Ausland aktiv sein. Im Übrigen können Deutsche natürlich auch Gesellschaften im Ausland gründen nach den dort geltenden Regeln und diese rechtmäßig in Deutschland nutzen.

Ob und in welchem Maße private Rechtsquellen durch ausländische staatliche Organe anerkannt werden, entscheidet jeweils die Rechtsordnung des betroffenen Staates, in dem sie Geltung entfalten sollen. Eine Rechtswirksamkeit nach deutschem Recht impliziert nicht automatisch eine Anerkennung und Gleichbehandlung in ausländischen Staaten.

*Beispiel:* Ein in Deutschland vereinbarter Eigentumsvorbehalt wird in manchen anderen Staaten anerkannt, in anderen nicht. Im letzteren Fall entfaltet er dort auch keine Rechtswirkung, sondern diese endet sozusagen an der Grenze zum Ausland.

### 4. Zeitliche Geltung

Das Thema der zeitlichen Geltung des Rechts befasst sich mit den Fragen, **ab wann und bis wann** jeweils eine Rechtsquelle gilt und welche Sachverhalte dann entsprechend erfasst werden bzw. ab und bis wann ggf. eine Rechtsquelle justiziabel ist.

### a) Gesetztes Recht, Normen

Da Rechtsnormen immer wieder neu geschaffen, geändert oder abgeschafft werden, haben sie typischerweise auch einen zeitlichen Geltungsbereich **vom In-Kraft-Treten bis zum Außer-Kraft-Treten**.

(1) Normen **treten in Kraft** nach den jeweils spezifischen Verfahrensregeln. Für Bundesgesetze z. B. bedeutet dies, dass sie im Prinzip mit dem 14. Tag nach Ablauf des Tages in Kraft treten, an dem das Bundesgesetzblatt ausgegeben worden ist, in dem ein Gesetz veröffentlicht worden ist (Art. 82 Abs. 2 S. 1–2 GG). Im Gesetz selbst kann jedoch ein anderer Termin für das In-Kraft-Treten festgelegt werden, und dies wird üblicherweise auch so gehandhabt. Dies gilt analog für alle allgemeingültigen Rechtsakte.

Die Normen bleiben ab dann grundsätzlich **unbefristet** in Kraft, **außer**

- wenn in den Normen selbst ein Termin für das Außerkrafttreten (Verfallsdatum) festgelegt wird (dann endet die Geltung zu diesem Termin),
- wenn eine andere gleichrangige oder höherrangige Norm eine Norm ausdrücklich ganz oder teilweise außer Kraft setzt (aufhebt, ändert), dann zu dem Termin, der bei der Außerkraftsetzung festgelegt wird,
- wenn bei einer Normenkollision einer anderen Norm Geltungsvorrang eingeräumt wird, ab dem Zeitpunkt, zu dem der Widerspruch entstanden ist (s. Abschn. II hienach).

(2) Die Normen gelten für **alle Sachverhalte, die sich während der Geltungszeit der Normen ereignen**. Ein **Gerichtsverfahren** bzw. eine **Sanktion** kann **ggf. auch erst später** erfolgen, wenn die Norm nicht mehr in Kraft ist, sie aber zum relevanten Zeitpunkt der Verwirklichung des Sachverhalts in Kraft war.

Daraus folgt: Wenn eine Handlung, ein Geschehen usw. zum Zeitpunkt des Geschehens legal war, kann ein späteres Verbot diese nicht illegal werden lassen. Es gilt insofern ein **Rückwirkungsverbot** für alle Normen.

Solange ein Gesetz z. B. an einzelne *Handlungen* anknüpft, ist dies gut handhabbar. Problematisch wird dies aber, wenn es sich um (andauernde) *Zustände* handelt, die bereits existierten (und legal waren), bevor eine Norm in Kraft trat, die ihre Legalität einschränkt oder beendet. Dieses Problem entschärft man üblicherweise mit zeitlich befristeten **Übergangsregelungen**.

> *Beispiel:* Jemand betreibt eine Fabrik in Einklang mit den gesetzlichen Vorschriften über den Umweltschutz. Wenn der Gesetzgeber diese Normen verschärft, dann gelten diese auf jeden Fall für neue Fabriken. Bestehende Anlagen unterliegen aber auch der neuen Gesetzgebung. Um eine Anpassung der alten Anlagen zu ermöglichen, werden solche Gesetzesvorhaben oft frühzeitig angekündigt oder es werden Übergangsvorschriften und/oder Fristen zur Anpassung vorgesehen. Erst danach wäre eine Sanktion wegen Nichteinhaltung der Normen erlaubt. Nicht erlaubt wäre es hingegen, eine Sanktion zu verhängen, weil die Fabrik früher nicht die erst jetzt eingeführten Normen eingehalten hat.

Echte Rückwirkung würde dem Bürger die Ausrichtung seines Verhaltens an den Rechtsvorschriften unmöglich machen. Sie verstößt gegen den Grundgedanken der Ordnungsfunktion des Rechts und ist insbesondere ausdrücklich verboten bei **strafbegründenden oder strafverschärfenden** Gesetzen (s. Art. 103 Abs. 2 GG).

**Erlaubt** ist eine echte Rückwirkung hingegen, wenn sie eine **Verbesserung der Rechtslage** für die Rechtssubjekte bewirkt.

*Beispiel*: Rückwirkende steuerliche Begünstigung von Investitionen.

**(3)** Auch wenn Gesetze noch in Kraft sind, wird die Geltendmachung von Rechten oder die Durchsetzung von Maßnahmen auf ihrer Grundlage durch Rechtssubjekte oder Behörden **zeitlich begrenzt durch Verjährungsregeln.** Diese sind gesetzlich festgelegt und variieren in der Länge je nach Rechtsgebiet bzw. Rechtsfrage. Grund hierfür ist das Interesse an Rechtssicherheit der potenziellen Beklagten oder Beschuldigten.

*Beispiel*: Im Strafrecht unterscheidet man die Verfolgungs- und die Vollstreckungsverjährung, deren Fristen in den §§ 78–79b StGB festgelegt sind.

In manchen Normen legt der Gesetzgeber auch fest, dass Rechte umgehend, innerhalb einer bestimmten Frist oder innerhalb eines angemessenen Zeitraums, geltend gemacht werden müssen.

*Beispiel*: Die Kündigung eines Dauerschuldverhältnisses wegen eines außerordentlichen Grundes muss innerhalb einer angemessenen Frist nach Kenntnisnahme des Kündigungsgrundes durch den Berechtigten erfolgen (§ 314 Abs. 3 BGB).

Dies gilt natürlich auch, wenn gesetzliche Bestimmungen außer Kraft getreten sind. In Fällen der Außerkraftsetzung kommt es im Übrigen vor, dass der Gesetzgeber in Übergangsbestimmungen festlegt, bis zu welchem Zeitpunkt noch Rechte nach der alten Rechtslage geltend gemacht werden können (**Befristung**).

### b) Rechtsprechung

Urteile wenden immer das zum Zeitpunkt des Verfahrens geltende **Prozessrecht** an, **materiellrechtlich** jedoch die Normen, die zum Zeitpunkt der Sachverhaltsverwirklichung in Kraft waren (s. hiervor).

Urteile gelten ab dem Zeitpunkt, zu dem sie **rechtskräftig** werden. **Formelle Rechtskraft** erlangt eine gerichtliche Entscheidung, wenn sie überhaupt nicht, oder nicht mehr, angefochten werden kann.

Eine zeitliche Begrenzung haben Urteile nach der Natur der Sache nicht, da sie einen Streitfall dauerhaft für die Zukunft regeln.

Urteile können hingegen **faktisch** eine starke **rückwirkende Kraft** haben, da sie ggf. länger zurückliegende Sachverhalte betreffen, an denen nichts mehr geändert werden kann. Dies kann insbesondere vorkommen, wenn sich zwar die Gesetzeslage nicht ändert, wohl aber z. B. die Auslegung des Gesetzes und die hierauf beruhende höchstrichterliche Rechtsprechung. Dies stellt bei einer unklaren Rechtslage ein erhebliches Risiko für die Betroffenen dar.

*Beispiel*: Im Steuerrecht gibt es laufend hunderte anhängiger Verfahren vor den höchstinstanzlichen Gerichten, die für die Klärung von wichtigen Rechtsfragen relevant sind. In der Zeit bis zu einer Entscheidung besteht insofern eine große Rechtsunsicherheit.

### c) Akte der Exekutive

Bei Akten mit Allgemeinwirkung greifen **analog** die Regeln für echte **Normen**, selbst wenn die Akte nur behördenintern gelten.

**Individuelle** Verwaltungsakte treten in Kraft mit der **Bekanntgabe**. Schriftliche Verwaltungsakte gelten als bekannt gegeben mit dem 3. Tag nach der Aufgabe zur Post, außer wenn sie nicht oder zu einem späteren Zeitpunkt zugegangen sind (die Beweislast liegt bei der Behörde) (§ 41 VwVfG). Vollziehbar werden sie grundsätzlich erst mit **Eintritt der Bestandskraft** (d. h. es gibt keine oder nur bereits abgewiesene Rechtsbehelfe).

Bzgl. der **Dauer** der Rechtswirksamkeit unterscheidet man Verwaltungsakte, die sich in einer einmaligen Anordnung erschöpfen (z. B. Baugenehmigung) und solche, die Dauerwirkung besitzen (z. B. Widmung). Im Übrigen können Verwaltungsakte auch befristet sein.

### d) Private Rechtsquellen

Die zeitliche Geltung privater Rechtsquellen unterliegt grundsätzlich der **Gestaltungsfreiheit** der beteiligten Parteien, sowohl was den Beginn als auch das Ende eines Vertrags z. B. betrifft. Ausnahmen hierzu finden sich in den zwingenden gesetzlichen Bestimmungen, die z. B. bestimmte Fristen vorgeben (allerdings sind nicht alle gesetzlichen Fristen der Privatautonomie der Parteien entzogen) oder Zeitpunkte vorgeben.

*Beispiel*: Die Kündigungsfrist eines Mietvertrags kann zugunsten des Mieters verlängert werden.

*Beispiel*: Eine Kapitalgesellschaft (z. B. GmbH) erwirbt ihre Rechtspersönlichkeit ab dem Zeitpunkt der Eintragung ins Handelsregister und existiert dann unbefristet, es sei denn, die Gesellschafter haben in der Satzung eine Befristung vereinbart.

## *5. Geltung und Anwendbarkeit*

### a) Einleitung

Speziell für Normen ist die grundsätzliche Geltung einer Norm von ihrer Anwendbarkeit im Einzelfall zu unterscheiden.

Wenn Klärungsbedarf besteht, ob eine gültige Norm zur Beantwortung einer aufgeworfenen Rechtsfrage im Einzelfall einschlägig ist, ist zu prüfen, ob sie sachlich, persönlich, räumlich und zeitlich anwendbar ist. Hieraus ergeben sich einige begriffliche Unterschiede zwischen Geltung und Anwendbarkeit.

Klar ist auf jeden Fall: Wenn eine Norm im Einzelfall nicht anwendbar ist, sagt man meist, dass sie nicht „gilt". Dennoch beeinträchtigt dies nicht ihre Geltung, d. h. sie bleibt grundsätzlich gültig.

### b) Vertiefung

Auf **sachlicher und persönlicher** Ebene entsprechen sich Geltung und Anwendbarkeit weitgehend und werden daher auch oft begrifflich nicht differenziert. Unterschiede ergeben sich aus den folgenden Umständen:

- Die Anwendbarkeit einer Norm setzt deren Geltung voraus. Umgekehrt kann eine Norm zwar in Kraft sein, auf einen konkreten Fall aber nicht anwendbar.
- Bei der Kollision zweier unterschiedlicher, aber gleichermaßen anwendbarer Normen kommt jene zur Anwendung, deren Geltung priorisiert wird (s. Abschn. II).

Auch die **räumliche** Anwendbarkeit ist in den meisten Fällen identisch mit der räumlichen Geltung. Es kommt aber vor, dass Normen auf Sachverhalte anwendbar sind, die außerhalb ihres räumlichen Geltungsbereiches lokalisiert sind bzw. dort stattgefunden haben.

*Beispiel*: Nach dem Schutzprinzip „gilt „deutsches Strafrecht unabhängig vom Recht des Tatorts auch für bestimmte im Ausland begangene Taten, d. h. es ist anwendbar auf diese, obschon das deutsche Recht dort keine Geltung besitzt, sondern nur in Deutschland, wo es auch ausschließlich justiziabel ist.

*Beispiel*: Die EU-Datenschutz-Grundverordnung **ist anwendbar in allen EU-Mitgliedsstaaten und auch auf Unternehmen und Organisationen außerhalb der EU,** sofern die Datenverarbeitung EU-Bürgerinnen und Bürger betrifft (Art. 3 DSGVO). Trotz dieser grundsätzlich weltweiten Anwendbarkeit kann sie nur innerhalb der EU Geltung erlangen, da ausländische Rechtsordnungen sie mangels Geltung gar nicht erst auf Anwendbarkeit prüfen.

Ähnliches gilt für die **zeitliche** Dimension. So kann ein Gesetz sich für bestimmte Aspekte selbst erst ab einem späteren Zeitpunkt als dem In-Kraft-Treten für anwendbar erklären.

*Beispiele*: Ein Steuergesetz kann bereits in Kraft sein, aber möglicherweise ganz oder teilweise noch nicht anwendbar, weil es z. B. erst auf spätere Veranlagungszeiträume oder zukünftige Geschäftsjahre anwendbar sein soll.

Gesetze können hinsichtlich ihrer Anwendbarkeit anderseits auch an Umstände anknüpfen, die bereits lange vor dem Inkrafttreten des Gesetzes verwirklicht wurden.

*Beispiel*: 2018 wurde eine Mütterrente für Frauen eingeführt, die vor einem weit vor dem Inkrafttreten des Gesetzes liegenden Zeitpunkt Kinder zur Welt gebracht haben.

## II. Ordnung des Rechts

### *1. Einleitung*

#### a) Überblick

Aufgabe des Rechts ist es, das menschliche Zusammenleben zu ordnen. Um dies erfüllen zu können, muss das objektive **Recht auch selbst geordnet** sein. Ordnung bzw. System im Rechtsgefüge besagt, dass die rechtlichen Verhaltens- und Entscheidungsvorgaben für das menschliche Zusammenleben möglichst unter durchgängigen Prinzipien strukturiert und an einem übergreifenden Wertsystem orientiert zu einem transparenten und widerspruchsfreien Ganzen zusammengefügt sind, um eine möglichst **einheitliche und gleiche Anwendung des Rechts** (s. Art. 3 Abs. 1 GG Gleichheitsgrundsatz sowie allgemein Kap. 8) zu gewährleisten.

**(1)** In **formaler Hinsicht** bedeutet das zum einen, dass für die zahlreichen Rechtsquellen

- Regeln für ihr rechtmäßiges Zustandekommen und ihren Geltungsbereich etabliert werden,
- eine Rangfolge bzw. Hierarchie festgelegt wird (vertikale Ordnung),
- im Falle von Normkonkurrenzen (d. h. es gibt mehrere gleichrangige Quellen, die Geltung beanspruchen und anwendbar sind) eine klare Priorisierung existiert (horizontale Ordnung), und
- Verfahren zur Klärung strittiger Aspekte sowie Regeln zum „Schicksal" von Quellen existieren, die anderen unter- bzw. nachgeordnet werden.

Des Weiteren (und gleichzeitig) muss geklärt sein, mit welchen Zuständigkeiten bzw. Aufgaben und Befugnissen staatliche Institutionen und Personen ausgestattet sind, die Tätigkeiten im Zusammenhang mit dem Funktionieren dieses Systems ausüben.

Die zum Einsatz kommenden Ordnungsinstrumente und -techniken sind vielfältig. Bereits erwähnt wurden die Grundsätze zur Gewaltenteilung der Staatsorgane und die Formalien bzgl. des Zustandekommens sowie die rechtliche Bedeutung der verschiedenen Rechtsquellen inkl. ihres Geltungsbereichs. Neben diese Ordnung des Staates und seiner Organe inkl. deren Handlungsmöglichkeiten treten weitere Regeln, Methoden, Techniken und Systematisierungen, die in den folgenden Abschnitten näher erläutert werden.

Üblicherweise sind diese formellen Vorgaben **verbindlich** und Fehler bei ihrer Anwendung werden **sanktioniert**. Insbesondere in der Anwendungsmethodik gibt es jedoch auch Freiräume, die unterschiedliche Sichtweisen erlauben. Dies ist auch deswegen unvermeidbar, weil die Anwendung des Rechts zwar geordnet erfolgen soll, aber **nicht in einem starren System**, in dem die vielfältigen Besonderheiten eines Einzelfalls nicht rechtlich gewürdigt werden könnten.

(2) Auch auf einer **inhaltlichen Ebene** sollte die Rechtsordnung in sich **frei von Regelungs- und idealerweise Wertungswidersprüchen** sein. Dieses Ziel, das ebenfalls eine Dimension des Rechtsstaats darstellt, ist wesentlich schwieriger zu verwirklichen.

Gefordert ist hier in erster Linie der Gesetzgeber, der bereits bei der Verabschiedung von Gesetzen auf diesen Aspekt achten sollte und dies z. B. auch durch eine sachlich geordnete Zusammenfügung zusammengehöriger Normen unterstützen kann. Wie gut das gelingt, kann aber häufig erst im konkreten Einzelfall diagnostiziert werden, sodass die Gerichte und die Verwaltung, in manchen Fällen auch die privaten Rechtssubjekte, gefordert sind, im Rahmen der Rechtsanwendung eine Klärung von inhaltlichen Widersprüchen herbeizuführen.

Im Bereich der Rechtsprechung stellen insbesondere die hierarchisch geordneten **Gerichtsinstanzen** (s. Kap. 2. II. 2 hiervor) eine einheitliche Rechtsprechung sicher. Besondere Bedeutung kommt hier höchstinstanzlichen Urteilen zu. Wenn es in einzelnen Rechtsfragen zu unterschiedlichen Sichtweisen der obersten Gerichte des Bundes kommt (z. B. zwischen BGH und BAG), dann bilden diese nach Art. 95 Abs. 3 GG einen „**Gemeinsamen Senat**" zur Klärung solcher Fragen und zur Wahrung der Einheitlichkeit der Rechtsprechung.

### b) Geltungsvorrang und Anwendungsvorrang

Wenn bei einer zu klärenden Rechtsfrage mehrere Normen anwendbar sein können und nach den hier zu besprechenden Techniken bestimmte Rechtsquellen bzw. Regeln andere **verdrängen**, kann dies grundsätzlich in zweierlei Weise geschehen (s. auch Abschn. I. 5 hiervor):

- **Geltungsvorrang** bedeutet, dass eine Norm einer anderen Norm grundsätzlich die Geltung nimmt, mit der Folge, dass letztere nichtig oder unwirksam wird. I. d. R. bezieht sich das nur auf einzelne Normen, aber dies kann auch ganze Gesetze betreffen.
- **Anwendungsvorrang** bedeutet, dass die verdrängte Norm nur in einzelnen Konstellationen nicht zur Anwendung kommt, aber ansonsten ihre Geltung bewahrt und auf andere Fälle anwendbar bleibt.

## *2. Hierarchie der Rechtsquellen*

### a) Allgemeine Hierarchie

Hiervor wurde bereits darauf hingewiesen, dass alle **Akte der Judikative und Exekutive** sich nach den Vorgaben der Legislative richten müssen, d. h. sie sind **an die Gesetze (i. w. S.) gebunden**.

Auch **selbstgeschaffenes Recht muss die Gesetze befolgen**, allerdings nur insofern diese **zwingend** sind. Von dispositiven Normen können die Rechtssubjekte bei ihrer Gestaltung abweichen. Soweit das selbstgeschaffene Recht (bzw. die es erschaffenden Rechtssubjekte) von **Urteilen oder Verwaltungsakten unmittelbar** betroffen sind, müssen sie diese selbstverständlich auch befolgen.

*Beispiele*: Urteile über die Nichtigkeit einer Vertragsklausel oder eine Baugenehmigung können nicht vertraglich außer Kraft gesetzt werden.

Die **Normen der Legislative** stellen also die Grundlage der Rechtsordnung dar. Da angesichts deren Vielfalt Widersprüchliche Aussagen vorkommen, ist es wichtig, über Regeln für solche Rechtsnormkonkurrenzen zu verfügen (s. im Einzelnen Abschn. 3).

**Gerichtsurteile** untereinander unterliegen einer Hierarchie nur in dem Maße, dass ein Rechtsmittel für einen Einzelfall bei einem höherinstanzlichen Gericht eingelegt und ein Urteil durch die höhere Instanz aufgehoben werden kann. Da Urteile im Übrigen keine Allgemeinwirkung entfalten, sind mögliche Widersprüche zwischen ihren Aussagen zunächst einmal hinzunehmen, selbst wenn ein unterinstanzliches Gericht anders urteilt als ein höherinstanzliches. In der Regel führen klärende Urteile der Bundesgerichte im Zeitablauf zu einer Vereinheitlichung der Rechtsprechung. Bei Widersprüchen zwischen der Rechtsprechung höchstinstanzlicher Gerichte oder zwischen den Senaten desselben Gerichts gibt es zwecks Klärung ein besonderes Verfahren (s. Abschn. 1 hiervor).

Für **Akte der Exekutive** gelten die Regeln bzgl. Normen und Urteilen analog.

Auch **internationale, europäische und ausländische Rechtsquellen** werden nach denselben Grundsätzen behandelt.

### b) Normenhierarchie

In Kap. 2 wurde deutlich, dass allgemein-abstrakte Normen eine unterschiedliche Bedeutung haben und von verschiedenen Instanzen verabschiedet werden können. In der deutschen Rechtsordnung gibt es hierfür eine rechtlich klar festgelegte Hierarchie:

#### (ba) Hierarchie

**(1)** Betrachtet man nur die *nationale Gesetzgebung*, so geht grundsätzlich Bundesrecht vor Landesrecht (Art. 31 GG: „*Bundesrecht bricht Landesrecht*“), die Verfassungen sind höherrangig als Gesetze und die Rechtsverordnungen leiten ihre Legitimität aus Gesetzen ab, die Satzungen aus Gesetzen oder Rechtsverordnungen.

**(2)** *Europäisches Recht* steht prinzipiell im Rang noch über dem Verfassungsrecht des Bundes. Dieser Vorrang ist allerdings nicht umfassend, sondern reicht nur soweit, wie Hoheitsrechte nach Art. 23 Abs. 1 S. 2 GG rechtswirksam übertragen wurden und auch übertragen werden durften.

Außerdem gilt gemäß Art. 79 Abs. 3 GG, dass eine Änderung des Grundgesetzes, durch welche die Gliederung des Bundes in Länder, die grundsätzliche Mitwirkung der Länder bei der Gesetzgebung oder die in den Artikeln 1 und 20 niedergelegten Grundsätze berührt werden, unzulässig ist (sogen. „Ewigkeitsgarantie“). Dies schließt auch eine Änderung durch Europäisches Recht aus.

**(3)** Bzgl. des *Völkerrechts* ist zu differenzieren:

- Die allgemeinen Regeln des Völkerrechtes sind Bestandteil des Bundesrechtes. Sie gehen den Gesetzen vor und erzeugen Rechte und Pflichten unmittelbar für die Rechtssubjekte (Art. 25 GG). Im Rang stehen sie jedoch unterhalb des Grundgesetzes.
- Staatsverträge werden durch Gesetze in das nationale Recht eingefügt (Art. 59 Abs. 2 GG) und werden daher mit förmlichen Bundesgesetzen ranggleich (z. B. die Europäische Menschenrechtskonvention oder Doppelbesteuerungsabkommen) und gelten dabei i. d. R. als Spezialgesetze. Bei Verwaltungsabkommen stehen sie auf dem Rang von Rechtsverordnungen des Bundes.
- Dies gilt analog auch für International Verträge, die innerhalb ihrer Zuständigkeit durch Bundesländer abgeschlossen werden

**(4)** Hieraus ergibt sich folgende Normenhierarchie:

Art. 79 Abs. 3 GG
EU-Recht
Verfassungsrecht des *Bundes*
Allgemeine Regeln des Völkerrechts
(formelle) Bundesgesetze (inkl. Staatsverträge)
Rechtsverordnungen des Bundes (inkl. Staatsverträge)
Satzungen des Bundes bzw. gemäß Bundesrecht
Verfassungsrecht der *Länder*
(formelle) Gesetze (inkl. Staatsverträge) der Länder
Rechtsverordnungen (inkl. Staatsverträge) der Länder
Satzungen der Länder bzw. gemäß Landesrecht.

**(5)** *Gewohnheitsrecht* kann es auf allen vorgenannten Stufen geben (Völkergewohnheitsrecht würde wie die allgemeinen Regeln des Völkerrechts behandelt).

*Beispiel*: Kommunales Gewohnheitsrecht (Satzungsrang) kann z. B. durch Erlass einer – höherrangigen – Polizeiverordnung unwirksam gemacht und damit verdrängt werden.

Wenn eine ausdrückliche gesetzliche Regelung vorliegt, wird diese (auch wenn ansonsten nach den Priorisierungsregeln kein Vorrang bestünde), das Gewohnheitsrecht verdrängen.

### (bb) Bedeutung

**(1)** Die Geltung niederrangiger Normen hängt davon ab, dass sie **rechtswirksam zustande gekommen** sind. Die Voraussetzungen hierfür (z. B. gültige Ermächtigungsgrundlage zu ihrem Erlass, Zuständigkeit, Verabschiedungsverfahren, Ordnungsgemäßheit des Inkrafttretens) sind höherrangigen Normen zu entnehmen (entweder direkt oder indirekt einem gleichrangigen Gesetz, das seinerseits mit höherrangigem Recht übereinstimmt).

*Beispiel*: Steht ein Landesgesetz mit einer Rechtsverordnung des Bundes im Widerspruch, so geht letztere vor. Dies gilt aber nur, wenn die Bundesverordnung im Rahmen der dem Bund zustehenden Gesetzgebungskompetenz ergangen ist (s. Art. 71 ff. GG) und ihr Gegenstand nicht der ausschließlichen Kompetenz der Länder unterliegt.

Diese Regel setzt also ihrerseits die Gültigkeit dieser höherrangigen Norm voraus, die sich wiederum aus einer noch höherrangigen Norm ableitet. Letztlich müssen also alle Normen und auch die übrigen Rechtsquellen ihre Grundlage im Grundgesetz finden.

**(2)** Grundsätzlich gilt in dieser Hierarchie der **Geltungsvorrang**, d. h. die niederrangige Rechtsquelle ist von Anfang an (*ex tunc*)[2] und durch das Recht selbst (*ipso iure*), also ohne weiteres nichtig.

Sind nur eine oder mehrere Vorschriften (oder Teile von Vorschriften) eines Gesetzes z. B. wegen Verletzung höherrangigen Rechts nichtig, so tritt auch nur **Teilnichtigkeit** ein, d. h. die anderen rechtswirksamen Gesetzesvorschriften gelten weiter.

Ausnahmsweise handelt es sich beim Vorrang des Europäischen Rechts nicht um einen Geltungsvorrang, sondern einen *Anwendungsvorrang*. Hier ist das niederrangige (deutsche) Recht bei Unvereinbarkeit nicht ungültig, sondern es wird bloß nicht angewendet, solange diese Unvereinbarkeit besteht.

### 3. Regelung von Rechtsnormkonkurrenzen

#### a) Einleitung

Von einer **Normkonkurrenz** spricht man, wenn mehrere (geltende) Normen gleichzeitig auf einen Sachverhalt anwendbar sind. Es ist dann zu klären, welche hiervon zur Anwendung kommt/kommen. Diesbezüglich sind folgende Fallkonstellationen zu unterscheiden:

- Wenn die Normen inhaltlich **miteinander vereinbar** sind, dürfen sie grundsätzlich **alle** angewendet werden (*Kombinationsregeln*: s. Abschn. b). Ob sie miteinander vereinbar sind, erfordert ggf. deren Auslegung (s. Abschn. 4).
- Sind sie (auch nach Auslegung) **nicht vereinbar**, kommen *Priorisierungsregeln* (s. Abschn. c und d) zur Anwendung.

---

[2] Im Gegensatz hierzu wird der Ausdruck *ex nunc* (wörtlich: ab jetzt) verwendet, wenn eine Rechtsfolge erst ab dem Zeitpunkt eines neuen relevanten Ereignisses (z. B. neues Gesetz, Gerichtsurteil) eintritt.

- Bei **grenzüberschreitenden Sachverhalten** und bei solchen, auf die **zeitlich aufeinander folgende Normen** anwendbar sind, legen spezielle *Kollisionsregeln* fest, welche Normen anzuwenden ist (s. Abschn. e).

Ob zwei Normen inhaltlich miteinander vereinbar sind oder doch widersprüchlich, ist nicht immer einfach festzustellen, sodass eine Auslegung erforderlich sein kann.

*Beispiel*: Ob ein Gesetz gegen ein im Grundgesetz verankertes Grundrecht verstößt, ist nur sehr selten offensichtlich, und erfordert daher oft eine Klärung durch das Bundesverfassungsgericht.

### b) Kombinationsregeln

Es kommt vor, dass Normen (gleich welchen Ranges) gleichzeitig auf einen zu bewertenden Sachverhalt anwendbar sind.

Dies stellt **kein Problem** dar, wenn

- die Normen sich unmittelbar **ergänzen**, z. B. weil sie unterschiedliche Themen behandeln oder einen Sachverhalt aus unterschiedlichen Perspektiven behandeln (z. B. Privatrecht, Öffentliches Recht, Strafrecht). Dann sind grundsätzlich alle Normen anwendbar, soweit sie sich nicht widersprechen.
  *Beispiel*: Bei einer Verkehrsübertretung, die zu einem Sachschaden führt, sind je nach Fragestellung das Ordnungswidrigkeitenrecht und das Schadensersatzrecht (und ggf. Versicherungsrecht) anwendbar.
- mehrere Normen zum selben Thema **gleichermaßen anwendbar** sind, sich in ihren Rechtsfolgen aber **nicht widersprechen**. Diese können nebeneinander angewendet werden.
  *Beispiel*: Bei Schlechtleistung eines Handwerkers kann der Besteller den Werkvertrag ordentlich oder außerordentlich kündigen, zugleich aber auch vertraglichen Schadensersatz verlangen.
- mehrere Normen zu einem Thema **gleichermaßen anwendbar** sind und diese zwar dieselbe Rechtsfolge festlegen (z. B. Pflicht zur Leistung von Schadensersatz), aber mit unterschiedlicher Rechtsgrundlage. Hier wird der Gesetzgeber den Rechtssubjekten entweder eine Wahlmöglichkeit zwischen den **Alternativen** einräumen **oder** ihnen sogar die Möglichkeit geben, Ansprüche zu **kumulieren**. Welche Regel dann jeweils greift, ist gesetzlich festgelegt.
  *Beispiel*: Verletzt ein Frisör seinen Kunden grob fahrlässig beim Haareschneiden, hat letzterer Anspruch auf Schadensersatz auf Basis der Vertragsverletzung (§ 280 BGB) und auf Basis einer unerlaubten Handlung (§ 823 BGB). Er kann beide Anspruchsgrundlagen für eine Klage wählen bzw. die für ihn günstigere, aber grundsätzlich nur einmal den Schaden ersetzt bekommen. Neben dem Ersatz materiellen Schadens kann ggf. zusätzlich Schmerzensgeld für den immateriellen Schaden gefordert werden.

Ist eine Kombination von Rechtsnormen (auch nach Auslegung) nicht möglich, dann wird die Ordnung hergestellt, indem verschiedene **Priorisierungsregeln** greifen (s. hiernach).

### c) Priorisierungsregeln bei nicht gleichrangigen Normen

Wenn mehrere Normen inhaltlich gleichermaßen auf einen Sachverhalt anwendbar sind, sich aber ganz oder z. T. widersprechen, werden sie zunächst darauf geprüft, ob sie ggf. auf unterschiedlichen Rangstufe stehen. Sind sie nicht gleichrangig, gilt die Regel: **Das höherrangige Gesetz verdrängt das niederrangige Gesetz** (*lex superior derogat legi inferiori*), allerdings nur, soweit sie sich widersprechen.

Hierbei kommt die vorerwähnte Normenhierarchie zur Anwendung.

### d) Priorisierungsregeln bei gleichrangigen Normen

**(1)** Vielfach sind die nicht oder nur teilweise miteinander zu vereinbarenden Normen gleichrangig (z. B. jeweils Bundesgesetze). Dann stellt sich die Frage, welche von ihnen im Einzelfall gelten soll und welche Folgen dies für die „verdrängte" Norm hat. Hierfür gibt es die nachstehenden Priorisierungsregeln.

Diese gelten jedoch nur, wenn unterschiedliche Normen **tatsächlich auf denselben Sachverhalt anwendbar** sind. Dies ist nicht der Fall, wenn der Gesetzgeber den Anwendungsbereich der Normen so gestaltet hat, dass sie nicht in Konflikt miteinander geraten.

> *Beispiele*: Nach § 10 StGB sind für die Taten von Jugendlichen und Heranwachsenden grundsätzlich nicht die StGB-Vorschriften, sondern die des JGG anwendbar.
>
> § 2 Abs. 2 Nr. 3 VwVfG NW regelt, dass dieses Gesetz nicht für Verwaltungsverfahren gilt, „für die das Sozialgesetzbuch (SGB) anzuwenden ist".

**(2)** Treffen gleichrangige Normen aufeinander, gilt **zunächst**:

**Die spezielle Norm geht der allgemeinen Norm vor** (*lex specialis derogat legi generali*)

Dies funktioniert allerdings nur, wenn spezielle und allgemeine Normen aufeinandertreffen. Spezialität ist immer dann gegeben, wenn die spezielle Norm sämtliche Merkmale der allgemeinen Norm und darüber hinaus noch mindestens ein zusätzliches, nämlich spezielles Merkmal enthält.

Der Vorrang von Spezialnormen ist manchmal ausdrücklich im Gesetz geregelt. Wenn dies nicht der Fall ist, gilt der vorgenannte Grundsatz.

> *Beispiel*: § 224 StGB (Gefährliche Körperverletzung) enthält alle Merkmale des § 223 StGB (Körperverletzung) und darüber hinaus zusätzliche Merkmale.

Allgemeine Vorschriften werden (ganz oder teilweise) aber **von Spezialnormen nur verdrängt, soweit und solange diese auch tatsächlich gelten**. Ist das aus irgendwelchen Gründen nicht (mehr) der Fall, ist wieder auf die zwar verdrängte, aber fortgeltende Norm zurückzugreifen, da es sich hier nur um einen **Anwendungsvorrang** handelt.

**(3)** Wenn gleichrangige Normen aufeinandertreffen, die gleichermaßen allgemein oder speziell sind, gilt **subsidiär** (d. h. in einem zweiten Schritt) folgende Regel:

Das **neuere Recht geht grundsätzlich dem älteren vor** (*lex posterior derogat legi priori*).

Die ältere Rechtsnorm wird verdrängt, weil davon ausgegangen werden kann, dass der Gesetzgeber mit dem Erlass einer neuen Normierung eine entgegenstehende ältere beseitigen wollte (wenn die bisherige Norm ausdrücklich aufgehoben wird, kommt es ohnehin nicht zur Konkurrenz).

Ältere spezielle Regeln werden jedoch durch allgemeine neue nicht verdrängt, wenn der Gesetzgeber dazu keine ausdrückliche Regelung trifft.

Und schließlich gelten Gesetze als neuere Norm bei Konkurrenzen mit Gewohnheitsrecht.

Auch hier handelt es sich um einen **Anwendungsvorrang**.

### e) Räumliche und zeitliche Kollisionsregeln

#### (1) Räumliche Kollisionsregeln

Bei grenzüberschreitenden Sachverhalten ist grundsätzlich zu klären, **welches nationale Recht anwendbar sein soll**.

*Beispiel*: Bei einem Autounfall im Ausland stellt sich die Frage, ob für die Schadensersatzklage das Recht des Unfallorts, das Recht des „Herkunftslands" des Geschädigten oder das des Unfallverursachers zur Anwendung kommt.

Dies wird auf abstrakte Weise durch Kollisionsregeln festgelegt, ohne zu prüfen, welche materiellen Regelungen die in Frage kommenden nationalen Rechtsordnungen für den zu klärenden Sachverhalt bereithalten. Die Kollisionsregeln werden also angewendet, bevor überhaupt eine inhaltliche Prüfung des Sachverhalts aufgrund der infrage kommenden Normen stattfindet.

**Interlokale Kollisionsnormen** gibt es in allen Rechtsbereichen und -gebieten. Besonders standardisiert sind sie im Privatrecht, wo sich hierfür ein eigenes Rechtsgebiet (**Internationales Privatrecht**) etabliert hat, dessen Quellen nationalen (insbesondere das Einführungsgesetz zum BGB), europäischen und internationalen Ursprungs sind.

Das auf dieser Basis für anwendbar erklärte Recht kann dann deutsches Recht sein, aber je nach Umständen auch das Recht eines anderen Staates. Dies kann demnach zur Folge haben, dass ein deutsches Gericht oder eine deutsche Verwaltungsstelle (z. B. Standesamt) ausländisches Recht anwenden muss.

*Beispiel*: *„Die Geschäftsfähigkeit einer Person unterliegt dem Recht des Staates, in dem die Person ihren gewöhnlichen Aufenthalt hat."* (Art. 7 Abs. 2 S. 1 EGBGB) Die Frage, ob eine Person, die sich vorübergehend in Deutschland aufhält, einen rechtswirksamen Vertrag abschließen kann, beurteilt sich also nicht nach dem BGB, sondern nach ausländischem Recht. Hat diese Person ihren gewöhnlichen Aufenthalt aber in Deutschland, ist deutsches Recht anwendbar.

Die Regeln zu territorialen Kollisionen in anderen Rechtsbereichen haben eine eigene Methodik und beschränken sich z. T. einseitig darauf festzulegen, dass bzw. wann auf jeden Fall deutsches Recht anzuwenden ist. Die diesbezüglichen Regeln finden sich in nationalen Gesetzen (z. B. §§ 3–7 StGB), in europäischen Verordnungen (z. B. im Bereich der Sozialgesetzgebung bzgl. europaweit tätiger Arbeitnehmer) und in internationalen Staatsverträgen (z. B. Abkommen zur Vermeidung von Doppelbesteuerung).

**(2) Zeitliche Kollisionsregeln**

Bei Änderungen des Rechts stellt sich die Frage, bis wann die alte Rechtslage gilt bzw. ab wann die neue greift. Die diesbezüglichen Regeln zählen zum **Intertemporalen Recht**, dessen Grundlagen bereits bzgl. der zeitlichen Geltung des Rechts angesprochen wurden (s. Abschn. I. 5 hiervor).

Bei gesetzlichen Normen enthält typischerweise die neue Gesetzgebung Regeln über ihr In-Kraft-Treten bzw. das Außer-Kraft-Treten bestehender Normen, die üblicherweise an feste Daten gekoppelt sind. Unterbleibt ein explizites Außer-Kraft-Setzen, greift die vorerwähnte Priorisierungsregel, dass ein neueres Gesetz ein älteres verdrängt, wobei sich hier Unsicherheiten bzgl. der genauen Tragweite ergeben können, wenn die Normgegenstände nicht identisch sind. Im Übrigen s. hierzu die Darstellung zur zeitlichen Geltung.

Werden Normen als unvereinbar mit höherrangigem Recht bei einem Geltungsvorrang betrachtet, sind sie i. d. R. rückwirkend ab ihrer Verabschiedung nichtig, sodass auch alle zwischenzeitlich auf ihrer Basis getroffenen Urteile oder Verwaltungsakte rechtsunwirksam werden.

## *4. Juristische Methoden und Techniken*

In der Rechtsetzung, -sprechung, -auslegung und -anwendung kommen Methoden und Techniken zum Einsatz, die **nur z. T. reglementiert und vorgegeben**, im Übrigen aber in der Praxis **teilweise standardisiert** worden sind, wobei der Rechtswissenschaft eine wichtige Rolle zukommt (s. hiernach). Ihr Beitrag zur Ordnung des Rechts ist formal betrachtet eher bescheiden, faktisch aber erleichtert die Übereinstimmung hinsichtlich bestimmter praktischer Vorgehens- und Arbeitsweisen nicht nur die Zusammenarbeit der Akteure des Rechts (s. Kap. 5), sondern auch die inhaltliche rechtliche Argumentation und einheitliche Meinungsbildung (insbesondere bei schwierigen Rechtsfragen), die für die Herstellung der Ordnung unerlässlich sind.

Methodisches Arbeiten reduziert zudem die Fehleranfälligkeit, erhöht damit die Rechtssicherheit und stärkt hierdurch die Akzeptanz des Rechts bei den jeweiligen Adressaten.

Von besonderer Bedeutung sind die Methoden der **Auslegung** von Gesetzen, der **Rechtsfortbildung** im Falle lückenhafter oder zu kritisierender Gesetzgebung und der **Argumentation** (zur Vertiefung s. Kap. 6. II. 2). Diese sind weitgehend einheitlich für die gesamte Rechtsordnung. Aber es gibt in den einzelnen Rechtsgebieten ggf. spezifische Methoden, die sich aus der Natur des Regelungsgegenstands ergeben.

*Beispiele*: Im Schuldrecht gibt es eine etablierte Rechtsanwendungsmethodik. In der Rechtsvergleichung (inkl. Internationales Privatrecht) kommt eine funktionale Methode bei der Arbeit mit ausländischem Recht zur Anwendung.

Im Bereich der **Rechtsgestaltung** sind vor allem die Gesetzgebungslehre und die Vertragsgestaltung in der Praxis entwickelt worden.

### 5. *Wissenschaftliche Systematisierung*

#### a) Bedeutung

Einen wichtigen Beitrag zur Ordnung des Rechts leistet die Rechtswissenschaft, in erster Linie die **Rechtsdogmatik**. Sie **unterstützt** Gesetzgeber und Gerichte bei ihrer Arbeit, indem sie die Normen *de lege lata* federführend in der Entwicklung und Konkretisierung nicht nur kommentiert, sondern darüber hinaus systematisiert und ggf. Vorschläge *de lege ferenda* erstellt. Außerdem analysiert und kommentiert sie kritisch die Rechtsprechung und trägt dazu bei, diese in ihrer über den Einzelfall hinausgehenden Bedeutung einzuordnen.

Die Bedeutung dieser Arbeit liegt jedoch ausschließlich auf der intellektuellen Ebene. Eine rechtliche Wirkung ist damit nicht bzw. nur auf indirektem Wege verbunden. Die Veröffentlichungen der Rechtswissenschaftler werden daher als „**Rechtserkenntnisquelle**" betrachtet. Die dabei vertretenen Meinungen werden in der Praxis oft von anderen Juristen und Gerichten als Beleg für die „Richtigkeit" oder Überzeugungskraft der eigenen Meinung bei einer juristischen Argumentation zitiert.

Grundsätzlich zählt hierbei die Qualität der Argumente. Wenn sich in der Vielzahl geäußerter Meinungen eine identifizierbare Tendenz erkennen lässt, wird daraus (trotz möglicher gegenteiliger Standpunkte) eine sogenannte **überwiegende** oder sogar **herrschende Meinung** (abgekürzt „h. M.", im Gegensatz zur **Mindermeinung**) abgeleitet (oft auch unter Einbezug von Gerichtsurteilen, solange eine Rechtsfrage noch nicht höchstrichterlich entschieden ist[3]). Abgesehen davon, dass es keine Standards gibt, ab wann eine Meinung „herrschend" ist, kommt auch dieser allenfalls eine faktische und keine rechtliche Bedeutung zu.

Auch im Bereich der Methoden ist die Rechtswissenschaft, z. T. in Kooperation mit der Praxis, federführend an der Prüfung, Entwicklung und Standardisierung beteiligt (s. hiervor).

[3] Es wird gelegentlich auch von **herrschender Lehre** („h. L.") gesprochen, wenn nur wissenschaftliche Meinungen berücksichtigt werden.

### b) Instrumente

Die Rechtswissenschaft verwendet bei ihrer Systematisierungsarbeit insbesondere folgende **Instrumente**:

- Einteilung des Rechts in Bereiche und Gebiete sowie Differenzierung der subjektiven Rechte (s. Kap. 3. II),
- Herausarbeitung und Präzisierung von Begriffsbedeutungen,
- Entwicklung von Grundsätzen, Theorien und Rechtsinstituten,
- Kritische Prüfung der Rechtspraxis mit Blick auf die Einhaltung der Ordnungsmethoden des Rechts (s. die vorstehenden Ausführungen).

# Akteure des Rechts

## I. Einleitung

Die Rechtsordnung funktioniert nicht von alleine, sondern sie wird in ihren zahlreichen Funktionen von unterschiedlichen Organen und Personen „aktiviert". Dazu zählen in erster Linie der **Staat und seine Organe** sowie **private Rechtssubjekte,** deren Aufgaben und Handlungsmöglichkeiten bereits dargestellt wurden.

Sowohl in der staatlichen als auch in der privaten Sphäre ist in vielen Tätigkeiten eine besondere rechtliche Qualifikation erforderlich, um ein rechtskonformes Funktionieren oder Verhalten sicherzustellen. Damit sind **unterschiedliche Berufsprofile** verbunden, von denen die meisten hinsichtlich der erforderlichen Qualifikationen und des Berufszugangs bzw. der Berufsausübung **einschränkenden Reglementierungen** unterliegen.

Die meisten typischen Akteure gibt es im **Bereich der staatlichen Rechtspflege,** d. h. bzgl. Tätigkeiten, die zum Aufgabenbereich der Judikative zählen. Zu den „Organen der Rechtspflege" zählen insbesondere Richter und Staatsanwälte, aber auch Rechtsanwälte und Notare, obschon diese freiberuflich tätig sind.

Die Durchdringung zahlreicher Lebensbereiche mit z. T. komplexen zwingenden Regeln hat dazu geführt, dass es zunehmend **spezialisierte Juristen** gibt, die **in unterschiedlichsten Bereichen** aktiv sind. Hierzu zählen zum einen **freiberufliche Rechtsberater** wie Steuerberater und Wirtschaftsprüfer, zum anderen arbeiten Juristen auch als **Angestellte in der Verwaltung und in Unternehmen oder Organisationen,** da im Laufe der gesellschaftlichen Entwicklung dort der Bedarf nach juristischen Qualifikationen kontinuierlich gestiegen ist.

Anzumerken ist im Übrigen, dass die **Bezeichnung „Jurist/in"** gesetzlich nicht definiert ist. Üblicherweise wird darunter heute eine Person verstanden, die ein Hochschulstudium mit überwiegend rechtlichen Inhalten erfolgreich absolviert hat, unabhängig davon, welche Tätigkeit sie ausübt. Darunter fallen selbstverständlich die Absolventen eines rechtswissenschaftlichen Studiums an einer Universität, die nach Bestehen beider staatlicher Prüfungen und einer Referendariatszeit (inoffiziell)



B. Bergmans, *System und Grundlagen des deutschen Rechts*, Springer-Lehrbuch,
https://doi.org/10.1007/978-3-662-72724-9_5

als „Volljuristen" bezeichnet werden, aber auch die Absolventen von Bachelor- und Master-Studiengängen an Universitäten und Hochschulen für Angewandte Wissenschaften (bzw. Fachhochulen) mit ausschließlich oder überwiegend juristischen Inhalten.

## II. Personen der staatlichen Rechtspflege

Personen der Rechtspflege sind jene, welche die **Kernaufgaben des Rechtsstaates** erfüllen, typischerweise im Staatsdienst stehen, und deren Aufgaben, Qualifikation und Status daher **gesetzlich festgelegt** sind (insbesondere im Gerichtsverfassungsgesetz – GVG und Deutschen Richtergesetz – DRiG). Im Folgenden werden nur die wichtigsten Personen kurz vorgestellt.

### *1. Richter*

Richter sind nach Art. 92 GG zuständig für das Rechtsprechen in Streitfällen, die vor Gericht gebracht werden. Sie sind in Bezug auf ihre richterliche Tätigkeit als **unabhängiges Organ der Rechtspflege**

- **sachlich** unabhängig, d. h. es können ihnen fachlich keine Weisungen erteilt werden,
- **persönlich** unabhängig, d. h. sie können i. d. R. nicht gegen ihren Willen an eine andere Stelle versetzt, ihres Amtes enthoben oder entlassen werden, und
- **nur dem Gesetz und dem eigenen Gewissen unterworfen** (Art. 97 GG, §§ 25–37 DRiG).

Nur die ordnungsgemäße Amtsführung und die Erledigung der Amtsgeschäfte können angemahnt werden, nicht hingegen die ergangenen Urteile. Sie werden nach einer Probezeit **auf Lebenszeit verbeamtet.**

Richter müssen persönlich geeignet sein und die freiheitliche demokratische Grundordnung gem. GG anerkennen. Die **Befähigung zum Richteramt** kann nur durch ein Studium zum Volljuristen erworben werden.

Richter üben ihre Tätigkeit **immer hauptberuflich** aus. Neben ihnen gibt es auch **ehrenamtliche Richter** (in der Strafgerichtsbarkeit auch **„Schöffen"** genannt). Sie sind neben ihrem eigentlichen Beruf dort tätig und meist keine Juristen, können aber zusammen mit Berufsrichtern in verschiedenen Gerichten mit vollem Stimmrecht als Vertreter des Volkes Recht sprechen. Ehrenamtliche Richter sind z. B. tätig bei Jugendstrafkammern, Kammern für Handelssachen, bei Finanzgerichten, Arbeitsgerichten und Sozialgerichten.

Typischerweise sind Richter aktiv in **streitigen Verfahren,** aber auch in der vorsorgenden Rechtspflege, z. B. bei Eintragungen ins Grundbuch, Handels-/Vereinsregister, bei der Ausstellung eines Erbscheins oder bei Genehmigungen in

Vormundschaftsangelegenheiten. Diesen Bereich nennt man auch **„freiwillige Gerichtsbarkeit“.**

Es gab in Deutschland 2024 ca. 22.000 hauptberufliche und ca. 38.000 ehrenamtliche Richter.

## 2. Staatsanwälte

Staatsanwälte sind **Beamte der staatlichen strafrechtlichen Anklagebehörde,** die ebenfalls auf **Lebenszeit** ernannt werden. Sie sind von den Gerichten unabhängig (§ 150 GVG) und bilden eine selbständige Justizbehörde; sie unterliegen aber der Dienstaufsicht des Vorgesetzten und sind **weisungsgebunden** (§ 146 GVG). Nach § 141 GVG soll bei jedem Gericht eine Staatsanwaltschaft bestehen.

Die Staatsanwaltschaft muss von Amts wegen einschreiten, wenn strafbare Handlungen geplant oder verübt, und wenn strafbare Handlungen angezeigt worden sind.

Ihre **Aufgabe** ist es, unter Mithilfe der Polizei den Sachverhalt zu erforschen, zu prüfen, ob gegen Strafrechtsnormen verstoßen worden ist, und zu entscheiden, ob Anklage vor Gericht erhoben oder das Verfahren eingestellt werden soll.

Die **Ausbildung** der Staatsanwälte entspricht derjenigen der Richter.

Es gab in Deutschland 2024 ca. 6500 Staatsanwälte.

## 3. Rechtspfleger

Rechtspfleger sind **Beamte des gehobenen Justizdienstes,** die überwiegend den Gerichten und Staatsanwaltschaften zugewiesen sind. Ihnen sind kraft Gesetzes (Rechtspflegergesetz – RPflG) bestimmte Aufgaben der Rechtspflege zugewiesen (§ 3 RPflG), die sie **selbständig** wahrnehmen, wobei sie **sachlich unabhängig** und nur an Recht und Gesetz gebunden sind (§ 9 RPflG).

> *Beispiel:* Im Insolvenzverfahren kann der Rechtspfleger zahlreiche nach den gesetzlichen Vorschriften vom Insolvenzrichter wahrzunehmenden Geschäfte des Amtsgerichts übernehmen, außer gem. § 18 RpflG jenen, die nur von Richtern ausgeübt werden dürfen oder welche diese sich vorbehalten.

Rechtspfleger **studieren ausbildungsintegriert** an einer (verwaltungsinternen) Hochschule für Rechtspflege.

## 4. Gerichtsvollzieher

Gerichtsvollzieher sind **Beamte des mittleren Justizdienstes** mit einer **zusätzlichen Ausbildung** zum Gerichtsvollzieher. Sie sind **weisungsgebunden** und unterliegen der Dienstaufsicht, sind im Übrigen aber **weitgehend selbständig** tätig.

Neben festen Bezügen erhalten sie einen Teil der Gebühren und Ersatz der Auslagen, die den Auftraggebern oder Schuldnern berechnet werden.

Zu den **Aufgaben** von Gerichtsvollziehern zählen insbesondere (lt. ZPO, Gerichtsvollzieherordnung, Geschäftsanweisung für Gerichtsvollzieher – GVGA)

- die Zustellung bzw. Ladung im Gerichtsverfahren,
- die Zwangsvollstreckung in das bewegliche Vermögen eines Schuldners,
- die Durchsetzung von Herausgabeansprüchen,
- die Durchführung öffentlicher Versteigerungen,
- die Abnahme eidesstattlicher Versicherungen.

### *5. Schiedspersonen*

**(1)** In den meisten Bundesländern sind Personen im Rahmen einer **vorgerichtlichen Streitregelung** tätig, die **landesrechtlich geregelt** ist. Diese Personen werden dabei unterschiedlich bezeichnet (insbesondere **„Schiedsfrau/Schiedsmann“**, **„Schlichter“**, **„Friedensrichter“**, **„Schiedsstellen“**, **„Gütestellen“**) und haben einen unterschiedlichen Status. In den meisten Ländern handelt es sich um ehrenamtlich tätige Personen ohne juristische Ausbildung.

Diese Schiedspersonen werden im Bereich des **Zivilrechts** und des **Strafrechts bei kleineren Streitigkeiten** tätig.

> *Beispiele:* Vermögensrechtliche Streitigkeiten bis zu einem Streitwert von 750 Euro; Streitigkeiten über Ansprüche aus Nachbarrecht nach §§ 910, 911, 923 BGB.

Sie werden meist freiwillig zu Rate gezogen, aber nach § 15a EGZPO (Einführungsgesetz zur Zivilprozessordnung) können die Bundesländer auch bestimmen, dass Zivilklagen erst zulässig sind, wenn Schiedspersonen erfolglos versucht haben, die Streitigkeiten einvernehmlich beizulegen.

**(2)** Die Schiedspersonen treffen **keine Entscheidungen,** sondern sie versuchen, eine **einvernehmliche Lösung** herbeizuführen. Dies kann zu einem rechtlich verbindlichen **Vergleich** führen, das heißt einem Vertrag zwischen den sich gütlich einigenden Parteien, aus dem gegebenenfalls auch unmittelbar die Zwangsvollstreckung betrieben werden kann (§ 794 Abs. 1 Nr. 1 ZPO).

Es gab 2023 ca. 4500 Schiedspersonen im öffentlichen Dienst.

## III. Selbständige Rechtsdienstleister

Das Rechtssystem funktioniert nicht nur durch vorgenannte Personen, sondern auch durch Freiberufler, die unterschiedliche Rechtsdienstleistungen anbieten, insbesondere Beratung zu Rechtsfragen sowie Vertretung vor Gericht. Auf dem deutschen Rechtsdienstleistungsmarkt agieren unterschiedliche selbständige Anbieter. Deren

**Marktzugang** ist jedoch **weitgehend berufsrechtlich reglementiert,** wodurch nur eine **beschränkte Anzahl definierter Berufsgruppen** zugelassen ist, allerdings z. T. mit einer erheblichen Anzahl Berufsträger.

Neben diesen klassischen Berufsständen finden sich jedoch seit Langem auch **andere selbständige Anbieter von Rechtsdienstleistungen,** deren Tätigkeit durch Spezialgesetze oder durch Ausnahmeregeln des Rechtsdienstleistungsgesetzes (RDG) ermöglicht wird.

## *1. Rechtsanwälte als Allgemeinanbieter*

Hauptakteure auf dem Rechtsdienstleistungsmarkt sind die Rechtsanwälte. Nach dem gesetzlichen Modell ist die Anwaltschaft ein **unabhängiges Organ der Rechtspflege** (§ 1 Bundesrechtsanwaltsordnung – BRAO) und verfügt **als einzige Berufsgruppe über eine umfassende gerichtliche und außergerichtliche Rechtsberatungs- bzw. Rechtsdienstleistungsbefugnis** in allen Rechtsangelegenheiten (§ 3 BRAO).

Den gesetzlichen Rahmen der anwaltlichen Berufsausübung bildet die Bundesrechtsanwaltsordnung (BRAO). Sie enthält unter anderem Vorschriften zur Zulassung zum Beruf, zu den grundlegenden Rechten und Pflichten des Anwalts und zu den Rechtsanwaltskammern, in denen Rechtsanwälte organisiert sind. Zugang zum Beruf des Rechtsanwalts haben gem. § 4 BRAO grundsätzlich lediglich die Personen, welche die Befähigung zum Richteramt (§ 5 DRiG) besitzen (Volljuristen).

Aufgrund seiner besonderen Stellung unterliegt der Rechtsanwalt **besonderen Berufspflichten.** Gemäß § 43 BRAO hat er seinen Beruf gewissenhaft auszuüben und sich innerhalb und außerhalb des Berufes der Achtung und des Vertrauens, welche die Stellung des Rechtsanwalts erfordert, würdig zu erweisen. Als Grundpflichten statuiert § 43a BRAO das Verbot von Bindungen, die die berufliche Unabhängigkeit gefährden, die Verschwiegenheitspflicht, das Gebot der Sachlichkeit, das Verbot der Vertretung widerstreitender Interessen, die Sorgfaltspflicht im Umgang mit Fremdgeldern und fremden Vermögenswerten sowie die Fortbildungspflicht.

Eine Anwaltszulassung ist trotz einer **abhängigen Beschäftigung** möglich, wenn der Beruf bei einem Arbeitgeber ausgeübt wird, der als Rechtsanwalt, Patentanwalt oder rechts- oder patentanwaltliche Berufsausübungsgesellschaft tätig ist (§ 46 Abs. 1 BRAO), darüber hinaus auch, wenn der Angestellte im Rahmen seines Arbeitsverhältnisses für seinen Arbeitgeber anwaltlich tätig ist. In letzterem Fall sind die besonderen Voraussetzungen für Syndikusrechtsanwälte zu erfüllen (§§ 46 Abs. 2–5, 46a-c BRAO. S. hierzu Abschn. III. 1. c hiernach).

2024 gab es rund 140.000 Rechtsanwälte mit Einzelzulassung und ca. 4700 zugelassene Berufsausübungsgesellschaften.

Die Anwaltschaft lässt sich fachbezogen differenzieren in Allgemeinanwälte und Spezialisten, wobei die **Tendenz zur Spezialisierung** zugenommen hat, was insbesondere in der Zunahme der Fachanwaltschaften zum Ausdruck kommt. 2024 gab es ca. 46.000 Fachanwälte mit ca. 57.800 Fachanwaltstiteln. Die Voraussetzungen für die Verleihung des Fachanwaltstitels sind in der Fachanwaltsordnung (FAO) festgelegt.

Aufgrund ihrer besonderen Position erfolgt die Vergütung der Rechtsanwälte durch ihre Mandanten aufgrund gesetzlicher Bestimmungen (Rechtsanwaltsvergütungsgesetz).

## 2. Spezialdienstleister

Rechtsanwälte stoßen nicht nur innerhalb ihrer Berufsgruppe auf Wettbewerber. In einigen Gebieten sind auch andere selbständige Akteure befugt, **Dienstleistungen mit rechtlichem Schwerpunkt** anbieten.

### a) Notare

Notare sind **unabhängige Träger eines öffentlichen Amtes** und als solche für die **Beurkundung** von Rechtsakten und anderen Vorgängen auf dem Gebiet der **vorsorgenden Rechtspflege** tätig (§ 1 Bundesnotarordnung – BNotO). In diesen Bereichen besitzen sie ein **Monopol.**

Die BNotO regelt die Berufstätigkeit der Notare, deren Statut bundesweit nicht einheitlich ist. I. d. R. üben sie ihre Tätigkeit hauptberuflich aus (Nur-Notare), in einigen Gerichtsbezirken gibt es jedoch auch Anwaltsnotare mit hauptberuflicher Anwaltszulassung (in Baden-Württemberg auch noch Amtsnotare).

Notare üben zwar einen **freien Beruf** aus, aber die **Niederlassungsfreiheit** ist **beschränkt.** Sie werden von der Landesjustizverwaltung bestellt, und zwar in dem Umfang, wie es eine geordnete Rechtspflege erfordert. Zulassungsvoraussetzung ist die Befähigung zum Richteramt.

Notare unterliegen einem speziellen **Berufsrecht.** Sie müssen insbesondere unabhängige und unparteiische Betreuer der Parteien sein und unterliegen Prüfungs- und Belehrungspflichten sowie der Verschwiegenheitspflicht (§§ 14–21 BNotO). Sie unterstehen der staatlichen Aufsicht durch die Landesjustizverwaltung (§§ 92 ff. BNotO).

Insgesamt gab es 2024 ca. 1700 hauptberufliche Notare und ca. 4800 Anwaltsnotare.

### b) Patentanwälte

Die insgesamt ca. 4200 Patentanwälte in Deutschland sind auf dem **Gebiet des geistigen Eigentums und des gewerblichen Rechtsschutzes** tätig, d. h. sie beraten zu Erfindungen, Marken, Design, Know-how und Sortenschutz, melden gewerbliche Schutzrechte an und verfolgen Schutzrechtsverletzungen.

Sie üben einen **zugangsbeschränkten** Beruf aus, ihr Berufsrecht ist in der Patentanwaltsordnung (PAO) geregelt. Als Patentanwalt zugelassen werden kann nur, wer eine spezielle technische und rechtliche Befähigung erlangt oder die Eignungsprüfung bestanden hat.

### c) Steuerberater

Der Beruf des Steuerberaters ist umfassend im Steuerberatungsgesetz (StBerG) **geregelt.** Seine Aufgaben sind die **Hilfestellung in Steuerangelegenheiten,** die

Vertretung in finanzgerichtlichen Prozessen und die Beratung in betriebswirtschaftlichen Fragen. Die Steuerberatung ist zudem als Besorgung eines Rechtsgeschäfts eines Steuerpflichtigen auch **Rechtsberatung auf dem Gebiet des Steuerrechts.**

Als Steuerberater kann tätig werden, wer nach einer erfolgreich abgelegten **Steuerberaterprüfung** von den Steuerberaterkammern zum Steuerberater bestellt worden ist. Steuerberater müssen kein Studium mit juristischer Prägung absolviert haben, die meisten von ihnen haben eine betriebswirtschaftliche Basisqualifikation.

Die Tätigkeit kann selbständig, im Angestelltenverhältnis oder als freier Mitarbeiter ausgeübt werden. 2024 gab es insgesamt ca. 91.600 Steuerberater/Steuerbevollmächtigte und ca. 14.200 anerkannte Berufsausübungsgesellschaften in ca. 53.000 Praxen.

#### d) Wirtschaftsprüfer

Auch der in der Wirtschaftsprüferordnung (WPO) reglementierte Berufsstand der **freiberuflich** tätigen, aber **öffentlich bestellten** Wirtschaftsprüfer (§ 1 WPO) ist für den Rechtsdienstleistungsmarkt relevant. Primäre Tätigkeitsbereiche eines Wirtschaftsprüfers sind zwar betriebswirtschaftliche Prüfungen, Steuer- und Unternehmensberatung sowie Gutachter- und Treuhandtätigkeit (§ 2 WPO), aber Rechtsdienstleistungen sind auch erlaubt im Bereich des Steuerrechts und ansonsten, solange sie eine Nebenleistung darstellen (§ 5 Abs. 1 RDG).

Die Bestellung zum Wirtschaftsprüfer setzt voraus, dass zuvor das Examen zum Wirtschaftsprüfer mit Erfolg abgelegt worden ist. Üblicherweise absolviert ein potentieller Wirtschaftsprüfer ein Hochschulstudium der Wirtschafts- oder Rechtswissenschaften.

2024 gab es ca. 15.000 Wirtschaftsprüfer und ca. 1900 vereidigte Buchprüfer.

#### e) Sonstige

Das **Rechtsdienstleistungsgesetz** erlaubt die **Erbringung von Rechtsdienstleistungen** auch **durch Nichtjuristen** im **privaten** Umfeld, darüber hinaus auch, wenn diese nicht oder **nicht primär kommerziell** ausgerichtet sind (1) oder wenn die Dienstleister über eine **besondere nachgewiesene Rechtskunde** verfügen (2).

##### (1) Nicht (primär) kommerzielle Rechtsdienstleistungen

Erlaubt sind grundsätzlich Rechtsdienstleistungen, die nicht im Zusammenhang mit einer entgeltlichen Tätigkeit stehen (§ 6 RDG), die durch Berufs- und Interessenvereinigungen sowie Genossenschaften im Rahmen ihres satzungsgemäßen Aufgabenbereichs für ihre Mitglieder erbracht werden (§ 7), oder solche, die öffentliche (z. B. gerichtlich oder behördlich bestellte Personen) oder öffentlich anerkannte Stellen (z. B. mit öffentlichen Mitteln geförderte Verbraucherverbände) im Rahmen ihres Aufgaben- oder Zuständigkeitsbereichs (§ 8) erbringen.

Gefordert wird hier aber durchweg, dass diese Leistungen unter Anleitung einer zur entgeltlichen Erbringung von Rechtsdienstleistungen befugten Person erbracht werden. Die Anleitung erfordert dabei eine an Umfang und Inhalt der zu erbringenden Rechtsdienstleistungen ausgerichtete Einweisung und Fortbildung sowie eine Mitwirkung bei der Erbringung der Rechtsdienstleistung, soweit dies im Einzelfall erforderlich ist.

Betroffen sind hiervon insbesondere

- Verbände/Vereine für ihre Mitglieder: Genossenschaften, berufsständische Vereinigungen, Gewerkschaften, Handelsverbände, Mieter- und Grundbesitzervereine, Verkehrs-/Automobilclubs, Industrie- und Handelskammern, Handwerksorganisationen, Verbraucherzentralen, Verbraucherschutzorganisationen,
- Rechtsauskunftstellen von Verbänden, Banken oder Versicherungen für ihre Kunden.

**(2) Rechtsdienstleistungen aufgrund besonderer Sachkunde**
Nach §§ 10 ff. RDG dürfen bestimmte registrierte Personen (Juristen ohne Anwaltszulassung und Nichtjuristen) aufgrund besonderer Sachkunde Rechtsdienstleistungen im Bereich des Forderungsinkassos, der Rentenberatung oder des ausländischen Rechts erbringen.

### *3. Juristische Annexdienstleister*

#### a) Grundlagen

Die vorherrschende Sichtweise betrachtet das Recht als etwas Selbständiges, von der Realität bzw. dem Sachverhalt Trennbares. Tatsächlich infiltriert das Recht aber die Wirklichkeit und ist Teil derselben. Im Wirtschaftssektor ist die Verrechtlichung so weit fortgeschritten, dass **kaum noch „rechtsfreie“ Aktivitäten** möglich sind, d. h. solche, die nicht von zwingenden rechtlichen Vorgaben oder Rechten Dritter betroffen sind. Für nichtjuristische Dienstleister, insbesondere Berater jeglicher Art, bedeutet dies, dass sie in ihrer Tätigkeit auch rechtliche Themen mehr oder weniger umfänglich oder aktiv berücksichtigen müssen.

Um dies zu ermöglichen, sind die Tätigkeiten einiger solcher Dienstleister gesetzlich reglementiert, wodurch ihnen ggf. eine spezifische Rechtsberatungsbefugnis eingeräumt wird (diese Spezialgesetze gehen dem RDG vor: § 3 RDG).

*Beispiele:* Steuerberater (s. o.), Insolvenzverwalter, Rentenberater.

Darüber hinaus legt § 5 Abs. 1 RDG allgemein fest, dass **entgeltliche Rechtsdienstleistungen im Zusammenhang mit einer anderen (Haupt-)Tätigkeit** generell **erlaubt** sind, wenn sie **als Nebenleistung zum Berufs- und Tätigkeitsbild gehören.** Ob eine Nebenleistung vorliegt, ist nach ihrem Inhalt, Umfang und sachlichen Zusammenhang mit der Haupttätigkeit unter Berücksichtigung der Rechtskenntnisse zu beurteilen, die für die Haupttätigkeit erforderlich sind.

Dies ist eine weitgehende, aber ziemlich unpräzise Generalerlaubnis, die in Abs. 2 nur dahingehend präzisiert wird, dass Rechtsdienstleistungen, die im Zusammenhang mit Testamentsvollstreckung, Haus- und Wohnungsverwaltung sowie Fördermittelberatung erbracht werden, als erlaubte Nebenleistungen gelten. Darüber hinaus müssen juristische Annexdienstleistungen in jedem **Einzelfall** hinsichtlich ihrer Zulässigkeit geprüft werden, wobei es sowohl auf die Auftragsvereinbarung als auch auf deren tatsächliche Umsetzung ankommt.

Faktisch spielt diese Annexberatung gesamtgesellschaftlich eine **erhebliche** (wenn auch nicht zu quantifizierende) **Rolle,** allerdings im Einzelfall i. d. R. nur in begrenzten Rechtsanwendungsbereichen und bei beschränkter Komplexität, die vor allem Rechtskunde voraussetzt.

### b) Beispiele

Beispiele für Personen bzw. Unternehmen oder Organisationen, bei denen eine juristische Annexberatung regelmäßig vorkommt, sind (neben den bereits oben erwähnten Steuerberatern und Wirtschaftsprüfern) insbesondere die folgenden (jeweils ohne Berücksichtigung, ob und in welchem Maße diese zusätzlich spezifischen rechtlichen Regelungen unterliegen):

- Rentenberater, Sozialberater (und Sozialarbeiter) unterschiedlichster Art, Krankenkassen, Rentenversicherungsträger,
- Versicherer, Versicherungsberater, -makler und -vermittler,
- Vermögensverwalter, Testamentsvollstrecker,
- Finanzplaner und -berater, Anlageberater und -vermittler, Banken/Kreditinstitute,
- Unternehmens- und Existenzgründungsberater, Fördermittelberater,
- Immobilienmakler, Haus-, Immobilien- und WEG-Verwalter,
- Inkassounternehmen, kaufmännische und sonstige Unternehmen mit Blick auf Rechtsbesorgungen, die in unmittelbarem Zusammenhang mit ihrer Berufstätigkeit stehen
- Bauträger, Baubetreuer, Energieberater,
- Personalberater, -verleiher und -vermittler, Sportberater,
- Insolvenzverwalter,
- Complianceberater,
- Berufsbetreuer, Vorsorgebevollmächtigte, Vormunde, Pfleger,
- Mediatoren, Schiedsrichter, Ombudsmänner, Beschwerdestellen,
- Professoren, Trainer, Coaches, Lehrkräfte in Aus- und Weiterbildung, Fahrschullehrer,
- Ärzte, Psychologen/Psychotherapeuten, paramedizinische Berufe,
- Sonstige: Frachtprüfer, Versteigerer, Unfallabwickler (Kfz-Werkstätten), Agenten/Agenturen, Verleger, IT-Berater, Bestattungsunternehmer.

## IV. Angestellte Juristen

Das Berufssegment angestellter Juristen ist wenig transparent, da es hierzu **keine etablierte Typologie** und auch kaum belastbare Daten gibt. Viele angestellte Juristen sind bei den hiervor behandelten selbständigen Dienstleistern im Angestelltenverhältnis tätig, z. T. auch mit Rechtsanwaltszulassung. Im Folgenden liegt das Augenmerk jedoch auf jenen, deren Arbeitgeber typischerweise nicht als Rechtsdienstleister tätig sind, wobei eine genaue Abgrenzung angesichts der Fluidität dieses Begriffs nicht möglich ist.

Die beiden quantitativ und qualitativ wichtigsten Gruppen dürften dabei die der Unternehmensjuristen und der Wirtschaftsjuristen sein, die sich jedoch ebenfalls teilweise überschneiden. Daneben zählt zu diesem Bereich auch die Gruppe der Verwaltungsjuristen.

## *1. Unternehmensjuristen*

### a) Überblick

Die Berufsgruppe der Unternehmensjuristen weist als gemeinsames Merkmal zunächst einmal nur den Status von in (nichtanwaltlichen) Unternehmen angestellten Juristen auf, die ihre Tätigkeit nicht im Interesse eines Mandanten, sondern für ihren Arbeitgeber ausüben. Wie sie bezeichnet werden, worin ihre Aufgaben genau bestehen, wie sie organisatorisch im Unternehmen eingebunden sind, welche Verantwortung sie im Geschäftsablauf übernehmen, welchen Status sie besitzen und welche Ausbildung sie genossen haben, ist letztlich sehr **unterschiedlich, weil nicht gesetzlich geregelt.**

Grob typologisierend kann man **vier Gruppen von in Unternehmen tätigen Juristen** unterscheiden:

- in der Rechtsabteilung tätige Juristen (s. Abschnitt b),
- in anderen Stabsabteilungen tätige Juristen mit vorwiegend rechtlichen Beschäftigungsinhalten, wozu auch die Aufgaben im Bereich Compliance zählen, d. h. die Sicherstellung des gesetzeskonformen Agierens des Unternehmens und seiner Mitarbeiter,
- außerhalb der Rechtsabteilung tätige Juristen mit vorwiegend nichtjuristischer Beschäftigung, bei der aber die juristische Qualifikation förderlich ist, sowie
- Juristen in Funktionen, zu deren Wahrnehmung eine juristische Ausbildung keine substanzielle Hilfe bietet.

Typischerweise sind Unternehmensjuristen den ersten beiden Kategorien zuzuordnen, allerdings sollte auch die dritte Kategorie in ihrer Bedeutung nicht unterschätzt werden. Zu dieser zählen z. B. Sachbearbeiter in der Schadensabwicklung von Versicherungsunternehmen.

Traditionellerweise haben Unternehmensjuristen einen volljuristischen Abschluss, aber auch Diplom-Juristen[1] und Wirtschaftsjuristen mit Bachelor- oder Master-Abschluss können als Unternehmensjuristen tätig sein.

Trotz einer möglicherweise vorhandenen tatsächlichen Kompetenz dürfen Unternehmensjuristen bzw. ihre Arbeitgeber **keine Rechtsdienstleistungen am Markt**

[1] Die meisten Universitäten verleihen den Studierenden, welche die Erste Juristische Prüfung bestanden haben, auf Antrag den Titel „Diplom-Jurist“ oder neuerdings auch „Bachelor of Laws“.

anbieten, außer unter den im RDG definierten Voraussetzungen (s. o.) oder wenn sie den Status eines Syndikusrechtsanwalts besitzen (s. Abschnitt c).

Die Anzahl der Unternehmensjuristen ist schwer zu ermitteln, vermutlich aber in den letzten Jahrzehnten kontinuierlich gestiegen. Nach einer Schätzung der Bundesarbeitsagentur arbeiteten 2015 ca. 88.000 studierte Juristen (alle Abschlussarten) in der freien Wirtschaft. Davon ging rund die Hälfte einer juristisch geprägten Tätigkeit nach.

### b) Juristen in Rechtsabteilungen

Den Kernbereich der Unternehmensjuristen bilden jene, die in der einen oder anderen Form als **In-house-Rechtsberater** aktiv sind, und die üblicherweise einer Rechtsabteilung zugeordnet werden.

Welche Tätigkeiten sie im Einzelnen ausüben, kann nicht standardmäßig definiert werden, zu **vielfältig** sind die möglichen Aufgabengebiete und Organisationsformen der Unternehmensrechtsabteilungen, die ggf. auch nur aus einer Person bestehen.

Ob und in welchem Maße Unternehmen eine eigene Rechtsabteilung vorhalten bzw. Rechtdienstleistungen in- oder outsourcen, hängt auch davon ab, welche Rolle man den Juristen intern zuerkennt. Eine grundlegende **Differenzierung** ergibt sich dabei aus den zwei **Basismodellen** von Rechtsabteilungen, die in der Praxis natürlich kombiniert werden können:

- In der **Rechtsabteilung als Stabsbereich** kümmern Juristen sich ausschließlich um Rechtsfragen und sie üben intern insbesondere Informations-, Beratungs- und Kontrollfunktionen aus. Außerdem stellen sie die Schnittstelle zu externen Anwälten dar, die sich insbesondere um gerichtliche oder außergerichtliche Streitregelung kümmern. Die Arbeitsweise ist eher abwartend-passiv, d. h. die Ansprache erfolgt i. d. R. durch die Unternehmensabteilungen oder die oberste Leitungsebene.
- In der **Rechtsabteilung als integrierte Managementfunktion** sind die Juristen Teil des Unternehmensmanagements, indem sie (pro)aktiv ihr Know-how in Entscheidungsprozesse einbringen, das Unternehmen mitgestalten und in allen betrieblichen Bereichen die rechtliche Dimension so einbringen, dass hierdurch ein Mehrwert für das Unternehmen generiert wird.

### c) Syndikusrechtsanwälte

Als Syndikusrechtsanwälte werden jene zugelassenen Rechtsanwälte bezeichnet, die **neben ihrer Anwaltszulassung** aufgrund eines Dienstvertrages gegen feste Vergütung **gleichzeitig bei einem nichtanwaltlichen Arbeitgeber beratend tätig** sind.

Ob es sich dabei um eine anwaltliche Tätigkeit handelt, hängt vom Inhalt der Aufgaben ab, die dem Syndikus im Rahmen des Arbeitsverhältnisses übertragen werden. Zur Kennzeichnung als anwaltliche Tätigkeit ist auf den Kern und auf den Schwerpunkt der Tätigkeit abzustellen. Die **anwaltliche Tätigkeit** muss hierbei aber sowohl qualitativ als auch quantitativ im **Vordergrund** stehen. Gem. § 46

Abs. 3 BRAO liegt zudem eine **anwaltliche Tätigkeit nur dann** vor, wenn die Tätigkeit fachlich unabhängig und eigenverantwortlich ausgeübt wird und zusätzlich durch folgende kumulative Merkmale geprägt ist:

- die Prüfung von Rechtsfragen, einschließlich der Aufklärung des Sachverhalts, sowie das Erarbeiten und Bewerten von Lösungsmöglichkeiten,
- die Erteilung von Rechtsrat,
- die Ausrichtung der Tätigkeit auf die Gestaltung von Rechtsverhältnissen, insbesondere durch das selbständige Führen von Verhandlungen, oder auf die Verwirklichung von Rechten, und
- die Befugnis, nach außen verantwortlich aufzutreten,

wobei sich die Beratungsbefugnis jeweils auf die Rechtsangelegenheiten des Arbeitgebers beschränkt (§ 46 Abs. 5 S. 1 BRAO).

2024 waren ca. 6800 Syndikusrechtsanwälte bei der BRAK erfasst.

## 2. Wirtschaftsjuristen

Als „Wirtschaftsjuristen" werden jene Juristen bezeichnet, die ein **interdisziplinäres, juristisch-ökonomisches Hochschulstudium** mit überwiegend juristischen Inhalten absolviert haben. Diese Studiengänge existieren erst seit Mitte der neunziger Jahre, weit überwiegend an Hochschulen für Angewandte Wissenschaften. Insgesamt haben ca. 40.000 Studierende das Studium auf Bachelor- oder Master-Niveau abgeschlossen, von denen nur wenige selbständig tätig sind (z. B. als Steuerberater oder Annexdienstleister).

Wirtschaftsjuristen stellen **keine Berufsgruppe im eigentlichen Sinne** dar, sondern ihr gemeinsames Merkmal ist das interdisziplinäre Ausbildungsmodell. Dieses qualifiziert für eine Vielzahl von Tätigkeiten, die typischerweise interdisziplinär geprägt sind, und nur in geringem Maße von Volljuristen ausgeübt werden:

- Der Kernbereich der von Wirtschaftsjuristen ausgeübten Tätigkeiten findet sich in Tätigkeitsfeldern, in denen die juristischen und betriebswirtschaftlichen Aspekte zwar konzeptionell trennbar sind, faktisch aber immer zusammenwirken und demnach interdisziplinäre Kompetenzen erforderlich oder auf jeden Fall von Vorteil sind.

  *Beispiele:* Personal, Steuern/Wirtschaftsprüfung, Compliance/Risk, Insolvenz, Wirtschaftsregulierung (insbesondere öffentliche Versorgung, Finanzmärkte).

- Eine kleinere Gruppe ist in Bereichen mit einer stärkeren juristischen Prägung tätig, in denen das erforderliche betriebswirtschaftliche Know-how aber noch erheblich ist.

  *Beispiele:* Vertragsmanagement, juristische Sachbearbeitung, Support-Tätigkeiten in Kanzleien/Rechtsabteilungen.

- Ein nicht unerheblicher Teil der Absolventen ist auch in Tätigkeitsbereichen aktiv, in denen ein solides juristisches Know-how in primär betriebswirtschaftlichen Tätigkeiten benötigt wird.

  *Beispiele:* Revision, Business Development, Prozessmanagement, Unternehmenstransaktionen (Mergers&Acquisitions), Immobilienmanagement, Unternehmens-/Kommunalberatung.

## 3. Verwaltungsjuristen

Verwaltungsjuristen nehmen **in Behörden** juristische Aufgaben wahr, die je nach Behörde und Aufgabengebiet inhaltlich sehr **unterschiedlich** sein können. Die Tätigkeiten sind sehr **öffentlich-rechtlich** geprägt, aber in **Teilbereichen** unterscheiden sich die Aufgaben und Tätigkeiten kaum von denen der **Unternehmensjuristen.**

> „Verwaltungsjuristen prüfen und beurteilen in Behörden Sachverhalte anhand rechtlicher Regelungen, etwa auf den Gebieten Finanzen, Wirtschaftsförderung, Kultur, Daten- oder Umweltschutz. Sie nehmen z. B. Anträge auf Leistungen entgegen, entscheiden über Ansprüche und setzen das Ergebnis in entsprechende Bescheide um. Darüber hinaus bearbeiten sie Einspruchs- und Widerspruchsverfahren oder vertreten die Behörde vor Gericht. Sie entwerfen Rechtsverordnungen, Gesetzesvorlagen und Verwaltungsvorschriften oder entscheiden über Grundsatzfragen. So unterbreiten sie z. B. einer Staatsregierung oder einem Landtag Vorschläge für eine zeitgemäße Weiterentwicklung der Gesetzgebung." (Berufenet[2])

Innerhalb ihrer Abteilung oder Dienststelle nehmen Verwaltungsjuristen auch personelle und organisatorische **Führungsaufgaben** wahr und sorgen für eine einheitliche Rechtsanwendung in ihrem Aufgabenbereich.

Traditionellerweise haben Verwaltungsjuristen ein **volljuristisches Studium** absolviert. Für Führungsaufgaben ist dies auch derzeit noch überwiegend der Fall. Es gibt jedoch inzwischen in der öffentlichen Verwaltung auch zahlreiche **Wirtschaftsjuristen** und **Bachelor- und Master-Absolventen** von Fachhochschulen der öffentlichen Verwaltung aus Studiengängen mit rechtlichem Schwerpunkt.

Insgesamt arbeiten ca. 15.000 Juristen im öffentlichen Dienst außerhalb der Justiz.

[2] https://web.arbeitsagentur.de/berufenet/.

# Teil II
# Dynamik des Rechts

Die bisherige statische Betrachtung zeichnet ein Bild vom (deutschen) Recht, das dem einer Maschine oder Anlage gleicht: Von beachtlichem Umfang und kompliziert, aber logisch aufgebaut sowie gut durchdacht; außerdem funktioniert das Zusammenspiel der Einzelteile präzise, vorhersehbar und zuverlässig.

Wenn man diese „Maschinerie" betrachtet, sobald sie in der Realität **in Gang gesetzt** wird, dann erkennt man, wie sie in Wirklichkeit funktioniert, wie leistungsfähig sie ist, welcher Treibstoff sie antreibt, was sie produziert, und welchen Optimierungsbedarf bzw. welches Potenzial hierzu es ggf. gibt.

Natürlich ist auch dieses Funktionieren des Rechts **in vielen Bereichen** vorbedacht und **rechtlich normiert.** Aber es gibt im Rechtsleben auch Phänomene, die nicht geplant und normiert werden können oder ggf. auch nicht fixiert werden sollen. Diese **Freiheitsgrade** im System ermöglichen flexible Anpassungen an veränderte Bedürfnisse, aber sie können auch Fehlfunktionen hervorrufen, welche die Statik des Rechts beeinträchtigen. Beides kann dazu führen, **Ordnung und Geltung des Rechts infrage zu stellen.**

Wer das Recht wirklich verstehen und in verantwortungsvoller Weise mit ihm umgehen will, muss auch diese **sowohl aus der Rechtspraxis selbst, als auch aus den Einflussfaktoren abgeleiteten Dynamiken** verstehen. Dazu dient dieser Teil II.

Zunächst werden relevante Aspekte der Rechtspraxis dargestellt (Kap. 6) und die faktische Wirksamkeit des Rechts untersucht (Kap. 7). Ihnen werden die Ideale gegenübergestellt, deren Verwirklichung das Recht eigentlich anstrebt (Kap. 8), und abschließend wird untersucht, welche Entwicklungstendenzen sich aus dem unvermeidbaren Spannungsverhältnis von realen und idealen Zuständen ergeben (Kap. 9).

Diese Perspektive des ***„law in action"*** (im Gegensatz zum ***„law in the books"***) verwendet zahlreiche rechtssoziologische, -politische, -historische, -philosophische und -ökonomische Erkenntnisse (s. Kap. 1, Abschn. II. 2) und geht über eine rechtspositivistische Betrachtungsweise hinaus, um die Einflüsse auf das Recht, seine Entwicklung und Gestaltbarkeit, aber auch seinen unveränderlichen Wesenskern deutlicher werden zu lassen.

# Praxis des Rechts

Wenn die formale Hülle des Rechts in der Praxis mit Leben erfüllt wird, ergeben sich weitere wichtige Erkenntnisse darüber, wie Recht entsteht und wirkt, wie es gestaltet und angewendet wird, und warum Recht zu haben nicht zwangsläufig dazu führt, auch Recht zu bekommen.

## I. Das Entstehen und Wirken des Rechts

### 1. Einleitung

In den ersten fünf Kapiteln wurde gezeigt, dass zahlreiche Kräfte und Akteure beim Entstehen des Rechts und seiner Anwendung mitwirken. Dabei kann zwar das normierte Leben des Rechts in seinen zahlreichen Facetten durch die rechtlichen Regelungen bzgl. handelnder Organe/Personen, Zuständigkeiten, Verfahren, Formalitäten usw. gut dargestellt und erklärt werden.

Die faktische Umsetzung bzw. Anwendung dieses Rechtsrahmens führt zu wichtigen zusätzlichen Beobachtungen hinsichtlich der Frage, wie das Leben des Rechts aussieht. Welche **Personen, Mittel und Umstände beim Entstehen und Wirken des Rechts eine wichtige Rolle** spielen, soll im Folgenden anhand der Aktivitäten des Gesetzgebers und der Gerichte illustriert werden.

### 2. Gesetzgebung

Die Gesetzgebung als zentrale Quelle des Rechts bedarf einer sorgsamen Beobachtung und Pflege, damit sie die ihr obliegende Rolle auch so erfüllen kann, wie dies im Idealmodell vorgesehen ist. In der Gesetzgebungspraxis zeigen sich in der Tat Phänomene, die sich nicht aus der diesbezüglichen Rechtslage ergeben.



B. Bergmans, *System und Grundlagen des deutschen Rechts*, Springer-Lehrbuch,
https://doi.org/10.1007/978-3-662-72724-9_6

### a) Gesetzgebungsflut

(1) Es wird häufig kritisiert, es gebe **zu viele Gesetze und daraus abgeleitete Regulierungen,** und die Gesetze würden zu häufig geändert. Angesichts dieser Gesetzgebungsflut sei es immer schwieriger, wenn nicht unmöglich, sich auf dem Laufenden zu halten und die Gesetze auch anzuwenden bzw. befolgen. Außerdem führe dies zu einer Zunahme der Gerichtsverfahren, und die mit der Rechtsbefolgung verbundene **Bürokratie** schränke die freie private und berufliche bzw. wirtschaftliche Entfaltung ein.

(2) Es stimmt, dass Regelungsmenge, -dichte und -tiefe sowie die Änderungshäufigkeit der Gesetze hoch sind, wenn auch insgesamt mit unterschiedlicher Intensität in den einzelnen Rechtsbereichen (im Steuer- und Sozialrecht z. B. ist sie wesentlich größer als im Verfassungs- oder Erbrecht).

Für diese **gesetzgeberische „Verrechtlichung"** der Gesellschaft gibt es nachvollziehbare **Gründe:**

- Das Gesellschafts- und Wirtschaftsleben insgesamt ist komplexer und temporeicher geworden, und dies schlägt sich zwangsläufig auch in der Gesetzgebungsaktivität nieder.
- Je mehr Zugriff der Mensch auf die Umwelt hat und je größer der wissenschaftliche sowie technische Fortschritt, desto größer ist der Bedarf an Klärung dessen, was erlaubt ist und was nicht, welche Rechtsfolgen die neuen Möglichkeiten haben, usw.
- Die Gesellschaft ist in jeder Hinsicht heterogener geworden. Es gibt kaum noch Bereiche, in denen die Menschen wegen gemeinsamer Werte, Moralvorstellungen oder auch nur Traditionen spontan dasselbe tun oder wollen bzw. denselben sozialen Normen folgen. Hierdurch steigt der Klärungsbedarf bzgl. der Frage, welche Freiheiten, Rechte und Pflichten die Rechtssubjekte haben. Außerdem beanspruchen und erhalten zunehmend gesellschaftliche Minderheiten rechtliche Anerkennung und Schutz gegen Diskriminierung.
- Der Zeitgeist ist von der Idee der Machbarkeit und Gestaltbarkeit von fast allem geprägt. Gleichzeitig fürchten die Menschen (soziale, technische usw.) Risiken, erwarten in vielen Bereichen Unterstützung „von oben", usw. Das führt dazu, dass ein permanenter Druck auf den Gesetzgeber lastet, Probleme über allgemeinverbindliche Regeln zu lösen bzw. Risiken zu minimieren.
- Je mehr das Gesellschaftsleben freiheitseinschränkend geregelt wird, desto mehr versuchen die Rechtssubjekte, sich dem durch „kreative Gestaltungen" und das Ausnutzen von „Schlupflöchern" zu entziehen. Dies ruft wiederum den gesetzgeber auf den Plan, der die Gesetzgebung weiterentwickelt, um seine Ziele zu verwirklichen. So entsteht ein Wettlauf zwischen beiden Seiten, der in einer immer komplexeren Rechtsetzung endet.

Diese Thematik wird in Kap. 9. II. 1 im Zusammenhang mit einer möglichen allgemeinen Tendenz zur „Verrechtlichung" abschließend bewertet.

### b) Gesetzgebungsqualität

Deutschland genießt traditionell einen guten Ruf bzgl. der Qualität seiner gesetzgebung. Insbesondere das BGB wurde/wird als große gesetzgeberische Leistung betrachtet und war jahrzehntelang ein international beachtetes Modell für gelungene Gesetzgebung.

An der heutigen Gesetzgebung sind jedoch regelmäßig **Qualitätsdefizite** zu bemängeln, die dazu führen, dass eine klare und einheitliche Anwendung (und Auslegung) der Gesetze unmöglich ist, was zu erheblicher Ineffizienz und Rechtsunsicherheit führt:

- Manche Gesetze sind unverständlich, uneinheitlich oder widersprüchlich, insbesondere weil sie von unterschiedlichen Gesetzgebern verabschiedet bzw. modifiziert wurden.
- Das Gesetzgebungsverfahren erfolgt häufig unter Zeitdruck, sodass zu wenig Zeit für das Durchdenken und eine gewissenhafte Formulierung bleibt.
- Die Mitglieder der gesetzgebenden Gewalt (insbesondere Parlamentarier) sind häufig fachlich überfordert und können die Qualität ihres Produkts nicht einschätzen. Dies gilt erst recht angesichts der Tatsache, dass es sich oft um Änderungsgesetze handelt, die nur Detailregeln ändern, deren Tragweite man als Nichtfachmann kaum erkennen kann.
- Immer wieder folgt der Gesetzesinhalt eher ideologischen Zielsetzungen als einem sachorientierten (und dem Ideal der Ordnung des Rechts angepassten) Konzept.
- Schließlich sind Gesetze oft auch das Ergebnis politischer Kompromisse, und das führt dazu, dass Gesetze selten „aus einem Guss" sind.

Zwar gibt es auch standardmäßige **qualitätssichernde Maßnahmen** im Gesetzgebungsprozess, aber diese spielen im Zweifel eine untergeordnete Rolle (s. auch Abschn. c hiernach). All das führt manchmal sogar dazu, dass Gesetze verabschiedet werden, obschon bereits zu diesem Zeitpunkt fragwürdig ist, ob sie wirklich verfassungskonform sind.

### c) Gesetzgebungsverfahren

#### (1) Formelles Gesetzgebungsverfahren

Da Gesetze immer Wertungen zum Ausdruck bringen, über die in der Gesellschaft (und Politik) selten Einigkeit besteht, gelten in unserem Rechtssystem die **Grundsätze der repräsentativen Demokratie und der Mehrheitsentscheidung:** D. h. die letztendlichen Entscheidungen werden von gewählten Vertretern des Volkes im Parlament mit Stimmenmehrheit getroffen, wobei jedem Parlamentarier dasselbe Stimmengewicht zukommt.

Legislative Normen entstehen daher in einem rechtlich vorgegebenen komplexen Diskussions-, Bearbeitungs- und Abstimmungsverfahren. Auf Bundesebene fällt dies in die Zuständigkeit des Bundestags und Bundesrats, auf Landesebene der Landtage. Die Bundes- und Landesregierungen haben dabei nur die Möglichkeit, eine Gesetzesvorlage ins Parlament zu bringen.

**(2) Reales Gesetzgebungsverfahren**

Natürlich werden in der Realität die formellen Vorgaben eingehalten, aber es ist fraglich, ob **auf inhaltlicher Ebene wirklich der Wille des Volkes bzw. aller Abgeordneten** zum Ausdruck kommt oder zumindest repräsentativ berücksichtigt wird:

- Da sich nicht jeder Volksvertreter in allen gesetzlich geregelten Gebieten auskennen kann, werden Gesetze typischerweise in Kommissionen vorbereitet, in denen Fachleute sitzen. Im Plenum erfolgt die Abstimmung dann weitestgehend aufgrund der politischen Mehrheitsverhältnisse **(Fraktionszwang).**
- In den abschließenden Plenardebatten können noch Änderungsanträge eingebracht werden, die gelegentlich auch **„überraschende“** Inhalte haben, und die dann manchmal Gesetzeskraft erlangen, ohne dass sie ernsthaft diskutiert worden wären.
- In komplexen Materien werden die Gesetzesentwürfe zwar von Parlamentariern eingebracht, aber inhaltlich sind die ersten Entwürfe (**„Referentenentwürfe“**) in Ministerien oder Parteizentralen entstanden und werden von der Regierung (politisch) „beschlossen“, bevor das Gesetzgebungsverfahren überhaupt erst beginnt.
- Typischerweise wird im Vorfeld wichtiger Gesetzesvorhaben allen interessierten gesellschaftlichen Akteuren die Gelegenheit gegeben, ihre Meinung dazu zu äußern. Diese Einflussnahme auf die Politik (Regierung und Parlament) ist unproblematisch, sofern sie offen und transparent erfolgt. In der Praxis wird jedoch regelmäßig versucht, durch nicht erkennbares Lobbying Einfluss auf Inhalte zu nehmen. Um ein Mindestmaß an Transparenz hinsichtlich der aktiven Interessenvertreter zu erhalten gibt in der EU, auf Bundesebene und in manchen Bundesländern **Lobbyregister,** die jedoch unterschiedlich repräsentativ und aussagefähig sind (z. B. werden keine konkreten Lobbyaktivitäten erfasst).

Dies **führt insgesamt insbesondere dazu,** dass

- der Grundsatz der demokratischen Willensbildung und der Gewaltenteilung ausgehöhlt wird, weil die Exekutive (oder sogar Dritte) letztlich den Inhalt der gesetzgebung stark beeinflussen oder bestimmen kann,
- der „Wille des Gesetzgebers“ keineswegs immer klar erkennbar ist, weil die in den Bundestagsdrucksachen niedergelegten Aussagen oft nicht vollständig und/oder widerspruchsfrei wiedergeben, was der Gesetzgeber eigentlich gewollt hat.

### d) Normative Kraft des Faktischen

„Rechts-Gesetze“ können selbstverständlich keine „Natur-Gesetze“ außer Kraft setzen, aber auch Gesellschaften und soziale Veränderungen lassen sich nur in bestimmten Grenzen durch das Recht steuern (s. hierzu Kap. 7). Gesetze können also keine Tatsachen ungeschehen machen und sich auch nur selten gegen Mehrheitsmeinungen in der Bevölkerung durchsetzen, selbst wenn sachlich Letztere fehlgeleitet sind.

Wenn also eine Normierung (oder der Versuch einer solchen) so spät kommt, dass hierdurch zwischenzeitlich geschaffene Fakten nicht mehr substanziell verändert werden können, dann entwickeln in gewissem Sinne Letztere eine normative Kraft. Dies kann dann auch argumentativ oder strategisch eingesetzt werden, um Gesetzgebungsaktivitäten zu verhindern.

*Beispiel:* Bei den Diskussionen über Fahrverbote wegen Verletzung der Luftreinhaltungsvorschriften, insbesondere infolge von Dieselabgasen, wurde immer wieder argumentiert, dass diese Fahrverbote so gravierende faktische Konsequenzen hätten, dass man diese nicht durchsetzen könne und lieber die Emissionsgrenzwerte anpassen solle.

Manche Dienste (wie z. B. Handyfunk, Street View, Uber) wurden mit solcher Macht eingeführt/umgesetzt, dass die meisten Nutzer nicht mehr hierauf verzichten wollten, bevor der Gesetzgeber überhaupt klären konnte, ob hier Regulierungsbedarf bestand.

Dies zeigt auch, dass es eine Herausforderung für den Gesetzgeber darstellt, sowohl Menge als auch Geschwindigkeit der technischen und gesellschaftlichen Veränderungen adäquat zu verarbeiten.

## 3. Rechtsprechung

### a) Einleitung

Im zweiten Kapitel wurde die Rechtsprechung (im Sinne der Summe aller Urteile) als indirekte Quelle objektiven Rechts behandelt. Genau genommen handelt es sich dabei allerdings nur um einen Nebeneffekt, denn die Rechtsprechung dient in erster Linie dazu, konkrete Rechtsstreitigkeiten im Einzelfall zu klären und dem Recht konkret zur Geltung zu verhelfen.

Als **Ursachen für vor Gericht ausgetragene Streitigkeiten** kann man typischerweise drei Konstellationen unterscheiden:

- Streit über die **Rechtslage:** Der Begriff des „Rechtsstreits“ suggeriert, dass diese Ausgangslage die häufigste Fallkonstellation darstellt. In der Praxis ist sie aber nicht vorherrschend, sondern sie kommt typischerweise nur bei fehlender oder unklarer gesetzlicher Grundlage vor. Die hieraus ergehenden Urteile sind dann überwiegend jene, die zur Rechtsfortbildung beitragen (s. Kap. 2. II. 2).
- Streit über den **Sachverhalt:** Diese Fälle dominieren in der Praxis, und hier spielt das Beweisrecht eine wichtige Rolle (s. Abschn. III. 3 hiernach).
- Einfache **Rechtsübertretungen:** Die Gründe hierfür sind vielfältig, von der einfachen Unkenntnis über Affekthandlungen oder faktischer Zahlungsunfähigkeit bis zur kühl kalkulierten Normverletzung. Hier ist es grundsätzlich Aufgabe des Staates, für Recht und Ordnung zu sorgen, zumindest im öffentlich-rechtlichen und strafrechtlichen Bereich. Im Privatrecht obliegt dies den beteiligten bzw. betroffenen Rechtssubjekten.

In unserem Rechtssystem ist die **Judikative** dazu berufen, Recht zu sprechen (s. Kap. 2), und zwar in rechtlich geordneten Verfahren, über deren Art sowie Sinn und Zweck man sich jedoch im Klaren sein sollte (s. Abschn. b). Ihren Einfluss als Rechtserkenntnisquelle üben Urteile dadurch aus, dass vielen von ihnen publiziert werden (s. c). Hierbei spielen die sogen. Leitsätze eine wichtige Rolle (s. d).

## b) Gerichtsverfahren

**(1)** Das Recht wird in den hiervor skizzierten Streitfällen in Gerichtsverfahren (Prozessen) durchgesetzt, in deren Rahmen unabhängige Richter urteilen, wer Recht bzw. Unrecht hat, und die sich aus dem objektiven Recht und ggf. subjektiven Rechten ergebenden Rechtsfolgen festlegen. Diesen Teil des Verfahrens nennt man **Erkenntnisverfahren,** welches sowohl der *Wahrheitsfindung* (Sachverhaltsaufklärung) als auch der *Rechtsfindung* (Klärung von Rechtsfragen) dient.

Das Verfahren ist dabei nicht per se darauf angelegt, Gewinner und Verlierer zu produzieren. Dort wo dies sinnvoll ist, unterstützt der Richter die Parteien daher bei der **Suche nach einem Vergleich,** was ihm auch die Last der Entscheidung bei nicht eindeutig klärbaren Sachverhalten und/oder Rechtsfragen abnimmt. Wenn die Parteien sich nicht gütlich einigen, ist der Richter allerdings **immer verpflichtet, ein Urteil zu fällen**. Dabei muss er aber nicht zwingend der einen oder anderen Partei vollumfänglich Recht geben, sondern er kann auch zu einem nuancierten Urteilsspruch gelangen.

**(2)** Es sind die **Verfahrensrechte** aller Beteiligten zu respektieren, selbst wenn die Ausübung dieser Rechte die Entscheidungsfindung behindert, denn im Rechtsstaat gibt es keine Wahrheitsfindung um jeden Preis.

*Beispiele:* Zeugnisverweigerungsrecht der Angehörigen einer Partei; Schweigerecht des Angeklagten im Strafprozess.

Ein Prozess dient nicht nur der Herstellung materieller Gerechtigkeit (gemäß dem materiellen Recht), sondern auch den Zielen des Rechtsfriedens und der Rechtssicherheit (s. Kap. 9), und hier spielt das formelle Recht eine wichtige Rolle. Zwar gibt es die Möglichkeit, Rechtsmittel gegen ein Urteil einzulegen, aber am Ende des Gesamtverfahrens steht immer die formelle und materielle Rechtskraft (zur Rechtskraft s. Kap. 2. II. 2).

**(3)** In den **Kollegialgerichten,** also dort, wo mehrere Richter das Urteil fällen, ist bei Uneinigkeit der Richter die Stimmenmehrheit entscheidend. Es wird dann aber nur die **Mehrheitsmeinung** verkündet und veröffentlicht. Gemäß § 43 DRiG hat dabei jeder Richter *„über den Hergang bei der Beratung und Abstimmung auch nach Beendigung seines Dienstverhältnisses zu schweigen"*.

*Eine Ausnahme hierzu bildet das **Bundesverfassungsgericht:*** Die Mitglieder eines Senats, die mit einer Entscheidung der Mehrheit nicht einverstanden sind, können ihre **abweichende Meinung** in einem **Sondervotum** darstellen. Es wird namentlich gekennzeichnet und der Entscheidung angefügt (§ 30 Abs. 2 BVerfG. Dies wird auch nach dem angelsächsischen Vorbild *dissenting opinion genannt).*

**(4)** Das gefällte Urteil ist dann Grundlage für die geordnete Inanspruchnahme staatlichen Zwanges im **Vollstreckungsverfahren.** Der Zwang wird im Zivilprozess durch Gerichtsvollzieher ausgeübt, die ihrerseits notfalls die Unterstützung der Polizei beanspruchen können. Im Strafprozess wird das Urteil mit polizeilicher Hilfe vollstreckt (z. B. wenn der Verurteilte sich nicht zum Strafantritt stellt) (s. auch Abschn. III. 4 hiernach).

### c) Publikationspraxis

Im Gegensatz zu den allgemeinverbindlichen Rechtsnormen, bei denen die Veröffentlichung Voraussetzung für die Entfaltung ihrer Rechtswirkung ist, besteht **keinerlei Veröffentlichungspflicht** für gerichtliche Entscheidungen.[1] Diese werden zwar grundsätzlich öffentlich verkündet, aber nicht durch Publikation allgemein zugänglich gemacht, sondern nur den Parteien zugestellt, da sie nur für diese eine rechtlich bindende Wirkung besitzen.

Dennoch werden in Deutschland von den gefällten Urteilen pro Jahr mehrere zehntausend der Öffentlichkeit durch Abdruck in Entscheidungssammlungen und Zeitschriften oder Aufnahme in Datenbanken vollständig oder auszugsweise zugänglich gemacht.

**Zur Veröffentlichung gelangen** dabei vor allem jene Entscheidungen,

- die Rechtsfragen betreffen, bei denen die Rechtslage (z. B. wegen lückenhafter bzw. unpräziser Gesetzgebung oder unterschiedlicher Rechtsauffassungen der Gerichte) nicht eindeutig geklärt ist,
- die als erste zu neuen Rechtsproblemen Stellung beziehen,
- bei denen von der früheren Entscheidungspraxis abgewichen wird, und/oder
- die von besonderer sozialer oder wirtschaftlicher Bedeutung sind,

vor allem, wenn sie von den **Bundesgerichten** stammen. Entscheidungen **unterer Instanzen** werden dagegen weitaus seltener veröffentlicht, obschon sie gerade in neueren Rechtsgebieten, zu denen es noch keine höchstrichterliche Rechtsprechung gibt, besonders wichtig sind.

Für die **Auswahl der veröffentlichten Urteile** ist nicht nur ihre rechtliche Tragweite entscheidend, sondern auch das Interesse und die Initiative von Richtern, Anwälten und Parteien, Urteile bekannt zu machen, sowie letztlich die Entscheidung der Herausgeber der Veröffentlichungsmedien. Zu beachten ist zudem, dass veröffentlichte Urteile möglicherweise redaktionell bearbeitet sind. Dies betrifft vor allem das Voranstellen von Leitsätzen (s. Abschn. d), aber auch andere Aspekte. Häufig wird z. B. der Tatbestand gekürzt oder überarbeitet, aber auch an die Entscheidungsgründe wird oft „Hand angelegt", etwa durch Kürzungen, Hervorhebungen (verschiedene Schriftarten) oder Zwischenüberschriften.

---

[1] Mit Ausnahme jener Entscheidungen des Bundesverfassungsgerichts mit Gesetzesänderungswirkung, die gemäß § 31 BVerfGG im *Bundesgesetzblatt* veröffentlicht werden müssen.

Diese Veröffentlichungsgewohnheiten können ggf. zu einem **verzerrten Bild der tatsächlichen Urteilspraxis** führen, da vor allem ausgefallene bzw. abweichende Entscheidungen Interesse wecken und deshalb konforme Entscheidungen wegen ihres geringen Aufmerksamkeitswertes im Verhältnis dazu weitaus seltener zur Veröffentlichung kommen.

Die in umfangreichem Maße in **seriösen Datenbanken** erfassten Gerichtsentscheidungen sind nicht nur hinsichtlich ihrer **Authentizität** zweifelsfrei, sondern auch typischerweise weniger oder gar nicht redaktionell bearbeitet. Das Gleiche gilt für die von zahlreichen Gerichten auf eigenen Webseiten ins Netz gestellten Entscheidungen. Bei von privater Seite publizierten Urteilen ist jedoch immer eine Kontrolle erforderlich, ob das Urteil überhaupt gefällt wurde und der veröffentlichte Text ihm auch entspricht.

### d) Leitsätze

(1) Den meisten veröffentlichten Urteilen werden **Leitsätze** vorangestellt, und manche werden überhaupt nur als Leitsätze veröffentlicht. Diese betreffen in aller Regel Streitfälle über Rechtsfragen und **sollen Rechtsansichten des Gerichts so zusammenfassen, dass sie die Form eines Rechtssatzes annehmen,** obschon Urteile im Regelfall keine über die Entscheidung des konkreten Einzelfalls hinaus reichende rechtliche Wirkung entfalten, auch wenn die Formulierung dies ggf. suggeriert.

Leitsätze sind das **Resultat einer redaktionellen Bearbeitung eines Urteils,** das als solches keine Leitsätze enthält, sondern einen Urteilsspruch. Verfasst werden sie entweder von den an der Entscheidung beteiligten Richtern (so zumeist, wenn die Richter selbst die Veröffentlichung veranlassen), von der Pressestelle des betreffenden Gerichts, vom Einsender der Entscheidung (so bei vielen Fachzeitschriften) oder von der Redaktion der die Entscheidung veröffentlichenden Fachzeitschrift oder Datenbank selbst. In keinem dieser Fälle ist jedoch gewährleistet, dass dabei die Rechtsansicht des Gerichts korrekt wiedergegeben wird.

(2) Wenn es auf die **genaue rechtliche Aussage** eines Urteilsspruchs ankommt, sind grundsätzlich sowohl der streitige Sachverhalt als auch die Urteilsgründe neben dem Tenor sorgfältig **zu berücksichtigen:**

- Der **Sachverhalt** ist wichtig, weil sich nur aus ihm die exakte Bedeutung der Entscheidungsgründe konkretisieren lässt und damit letztlich auch die Tragweite der daraus abgeleiteten Leitsätze.
- Bei den Gründen ist zu unterscheiden zwischen den **tragenden Gründen** einer Entscheidung und einer nur anlässlich der Entscheidung geäußerten sonstigen Rechtsansicht ***(obiter dictum).*** Die Leitsätze beziehen sich regelmäßig nur auf die tragenden Gründe, die insofern auch den „Rechtsquellencharakter" einer Entscheidung ausmachen. Obschon nicht zur Sache im betreffenden Urteil, kann ein *obiter dictum* jedoch bereits die angedachte Entwicklung in anderen, späteren Entscheidungen andeuten.

Im Übrigen ist es oft hilfreich, bei einer höchstrichterlichen Entscheidung auch das Urteil der Vorinstanz zu Rate zu ziehen, etwa wenn der tatsächliche Hintergrund eines Streits relevant ist oder die (abweichende) rechtliche Argumentation der Vorinstanz im Einzelnen nachvollzogen werden soll.

## II. Das Anwenden und Gestalten des Rechts

Die Anwendung des Rechts, nicht nur durch die Gerichte, sondern auch durch die Rechtssubjekte, beinhaltet zahlreiche Aspekte, aufgrund derer deutlich wird, dass die Rechtsanwendung, sofern sie über einfache Problemstellungen hinausgeht, trotz der Ordnung des Rechts **keineswegs eine Mechanik** mit eindeutig vorhersehbarem Ergebnis darstellt, **sondern zahlreiche Freiheitsgrade** beinhaltet:

Das gilt insbesondere bei Fragestellungen, bzgl. derer **Rechtsunsicherheit herrscht**, die sich sowohl auf die Bedeutung des objektiven Rechts als solchem beziehen als auch aus der Art und Weise dessen Anwendung auf Einzelfälle resultieren kann.

Nicht nur Entscheider bzw. Rechtsanwender, sondern auch die Rechtssubjekte als Betroffene können diese Unklarheiten als **Gestaltungsspielräume** nutzen, um die Rechtsanwendung in ihrem Sinne zu beeinflussen. Denn Gesetzesanwendung ist in vielen Fällen auch subjektiv geprägte und interessengeleitete Handhabung und Gestaltung des Rechts.

Die Ansatzpunkte hierfür liegen letztlich in der Anwendungsmethodik und vor allem der Auslegung der Rechtsquellen in Verbindung mit der Nutzung von Argumentationstechniken. Dies wird im Folgenden näher ausgeführt.

### 1. Anwenden und gestalten

**(1)** Die juristische Tätigkeit besteht im Kern darin, Rechtsnormen auf zu bewertende Sachverhalte anzuwenden und hieraus Rechtsfolgen abzuleiten. Dies wird meist mit dem **klassischen, von der Logik geprägten, Subsumtionsmodell** dargestellt:

*Rechtsnorm* (Tatbestand bzw. Voraussetzungen)= > Rechtsfolge (= Obersatz)
Sachverhalt (= Untersatz)
*Rechtsfolge* (= Schlussfolgerung)

Die entscheidungsrelevante Norm definiert im Tatbestand die Voraussetzungen für eine ebenfalls festgelegte Rechtsfolge. Aus der Gegenüberstellung von Tatbestand und Sachverhalt wird dann logisch abgeleitet, ob die Rechtsfolge eintritt oder nicht.

Ein Richter oder Staatsanwalt arbeitet dabei aus einer ***ex post*-Perspektive,**[2] d. h. der Sachverhalt ist abgeschlossen und die Norm gegeben, und durch die Rechtsanwendung wird ein „Fall" erledigt.

[2] *Ex post* = nachträglich, im Nachhinein; *ex ante* = vorab, im Vorhinein.

Ein außerhalb der Justiz tätiger Jurist wird zwar auch immer wieder bereits abgeschlossene Sachverhalte bearbeiten müssen. Seine besondere Aufgabe (und Herausforderung) besteht jedoch darin, aus der ***ex ante*-Sicht** vorausschauend zu agieren, um bestimmte Ziele zu erreichen, Probleme zu vermeiden, Handlungsoptionen zu eröffnen usw., kurz: zu gestalten.

In beiden Fällen werden ausgehend vom Sachverhalt relevante Normen gesucht, angewendet und hieraus Rechtsfolgen abgeleitet. In der **Theorie** handelt es sich dabei um eine lineare, analytisch-deduktive Vorgehensweise, die weitgehend schematisch abläuft.

(2) In der **Praxis** kann die juristische Anwendungsarbeit aber von diesem Modell erheblich abweichen:

- Es liegt oft kein Rechtsproblem vor, weil die anwendbare Norm unstrittig ist, sondern die Sachverhaltselemente sind entscheidend. Diese Fakten sind jedoch nicht immer einfach zu erheben (s. Abschn. III) oder zu verstehen.
  *Beispiel*: Technikrecht, Finanzmarktrecht.
- Die Würdigung der Fakten unterliegt häufig auch subjektiven Wertungen.
  *Beispiel*: Bei Haftungsfragen ist oft zu differenzieren, ob eine ein Verhalten nicht mehr nur einfach, sondern grob fahrlässig ist. Hierfür gibt es keinen objektiven Standard.
- Die Rechtsanwendung erfolgt durch ein Hin- und Her-Wandern des Blicks nicht nur zwischen Normgefüge und Sachverhaltselementen, sondern auch mit einem „Schielen“ auf die möglichen Rechtsfolgen, d. h.: Normauslegung, Sachverhaltsermittlung und Argumentation werden häufig vom Ergebnis her gedacht und sind nicht Ergebnis eines Prozesses, in dem die einzelnen Schritte „blind“ für das Ergebnis aneinander gereiht werden.

Kombiniert man diese Aspekte mit den Freiheitsgraden in Auslegung und Argumentation (s. hiernach), ergeben sich Gestaltungsräume, die es bei einem mechanischen Verständnis nicht gibt bzw. geben dürfte.

Darüber hinaus sind **Richter** auch schon deshalb **keine „Subsumtionsautomaten“,** weil sie Menschen sind und als solche eine soziale und psychische Prägung sowie „private“ Überzeugungen und Werte besitzen, die als „Vorverständnis“ den gesamten Arbeitsgang bewusst oder unbewusst beeinflussen. Auch die Erwartungen der Rechtsgemeinschaft (z. B. sich der herrschenden Meinung oder der höchstrichterlichen Rechtsprechung anzupassen) oder unter Umständen der öffentlichen Meinung bzw. Medien (z. B. bei publikumswirksamen Strafprozessen) wirken sich (mehr oder weniger unbewusst) auf das Verhalten der Berufsjuristen aus.

Die **Perspektive der Gestalter** (die keineswegs Juristen sein müssen) besteht sogar im Kern darin, die sich bietenden Freiräume bewusst zielorientiert zu nutzen. Je nach strategischer Ausrichtung kann dies sogar die bewusste Inkaufnahme möglicher Rechtsverletzungen als Handlungsoption für Sachverhaltsgestaltungen umfassen.

## 2. Auslegen

Das Recht ist ein sprachliches Phänomen (s. Kap. 1, Abschn. III) und alle Rechtstexte, aber auch Sachverhaltsbeschreibungen, bedürfen immer wieder auch einer Auslegung, um zu klären, was genau damit gemeint oder bezweckt ist.

In erster Linie geht es dabei um die **Auslegung von Normen**. In der **Rechtswissenschaft** wird diesbezüglich i. W. ein begrenzter **„Kanon" von vier Auslegungsmethoden** propagiert:

- Die **grammatische Auslegung** geht vom Wortlaut eines Textes oder häufiger eines bestimmten Wortes aus, um dessen Sinn zu ergründen. Soweit es hierfür keine Legaldefinition gibt, werden fachsprachlich etablierte Definitionen oder Deutungen verwendet, die aus dem Rechtsbereich oder dem regulierten Sachgebiet stammen. Notfalls wird auch die umgangssprachliche Bedeutung zu Rate gezogen.
- Die **systematische Auslegung** beruht auf dem Grundgedanken, dass Normen und ihre Bedeutung immer mit der Gesamtrechtsordnung in Einklang stehen sollten. Es geht also darum, den Bedeutungszusammenhang in einem weiteren Kontext des relevanten rechtlichen Umfelds widerspruchsfrei zu verorten.
- Die **historische Auslegung** ist bemüht, sinnvolle Hinweise aus den Vorarbeiten zum Rechtstext oder ggf. aus Vorläufernormen zu gewinnen.
- Die **teleologische Auslegung** versucht, die Bedeutung aus Sinn und Zweck einer Norm abzuleiten. Dabei steht der Wille bzw. die Absicht des Gesetzgebers im Mittelpunkt (*ratio legis*), oder – wenn dieser nicht ermittelbar ist, z. B. weil zum Zeitpunkt der Verabschiedung einer Norm aktuell zu bewertende Sachverhalte noch nicht bekannt waren – welchen „vernünftigen" Zweck ihr unter den derzeitigen Bedingungen gegeben werden kann.

In der **Praxis** gibt es zahlreiche weitere (z. T. rechtsgebietsspezifische) Methoden, aber nur wenige spezifische verbindliche Regeln, welche wann zum Einsatz kommen darf oder soll. Entsprechend groß sind die Freiheitsgrade, die hieraus resultieren und die gelegentlich zu grundlegenden Rechtsprechungsänderungen trotz unveränderten Gesetzestextes selbst durch die höchstinstanzlichen Gerichte führen.[3] Insbesondere abstrakt oder generalklauselmäßig formulierte Normen sind Einfallstore für Änderungen des Rechts durch Berücksichtigung eines sich wandelnden gesellschaftlichen Umfelds und/oder individueller Wertungen der Rechtsanwender.

## 3. Argumentieren, begründen und rechtfertigen

Angesichts der vorstehenden Erkenntnisse stellt sich die Frage, wieso Rechtsanwendung und -gestaltung letztlich dennoch nicht zu einem willkürlichen Gemenge von

[3] Auch die Rechtsprechung in der Zeit des Nationalsozialismus hat gezeigt, dass oft selbst bei identischen Gesetzestexten diametral entgegengesetzte Auslegungen möglich waren.

kasuistischen (einzelfallbezogenen) Entscheidungen führen, sondern im Großen und Ganzen nach den Prinzipien der in Teil I dargestellten Statik funktionieren.

Dies hängt entscheidend damit zusammen, dass Rechtsprechung, Rechtswissenschaft und auch die Rechtsanwender, wenn sie die angesprochenen Freiheitsgrade nutzen wollen, durch die **Qualität ihrer Argumente** überzeugen müssen. Obschon die Argumentationstechniken formal betrachtet die Freiheitsgrade noch beträchtlich erhöhen, ermöglichen sie eine Überzeugungsarbeit bei der restlichen Rechtsgemeinschaft, die ihre Positionen und Entscheidungen zumindest als „vertretbar" (oder plausibel) und damit akzeptabel erscheinen lassen.

Es ist die **überzeugende Begründung,** welche eine Mehrheit an Zustimmung generiert, die letztlich dafür sorgt, auch schwierige Rechtsfragen zufriedenstellend beantworten zu können, ohne dass der Gesetzgeber eingreifen müsste. Dies erfordert allerdings oft einen längeren Diskussions- und Entwicklungsprozess, während dem die Rechtssubjekte mit einer unklaren Rechtslage leben müssen.

Argumentation und Begründung nehmen oft auch die Form der **Rechtfertigung** eines Zustands oder einer Handlung bzw. Entscheidung an. *De lege lata* geht es bei der Rechtfertigung um den Nachweis der **Legalität,** d. h. der Gesetzeskonformität, *de lege ferenda* häufig um **Legitimität,** d. h. einer Begründung mit Verweis auf eine andere (aber als relevant und überzeugend erachtete) Autorität. Letztere kann beispielsweise die Rechtslage in einer anderen Rechtsordnung oder in einer naturrechtlichen Perspektive sein, aber auch die Berufung auf religiöse, wissenschaftliche usw. Quellen, Traditionen oder Expertenmeinungen.

## III. Recht haben und Recht bekommen

### 1. Einleitung

Schon in Kap. 3 wurde darauf hingewiesen, dass das **Innehaben von (subjektiven) Rechten** nicht automatisch bedeutet, dass Rechtspositionen auch tatsächlich **anerkannt** werden. Vielmehr liegt oft ein **aufwendiger Weg** zwischen der subjektiven Überzeugung, dass man ein bestimmtes **Recht hat,** über den Nachweis der Tatsachen, aus denen sich diese Rechtspositionen herleiten lassen, bis hin zur (ggf. auch gerichtlichen) Bestätigung und schließlich der (ggf. auch zwangsweisen) Durchsetzung der zuerkannten Rechtsposition gegenüber anderen Rechtssubjekten, d. h. dass man auch **Recht bekommt.**

Der Zugang zum Recht – bzw. genauer: zum Gerichtssystem – und der lange Atem, den man benötigt, ein einmal angestrengtes Verfahren auch bis zum Ende durchzuziehen,[4] erfordern finanzielle, aber auch zeitliche und emotionale Ressourcen. Ein möglicher (privater) Kläger wird sich demnach überlegen und abwägen, ob sich der Streitgegenstand und der Streitwert angesichts des zu erwartenden Aufwands lohnen. Fügt man dem die sonstigen Unwägbarkeiten der Rechtsauslegung

[4] Vor allem, wenn Verfahren sich über mehrere Instanzen hinziehen. Dies kann mehrere Jahre dauern.

und -anwendung sowie die möglichen verfahrensmäßigen Stolpersteine hinzu,[5] kommt es nicht selten dazu, dass der Rechtssuchende auf eine Klage verzichtet.

Zudem kann es aus taktischen Gründen (z. B. Streit mit Familienmitgliedern, Nachbarn oder Geschäftspartnern) ratsam sein, ein streitiges Verfahren zu vermeiden, da dieses typischerweise im Ergebnis Gewinner und Verlierer produziert, was den weiteren Verlauf des Zusammenlebens dauerhaft erschweren kann. Es ist daher in vielen Fällen ratsam, eine **Streit- bzw. Problemlösung durch Verhandlung und Vergleich** anzustreben. Dies ist auch nach Einleitung eines Gerichtsverfahrens noch möglich (s. Abschn. 5 zur alternativen Streitbeilegung).

Schließlich ist im vorliegenden Zusammenhang daran zu erinnern, dass defensive **Präventivmaßnahmen** – sowohl auf rechtlicher als auf tatsächlicher Ebene – in aller Regel eine lohnende Investition darstellen, um den hiernach ausführlicher beschriebenen Problemen des Recht-Bekommens zu entgehen. Allerdings werden Letztere unter Umständen auch **aggressiv** zu eigenen Gunsten genutzt: Wenn nämlich jemand rechtliche oder tatsächliche Fakten schafft und darauf vertraut, dass andere Rechtssubjekte dies aus den hiervor zitierten Gründen lieber hinnehmen als sich rechtlich zur Wehr zu setzen.

## 2. Zugang zum Recht bzw. zum Gericht

Der Zugang zum Recht bzw. einem effektiven Rechtsschutz steht in einem Rechtsstaat grundsätzlich jedem Rechtssubjekt offen.[6] In der praktischen Anwendung gibt es jedoch **Hindernisse** und Einschränkungen, die diesen Zugang erheblich erschweren können.

### a) Rechts(un)kenntnis und Beratungszwang

Wer Rechte geltend machen möchte, muss erst einmal wissen, dass er solche überhaupt besitzt. In kleinen Teilbereichen mag dieses **Wissen** für den Durchschnittsbürger gegeben sein, darüber hinaus ist er aber auf **Beratung** angewiesen. Bei Großunternehmen mit eigener Rechtsabteilung ist dies zwar insofern grundsätzlich anders, als hier i. d. R. großes Know-how vorhanden ist. Allerdings agieren Unternehmen auch in einem weitaus komplexeren (häufig internationalen) Umfeld, sodass auch diese in vielen Fragen eine spezialisierte fachliche Beratung benötigen.

Zuständig für die fachliche rechtliche Beratung sind grundsätzlich die **Rechtsanwälte** bzw. in Spezialbereichen die in Kap. 5 erwähnten berufsreglementierten **Rechtsdienstleister.** Das **Rechtsdienstleistungsgesetz** erlaubt in Teilbereichen auch Verbänden, Vereinen, Gewerkschaften oder Einzelberatern außergerichtlichen Rechtsrat durch Personen erteilen zu lassen, die keinem der vorerwähnten Berufsstände angehören.

[5] Diese Unwägbarkeiten haben zu dem Spruch geführt: *„Vor Gericht und auf hoher See ist man in Gottes Hand.“*

[6] Vorausgesetzt natürlich, es verfügt tatsächlich über einklagbare Rechte.

Durch das Internet sind heute weitaus mehr rechtliche Informationen zugänglich als dies früher der Fall war. In welchem Maße dies aber zu einer Verbesserung bzw. „Demokratisierung" des Zugangs zum Recht führen kann, wird auch davon abhängen, in wieweit individualisierte Dienstleistungen online (und typischerweise softwaremäßig abgewickelt) angeboten werden (dürfen). Die diesbezüglichen bereits realisierten Entwicklungen in Sachen *„legal tech"* weisen jedenfalls in diese Richtung.

Sofern es über die Beratung hinaus „ernst wird" und zu einem **gerichtlichen Verfahren** kommt, gilt im Übrigen weitgehend **Anwaltszwang**, was dem Schutz rechtsunkundiger Laien, der „Waffengleichheit" vor Gericht (wenn die Gegenpartei anwaltlich beraten wird) sowie der Funktionsfähigkeit der Rechtspflege dient. Es gibt aber auch nennenswerte Ausnahmen zu diesem Grundsatz:

> *Beispiel:* Vor dem Sozialgericht und dem Landessozialgericht können Beteiligte den Rechtsstreit selber führen, vor dem Bundessozialgericht müssen sie sich allerdings vertreten lassen (§ 73 Sozialgerichtsgesetz – SGG).

Ob die Selbstvertretung, selbst wenn sie erlaubt ist, wirklich im Interesse der Rechtsuchenden ist, kann sicher nicht in jedem Fall mit „ja" beantwortet werden. Bei **Strafverfahren** werden daher in Fällen der sogen. „notwendigen Verteidigung" von Amts wegen **Pflichtverteidiger** bestellt, wenn der Beschuldigte noch über keinen von ihm gewählten Verteidiger verfügt (§§ 140 ff. Strafprozessordnung – StPO).

### b) Kosten

**(1)** In einem Rechtsstreit entstehen z. T. erhebliche Kosten für die Inanspruchnahme der Rechtsberatung und des Gerichts.

Zu den **Gerichtskosten** i. w. S. zählen neben den Verfahrenskosten auch Auslagen für Zeugen und Sachverständige. Die **Höhe** der vom Gericht in Rechnung gestellten Kosten ist abhängig vom jeweiligen Streitwert, wobei insbesondere im Sozial- und Verwaltungsrecht pauschalierte Streitwerte gebräuchlich sind.

Zu den **außergerichtlichen Kosten** zählt insbesondere das Anwaltshonorar. Bei Gerichtsverfahren berechnen sich diese typischerweise nach dem Streit- bzw. Gegenstandswert. Einzelheiten regelt das Rechtsanwaltsvergütungsgesetz (RVG). Nur in Ausnahmefällen darf der Anwalt ein Erfolgshonorar vereinbaren (s. im Einzelnen § 49b Abs. 2 BRAO, § 4a RVG). Preisnachlässe dürfen Anwälte nicht geben, wohl aber bei Bedürftigkeit des Mandanten auf Teile von Gebühren und Auslangen verzichten (§ 49b Abs. 1 BRAO).

Die Anwaltskosten **schuldet** der **Ratsuchende selbst** seinem Anwalt. Die obsiegende Partei in einem Gerichtsverfahren kann jedoch in der Regel[7] **von der unterlegenen Partei** die **Erstattung** der **Anwalts- und Gerichtskosten** nach entsprechender Entscheidung des Gerichts verlangen (z. B. §§ 155 ff. VwGO, §§ 91 ff. ZPO). Bei teilweisem Klageerfolg werden die Kosten anteilig aufgeteilt.

---

[7] Dies gilt aber etwa nicht für die erste Instanz der Arbeitsgerichtsbarkeit; dort trägt jede Partei ihre Kosten selbst.

**(2)** Das so entstehende Kostenrisiko für die Parteien eines Rechtsstreits lässt sich durch den Abschluss einer **Rechtsschutzversicherung** absichern. Eine solche Versicherung ist auch deshalb sinnvoll, weil ein Kostenerstattungsanspruch bei einem gewonnenen Prozess dann nichts nützt, wenn der unterlegene Gegner zahlungsunfähig ist.

Solche Versicherungen sind **freiwillige Privatversicherungen** nach dem Versicherungsvertragsgesetz (gehören also nicht zum Bereich der Sozialversicherung). Die Ausgestaltung der Verträge hinsichtlich der abgesicherten Risiken ist sehr unterschiedlich. In der Regel gilt der Versicherungsschutz nur für bestimmte Rechtsrisiken und für Rechtsstreitigkeiten nur, soweit eine „hinreichende Aussicht auf Erfolg" besteht.

**(3)** Für Rechtsuchende mit geringem Einkommen, welche die Kosten für die Beratung oder außergerichtliche Vertretung durch einen Rechtsanwalt nicht aufbringen können und denen keine andere zumutbare Möglichkeit zur Verfügung steht, gibt es als **Sozialleistung Beratungshilfe** durch Rechtsanwälte[8] nach dem Beratungshilfegesetz (BerHG), welches sich an den Regelsätzen des Bundessozialhilfegesetzes orientiert.

**(4)** Außerdem gibt es noch die **Prozesskostenhilfe** (§§ 114-127a ZPO, die analog in anderen Gerichtszweigen angewendet werden). Diese will Parteien, welche die Prozesskosten nicht aufbringen können, die Verfolgung bzw. Verteidigung ihrer Rechte ermöglichen. Einen Anspruch auf Prozesskostenhilfe hat nach § 114 ZPO, wer einen Prozess führen muss, die dafür erforderlichen Kosten nicht aufbringen kann und nach Einschätzung des Gerichts nicht nur geringe Aussichten hat, den Prozess zu gewinnen.

**(5)** Schließlich ist darauf hinzuweisen, dass **Prozessfinanzierung** auch ein Geschäftsmodell von darauf spezialisierten Finanzdienstleistern darstellt. In Abhängigkeit vom Streitwert, dem Risiko und den Erfolgsaussichten übernimmt der Finanzierer die Kosten des Verfahrens und erhält dafür einen zu vereinbarenden Anteil des erzielten Erlöses (Beteiligungsquote). Geht der Prozess ungünstig aus, erhält der Prozessfinanzierer keine Bezahlung. Der Kläger erhält so die Chance, einen berechtigten Anspruch ohne Kostenrisiko einzuklagen.

## 3. Beweise

### a) Einleitung

Ob man nicht nur Recht hat, sondern im Prozess auch Recht bekommt, hängt immer auch davon ab, ob man **beweisen kann, dass die behaupteten Tatsachen wahr sind.** Das **Beweisrecht** ist ein wichtiger **Bestandteil des Prozessrechts.** Es regelt

[8] In Bremen und Hamburg allein, in Berlin zusätzlich von öffentlichen Rechtsberatungen.

insbesondere die Fragen, mit welchen Beweismitteln ein Beweis geführt werden darf und mit welchen Zwangsmitteln Beweise erhoben werden dürfen.

*Beispiele:* Darf im Zivilprozess ein Kläger sich auf die Aussage seiner Ehefrau als Zeugin berufen, und falls ja, muss die Ehefrau als Zeugin aussagen oder steht ihr ein Zeugnisverweigerungsrecht zu? Im Verwaltungsprozessrecht spielt u. a. die Frage eine große Rolle, in welchem Umfang der Bürger als Partei ein Recht auf Einsichtnahme in Akten der Behörde hat.

Das Beweisrecht soll sicherstellen, dass die Wahrheit der Sachverhaltsbehauptungen der Streitparteien ans Licht gebracht werden. Dabei liegt die **Beweislast** grundsätzlich bei jeder Partei hinsichtlich der von ihr behaupteten Tatsachen. In aller Regel bedeutet dies, dass der **Kläger als erster gefordert** ist, weil die Beweislast zunächst bei ihm liegt.

In manchen Fällen würde dies aber zu ungerechten Ergebnissen führen, weil die zu beweisenden Tatsachen im Einflussbereich der anderen Partei liegen. Daher wird in solchen Fällen die **Beweislast umgekehrt,** d. h. der Beklagte muss als Erster Fakten beibringen, die ihn entlasten.

*Beispiel:* Klagt jemand auf Schadensersatz nach § 823 BGB, muss grundsätzlich er selbst beweisen, dass die Haftungsvoraussetzungen der Gegenpartei erfüllt sind. Im Falle einer Schadensersatzklage wegen fehlerhafter Produkte (Produkthaftung) hat die Rechtsprechung die Beweislast in zwei Punkten aber umgekehrt, da der Kläger keine Möglichkeit des Einblicks in die Produktion des Herstellers hat: Es wird widerlegbar vermutet, dass der Fehler im Zuständigkeitsbereich des Herstellers entstanden ist und auch, dass dieser ihn zu vertreten hat.

Das **Strafrecht** bildet insofern eine Ausnahme, als hier die Beweislastverteilung grundsätzlich so ist, dass der Staat die Voraussetzungen für den staatlichen Strafanspruch beweisen muss, d. h. zugunsten des Beschuldigten gilt die **Unschuldsvermutung** (s. Kap. 3. II).

### b) Beweismittel

Es können verschiedene Mittel zum Tatsachenbeweis eingesetzt werden. Diese werden in den Verfahrensgesetzen ausführlich geregelt. Sie werden hiernach anhand des Privatrechts dargestellt (§§ 355-494a ZPO). Zu beachten ist, dass nicht jede Form des Beweises in jedem Verfahren erlaubt ist. Sogenannte **Beweisverbote** sollen z. B. sicherstellen, dass Beweise nur auf legalem Wege gewonnen werden.

*Beispiel:* § 136a Absatz 3 Satz 2 StPO verbietet die Verwertung von Beweismitteln, die durch verbotene Vernehmungsmethoden gewonnen werden (z. B. Misshandlung, Ermüdung oder Täuschung).

**(1)** Der **Zeugenbeweis** ist das wichtigste Beweismittel. Zeugen sind Personen, welche dem Gericht aus **eigener Wahrnehmung** über entscheidungserhebliche Geschehensabläufe oder Tatsachen berichten können. Als Zeugen kommen nur solche Personen in Betracht, die nicht zugleich Prozesspartei sind.
Zeugen sind grundsätzlich zu einer Aussage verpflichtet. Bestimmten Personen steht jedoch ein **Zeugnisverweigerungsrecht** zu (§§ 383 ff. ZPO).[9]

*Beispiele:* Dem Ehegatten einer Partei, auch wenn die Ehe nicht mehr besteht; Geistlichen hinsichtlich der Tatsachen, die ihnen anvertraut wurden.

Um die Wahrheitsneigung der Zeugen zu steigern, kann das Gericht diese **vereidigen.** Sagt der Zeuge unter Eid nicht die Wahrheit, begeht er eine Straftat (Meineid gemäß § 154 StGB)

**(2)** Der **Sachverständige** (Gutachter) ist eine externe Fachperson, die durch ihre besondere Sachkunde das Gericht bei der Sachverhaltsklärung unterstützen soll, wenn die Richter nicht selbst über die notwendige außerrechtliche Sachkunde verfügen.

**(3)** Der **Augenschein** ist die unmittelbare sinnliche Wahrnehmung des Gerichts von der Beschaffenheit einer Sache oder den konkreten Gegebenheiten an einem bestimmten Ort.

**(4)** Der **Urkundenbeweis** erfolgt durch Vorlegung von Urkunden. Als Urkunden gelten alle schriftlichen Äußerungen unabhängig von ihrer äußeren Aufmachung oder ihrem Verwendungszweck. Das Schriftstück muss nicht unterschrieben sein, allerdings erlaubt eine Unterschrift die Zuordnung zu einer Person und erhöht natürlich den Beweiswert. Neben diesen privaten Urkunden sind insbesondere öffentliche Urkunden (z. B. Schriftstücke von Behörden, Notarakte) wichtige Beweismittel.

**(5)** Die **Parteivernehmung** ist möglich, wenn eine Prozesspartei den zu erbringenden Beweis durch andere Beweismittel nicht liefern kann. Sie kann dann beantragen, den Gegner über die zu beweisenden Tatsachen zu vernehmen.

Parteien können auch eine **Versicherung an Eides statt** abgeben (§ 294 Abs.1 ZPO). Es handelt sich um eine gegenüber dem Eid schwächere Form der eindringlichen Bekräftigung einer Behauptung. Falsche Versicherungen an Eides statt werden nach §§ 156 und 163 StGB bestraft.

### c) Verfahrensaspekte

**(1)** Sofern eine Sachverhaltsklärung erforderlich ist, erfolgt diese in der **Beweisaufnahme**, sofern nicht ausnahmsweise ein Beweisverbot vorliegt.

[9] Dies ist nicht zu verwechseln mit dem Aussageverweigerungsrecht eines Beschuldigten selbst im Strafprozess oder bei Ordnungswidrigkeiten, Angaben zu dem zur Last gelegten Sachverhalt machen zu müssen.

In der **Würdigung** der Beweise ist das Gericht frei. Es entscheidet unter Berücksichtigung des gesamten Inhalts der Verhandlungen und des Ergebnisses der Beweisaufnahme **nach freier Überzeugung** darüber, ob es eine Behauptung **für wahr hält oder nicht** (§ 286 Abs. 1 ZPO). Im Urteil sind aber die Gründe anzugeben, die für die richterliche Überzeugung leitend gewesen sind (§ 286 Abs. 1 S. 2 ZPO).

Im Gegensatz dazu steht die von manchen Gesetzen geforderte **Glaubhaftmachung.** Hier darf sich das Gericht mit einem geringeren Grad von Wahrscheinlichkeit begnügen. Besonders große praktische Bedeutung kommt dieser Rechtsfigur im einstweiligen Rechtsschutz zu. Beantragt eine Partei z. B. eine **einstweilige Verfügung** nach § 935 ZPO, genügt es, den Anspruch sowie den Grund für die Eilentscheidung glaubhaft zu machen (§§ 920 Abs. 2, 936 ZPO).

**(2)** Während die Beweisaufnahme im Rahmen eines regulären Prozesses erfolgt, stellt das **Beweissicherungsverfahren** (§§ 485–494a ZPO) ein selbständiges Verfahren dar. Dieses kann in Fällen greifen, in welchen das Abwarten des normalen Prozessablaufs Probleme hervorrufen könnte (z. B. weil Beweismittel verloren gehen könnten).

## 4. Rechtsdurchsetzung

### a) Grundsätze

Grundsätzlich muss sich jedes private Rechtssubjekt zur Durchsetzung seiner Rechte zunächst an die **Gerichte** wenden (Rechtsstaatsprinzip). Diese entscheiden den Streit verbindlich und stellen einen vollstreckbaren Titel aus, sind aber nicht selbst zuständig für die Vollstreckung, die durch Staatsorgane und ggf. unter Anwendung von Zwangsmitteln erfolgt (s. Abschn. c hiernach).

Obschon es demnach in einem Rechtsstaat **kein Faustrecht** geben kann, gibt es in einem engen gesetzlich geregelten Rahmen ausnahmsweise die Möglichkeit, „eigenmächtig“ seine Rechte durchzusetzen (s. Abschn. b).

### b) Eigenmächtige Rechtsdurchsetzung

Die Rechtsordnung erlaubt in bestimmten Umständen Maßnahmen der Selbstverteidigung und Selbsthilfe:

**(1)** Die **Notwehr** berechtigt zum Selbstschutz gegen einen rechtswidrigen Angriff durch einen anderen *Menschen* (§ 227 Abs. 2 1. Alt. BGB), die **Nothilfe** dazu, einem anderen in dieser Situation beizustehen (§ 227 Abs. 2 2. Alt. BGB). Die zivilrechtliche Notwehr in § 227 BGB stimmt mit dem strafrechtlichen Notwehrbegriff in § 32 StGB inhaltlich überein.

**(2)** Im Fall des **Defensivnotstandes** kann sich der Bedrohte gegen eine von einer *Sache* ausgehende Gefahr wehren (§ 228 BGB). Der **Aggressivnotstand** nach § 904 S. 1 BGB berechtigt eine Person in einer Notstandslage zum Eingriff in eine (ihm nicht gehörende) Sache, auch wenn die Gefahr gerade nicht von dieser Sache ausgeht.

**(3)** Die **Selbsthilfe** nach §§ 229–231 BGB soll privatrechtliche Ansprüche sichern helfen. Sie ist ausnahmsweise zulässig, wenn Hilfe durch die Staatsmacht nicht rechtzeitig zu erlangen ist und ohne sofortiges Eingreifen zumindest die Gefahr einer wesentlichen Erschwerung der Verwirklichung eines eigenen Anspruchs droht. Dazu darf als letztes Mittel auch private Gewalt eingesetzt werden, wobei aber immer der Grundsatz der Verhältnismäßigkeit einzuhalten ist.

Gegen verbotene Eigenmacht (d. h. widerrechtliche Entziehung oder Störung von Besitz) darf sich der Besitzer mit Gewalt erwehren (§§ 858–859 BGB).

### c) (Zwangs-)Vollstreckung

**(1) Vollstreckung** bezeichnet den Vollzug von endgültig rechtlich (typischerweise durch Gerichtsurteil) geklärten Rechtspositionen, wenn der Betroffene sich weigert, das Erforderliche vorzunehmen (z. B. eine Zahlung leisten) oder dies nicht selbst tun kann (z. B. Änderung einer Grundbucheintragung). Soweit dabei staatliche Zwangsmittel zum Einsatz kommen, spricht man von Zwangsvollstreckung.

Die Modalitäten unterscheiden sich je nach Rechts- bzw. Gerichtszweig. Im Folgenden sollen die Grundideen anhand des Zivilrechts (Zwangsvollstreckung bei Zivilpersonen untereinander, §§ 704–945 ZPO) veranschaulicht werden.

**(2)** Eine Zwangsvollstreckung setzt immer einen **Vollstreckungstitel** voraus. Dabei handelt es sich typischerweise um eine gerichtliche Entscheidung, die im Rahmen des **Zwangsvollstreckungsverfahrens** als eigenes gerichtliches Verfahren getroffen wurde, meist im Anschluss an ein Erkenntnisverfahren (s. o.).

Daneben können auch Schiedssprüche oder Urkunden bzw. beurkundete Erklärungen vollstreckbare Titel darstellen, wenn aus ihnen durch Gesetz die Zwangsvollstreckung zugelassen ist.

Aus dem Vollstreckungstitel müssen sich Inhalt, Art und Umfang sowie Schuldner und Gläubiger unzweifelhaft ergeben.

**(3) Organe der Zwangsvollstreckung** sind die staatlichen Stellen, deren Aufgabe es ist, den Inhaber des Titels bei der Durchsetzung seiner Rechte zu unterstützen. Neben den Gerichten handelt es sich hierbei typischerweise um Gerichtsvollzieher (s. Kap. 5, II. 4), denen die Vollstreckung übertragen ist, soweit sie nicht den Gerichten zugewiesen ist (§ 753 Abs. 1 ZPO). Der Gerichtsvollzieher ist auch zuständig für die ordnungsgemäße Zustellung des Vollstreckungstitels an den Schuldner, die Voraussetzung für die nachfolgende Zwangsvollstreckung ist.

## 5. Alternative Streitregelung

Die Überlastung und Schwerfälligkeit der Justiz, aber auch die Belastungen eines Gerichtsverfahrens für die Streitparteien, haben dazu geführt, bei privatrechtlichen Streitfällen alternative Streitregelungsmechanismen zu entwickeln, die nicht nur den Parteien entgegenkommen, sondern auch staatlicherseits unterstützt werden.

### a) Außergerichtliche Streitregelung

Es wurde schon erwähnt, dass auch im staatlichen Gerichts- bzw. Streitregelungssystem das Ziel verfolgt wird, Konflikte **gütlich zu regeln,** i. W. durch gerichtliche Vergleiche, die zwischen den Konfliktparteien ausgehandelt werden (Kap. 5. II. 5).

Solche verbindlichen Vergleiche können aber auch vollkommen außerhalb eines Gerichtsverfahrens geschlossen werden und trotzdem zu vollstreckbaren Titeln führen. Es handelt sich hier um eine **privatrechtlich** organisierte und freiwillige Vorgehensweisen, zu denen keine Partei von der anderen gezwungen werden kann

Den staatlichen Gerichten am ähnlichsten sind **private Schiedsgerichte.** Diese entscheiden Streitfälle (weit überwiegend in Wirtschaftsangelegenheiten, vor allem bei grenzüberschreitenden Sachverhalten) auf der Basis von Regeln, über die sich die Parteien einigen bzw. die sie vorgefertigt von einer Schiedsgerichtsorganisation übernehmen. Die Vorteile für die Parteien bestehen in der fachlichen Spezialisierung der Richter, der Zügigkeit des Verfahrens und dem Ausschluss der Öffentlichkeit. Allerdings sind Schiedsverfahren wesentlich teurer als Gerichtsverfahren.

Streitfälle können alternativ aber auch von den Parteien selbst auf dem Verhandlungsweg gelöst werden. Die Erfahrung zeigt jedoch, dass es in vielen Fällen notwendig oder zumindest hilfreich ist, **unabhängige Dritte** einzuschalten, die im Gegensatz zu Richtern den Streit **nicht entscheiden**, sondern die Verhandlungen moderieren, begleiten, fördern usw., damit die Streitparteien eine Lösung finden.

Solche Verfahren werden als **Schlichtung oder Mediation** bezeichnet. Die Mediation ist eine freiwillige Form der Beilegung von Streitfällen, bei der die Beteiligten unter Anleitung eines freiberuflichen Mediators selbst Lösungen für entstandene Konflikte erarbeiten. Mediatoren sind insbesondere in Familien- und Wirtschaftsangelegenheiten aktiv.

Im Gegensatz zum Mediator macht der Schlichter zusätzlich Ergebnisvorschläge, wenn er dies für zweckmäßig hält. Wenn er Anwalt und somit zur Rechtsberatung befugt ist, kann er gleichzeitig auch rechtsberatend tätig sein. Ein Mediator hingegen nimmt typischerweise keinen Einfluss auf das letztendliche Ergebnis.

> *Beispiel:* Bei Tarifverhandlungen bzw. -auseinandersetzungen zwischen Arbeitgebern und Gewerkschaften dienen Schlichtungen dazu, einen Arbeitskampf zu vermeiden oder zu beenden.

In einer ganzen Reihe von Wirtschaftssektoren gibt es fest etablierte **Schieds- und Schlichtungsstellen** (manchmal auch „**Ombudsstellen**" genannt), die vor allem bei Beschwerden von Verbrauchern von diesen (freiwillig) genutzt werden können.

> *Beispiel:* Ombudsstellen im Versicherungswesen, bei Banken und Sparkassen, Anwälten und Architekten usw. (derzeit gibt es in Deutschland ca. 30 solcher Stellen).

### b) Nichtjuristische Streitregelung

Die vorerwähnte außergerichtliche Streitregelung ist in vielen (wenn nicht den meisten) Fällen auch eine nichtjuristische, da hier oft **nicht nach den Maßstäben**

**des Rechts** ein Ergebnis erzielt wird. Allerdings wird in diesen Fällen die Rechtslage „im Hintergrund" eine gewichtige Rolle spielen, da bei nichterfolgreichen Verhandlungen eine Auseinandersetzung (meist mit einem klassischen Gerichtsverfahren) droht. Dies kann im Rahmen der Verhandlungen taktisch eingesetzt werden.

Die nichtjuristische Streitregelung versucht, Modelle zu entwickeln, die **Verhandlungslösungen** (vertraglich im Sinne eines **Vergleichs** geregelt) z. B. aus wirtschaftlichen Argumenten bzw. Anreizen ableiten, d. h. letztlich Methoden aus Managementlehre und Ökonomik zur Anwendung bringen. Aber auch aus anderen Wissenschaftsbereichen (z. B. der Psychologie, Soziologie oder Kriminologie) können Methoden zur Anwendung kommen

# Wirksamkeit des Rechts

Damit das Recht seine Aufgaben erfüllen kann, muss es nicht nur Geltung besitzen (s. Kap. 4. I), sondern auch tatsächlich Wirkung entfalten. Denn wenn es nur auf dem Papier steht, aber nicht „gelebt" wird, mag es eine inspirierende Lektüre darstellen und im Prinzip auch Verbindlichkeit beanspruchen, in der Praxis aber hat seine Nichtbeachtung keine Folgen. Diese Problemlage betrifft vor allem die Gesetzgebung, aber die folgende Darstellung ist weitgehend übertragbar auf alle „echten" Rechtsquellen.

Es gibt verschiedene **Gründe** für die schwache oder fehlende Wirksamkeit von Normen. Diese und die hieraus resultierenden **Folgen** für das Rechtssystem werden in Abschn. I untersucht. Ausgehend hiervon wird in Abschn. II untersucht, welche **Stellschrauben** es gibt, um eine bessere Wirksamkeit zu erreichen.

Grundsätzlich ist es **Aufgabe des Staates,** für die Wirksamkeit des Rechts Sorge zu tragen. Es gibt jedoch auch Tendenzen, diese Aufgabe teilweise in **private oder überstaatliche Hände** abzugeben. Welche Folgen dies für das Funktionieren des Rechts haben kann, wird in Abschn. III veranschaulicht.

Durch die Europäisierung und Internationalisierung nicht nur des Rechts, sondern auch der Lebensbedingungen und Wirtschaftsbeziehungen, sind neue Herausforderungen entstanden, um eine **grenzüberschreitende Wirksamkeit** des Rechts sicherzustellen (s. Abschn. IV).

## I. Bedeutung und Ursachen eingeschränkter Wirksamkeit

### 1. Bedeutung

Um die Relevanz der Thematik zu verdeutlichen, soll zunächst darauf eingegangen werden, welche Folgen die fehlende Wirksamkeit bzw. Beachtung von Normen hat.



B. Bergmans, *System und Grundlagen des deutschen Rechts*, Springer-Lehrbuch,
https://doi.org/10.1007/978-3-662-72724-9_7

## a) Verringerung der Ordnungsfähigkeit

In der Einleitung wurde bereits der Zusammenhang von Recht und Macht angesprochen und die Erzwingbarkeit des Rechts als ein Wesenskern definiert, um im „Ernstfall" Rechtsgehorsam und Befolgung von Rechtsvorschriften durchzusetzen.

Zum einen ist in einem Rechtsstaat **Recht das Maß von (faktischer) Macht,** d. h. es legt fest, wer unter welchen Bedingungen und Formen Macht ausüben darf. Das funktioniert aber nur, wenn dieses Recht auch tatsächlich gegenüber den Mächtigen angewendet und durchgesetzt wird, wobei selbstverständlich auch der Staat selbst zu letzteren zählt. Das bedeutet zum anderen, dass **Recht immer auch Macht sein muss** und Machtausübung impliziert, damit es seine Aufgabe erfüllen kann.

Insoweit Recht keine tatsächliche Wirkungsmacht entfaltet, ist es **„ohnmächtiges"** Recht. Entsprechendes gilt, wenn der Staat als Inhaber des Machtmonopols dieses nicht (adäquat) ausübt. Je nach Rechtsbereich sind die praktischen Folgen von unterschiedlicher Tragweite. Je wichtiger die vom Wirksamkeitsdefizit betroffenen Bereiche, desto mehr wird die Eignung des Rechts als gemeinschaftliches Instrument zur geordneten, friedlichen und sicheren Ordnung des Gesellschaftslebens beeinträchtigt, bzw. die Legitimierung des Staats als hierzu befugte und beauftragte Instanz. Dies kann dazu führen, dass die Rechtssubjekte **eigenmächtig** Spielregeln bestimmen und das Zusammenleben chaotisch wird.

## b) Minderung der Rechtstreue

Das Recht fordert grundsätzlich ein rechtskonformes Verhalten, was man umgangssprachlich auch als Rechtsgehorsam bezeichnen kann.

Der Rechtsungehorsam Einzelner stellt in aller Regel das Funktionieren des Rechts und das staatliche Gewaltmonopol nicht infrage. **Verbreiteter Rechtsungehorsam,** vor allem wenn er bewusst die Rechtsordnung herausfordert, kann jedoch zur Überforderung des staatlichen Apparates bei der Rechtsdurchsetzung führen und eine ernsthafte Gefahr für die Rechtsordnung darstellen.

*Beispiel:* Ein Mörder ist für die Rechtsordnung insgesamt weniger gefährlich als jene Bürger, die ihn in der Überzeugung lynchen, sie seien dazu berufen, weil der Staat nicht für Ordnung sorgt.

Unter Umständen kann aber auch das **Verhalten Einzelner** oder begrenzter Gruppen negative Auswirkungen für die Gesamtrechtsordnung haben, wenn dieses symbolhaft die Machtlosigkeit des Staates und damit die Wirkungslosigkeit des Rechts verdeutlicht.

*Beispiel:* Global agierender Konzerne (oder auch Einzelpersonen) können sich vielfach durch geschickte Rechts- und Sachverhaltsgestaltung dem staatlichen Zugriff entziehen, und selbst wenn es zu einem Prozess kommt, können sie oft noch „den Kopf aus der Schlinge ziehen", und das häufig aus Gründen, die dem Normalbürger nicht verständlich sind.

Eine besondere Bedeutung kommt dem **Verhalten des Staates selbst** zu. Wenn dieser sich nicht rechtskonform verhält und/oder kein rechtskonformes Verhalten einfordert, wirkt sich dies auf die Rechtstreue der Bürger aus, da dem Staat eine besondere **Vorbildfunktion** zukommt.

*Beispiel:* Wenn der Staat das Rechtsstaatsprinzip missachtet (z. B. die Gleichheit vor dem Gesetz), wird dies zwangsläufig als Signal interpretiert, dass dies auch durch die Bürger selbst nicht so ernst zu nehmen ist.

#### c) Beschränkung rechtlicher Gestaltungsmöglichkeiten

Der Staat und auch die Privatrechtssubjekte können ihre **Ziele** nur **verwirklichen** bzw. ihre **Aufgaben erfüllen,** wenn das rechtliche Instrumentarium in der realen Welt seinen Zweck erfüllt.

Hier zeigt sich ein **Dilemma des Staates:** Auf der einen Seite wird von ihm erwartet bzw. gefordert, durch geeignete Gesetzgebung für das Gemeinwohl bzw. den Wohlstand Sorge zu tragen. Auf der anderen Seite soll er aber eine Überregulierung vermeiden, die unnötigerweise die Freiheiten und Entfaltungsmöglichkeiten der Einzelnen einschränkt und Gefahr läuft, nicht umgesetzt werden zu können oder nicht befolgt zu werden.

Es geht daher im Zusammenhang mit der Wirksamkeit von Normen nicht nur darum, diese möglichst effektiv zu verwirklichen, sondern auch darum, ausgehend hiervon vorab die Fragen zu prüfen, ob eine rechtliche Normierung **notwendig, geeignet und verhältnismäßig** zum angestrebten Ziel ist und ob es keine weniger belastenden **alternativen Mittel** zur Zielerreichung gibt.

### 2. Ursachen

Die Ursachen für Wirksamkeitsprobleme können systembedingt sein (s. a–c), sich aber auch aus den Rechtseinstellungen der Rechtssubjekte ergeben (s. d).

#### a) Normierungsdefizite

Wirksamkeitsdefizite können sich zunächst aus Normierungsdefiziten ergeben:

- Es gibt ge- oder verbietende Normen, die keine Sanktionen vorsehen und/oder unklar lassen, wer die Einhaltung dieser Normen in welcher Form überprüfen soll.
- Selbst wenn dies klar ist, gibt es Vorschriften, bei denen von vornherein zweifelhaft ist, ob die Ressourcen des Staates ausreichen, deren Einhaltung zu kontrollieren.
- Es werden manchmal Normen erlassen, deren rechtliche Grundlage (z. B. Verfassungsmäßigkeit) oder Kompatibilität mit anderen Normen nicht geklärt oder sogar von vornherein zweifelhaft ist, sodass *ab initio* (= von Anfang an) unsicher ist, ob diese in dieser Form überhaupt zur Anwendung kommen bzw. einer gerichtlichen Prüfung standhalten werden.
- Es gibt überreglementierte oder schlecht reglementierte Bereiche, die selbst den willigen Rechtssubjekten Probleme in der Befolgung der Vorschriften bereiten und daher Gefahr laufen, ignoriert zu werden.

- Schließlich können auch fehlende Normen Unwirksamkeit produzieren, wenn z. B. nur Grundsätze statuiert werden, die ausführenden Bestimmungen aber fehlen.

Diese Defizite in der Rechtsetzung sind letztlich die Folge schlampiger Gesetzgebungsarbeit, oder öfter das Resultat „ungarer" politischer Kompromisse oder erfolgreicher Lobbyeinflüsse (s. auch Kap. 6. I).

### b) Mehrheiten und Minderheiten

Das Recht gilt zwar grundsätzlich einheitlich für alle Rechtssubjekte, kann gemäß dem **Demokratieprinzip** aber immer von der **jeweils vorherrschenden Mehrheit** gesetzt werden, und diese kann ggf. sehr knapp ausfallen. Die Sicherstellung der Verbindlichkeit des Rechts bedeutet dann, dass das Recht auch jene Mitglieder der Rechtsgemeinschaft, die andere (nicht mehrheitsfähige) Gerechtigkeitsvorstellungen haben, nicht nur binden soll, sondern sie auch davon überzeugen, dass es richtig ist, sich der zum Recht gewordenen Mehrheitsauffassung zu unterwerfen.

Zwar dürfte dies in funktionierenden Demokratien (in denen die Mehrheiten wechseln können) eher möglich sein als unter diktatorischen Verhältnissen, aber in den modernen heterogenen Gesellschaften stellt dies dennoch eine besondere Herausforderung dar.

Je weniger das Recht demnach die **innere Überzeugung der Bürger** abbildet, desto eher **entfremdet** sich die Rechtsordnung von vielen Menschen, desto heftiger wird der Streit darüber geführt, was Recht sein soll, und desto eher werden die Rechtssubjekte sich der Anwendung der Gesetze entziehen wollen. Dies wiederum stellt den Staat vor die Entscheidung, ob, in welchem Maße und in welchen Bereichen er dies hinnimmt bzw. auf Macht und Zwang zurückgreift, um dem Recht Wirkung zu verleihen.

*Beispiel:* Die Impfpflicht und sonstigen Einschränkungen bei der Covid 19-Pandemie haben z. T. wütende Proteste in der Bevölkerung ausgelöst.

Es liegt also in der Natur der Sache, dass es ein ständiges **Spannungsverhältnis** zwischen dem geltenden Recht und der Bereitschaft gibt, sich ihm widerspruchslos unterzuordnen. Dies wird umso eher der Fall sein, als einzelne Gruppen Minderheitsblockaden in Entscheidungsprozessen nutzen können.

Man kann daher sagen, dass Politik auch der Suche nach dem Kompromiss dient, der nicht nur die Rechtsetzung trägt, sondern auch die Rechtsdurchsetzung erträgt.

### c) Gesellschaftliche Dynamik

Das Recht soll zwar das Gesellschaftsleben prägen, aber gleichzeitig spiegelt es selbst die gesellschaftlichen Entwicklungen und Gerechtigkeitsüberzeugungen. Und tendenziell werden Letztere der Rechtsentwicklung vorauseilen. Denn das Recht ist immer das **Recht von gestern,** die gesellschaftlichen Interessengruppen haben aber schon Vorstellungen über das **zukünftige Gesellschaftsmodell.**[1]

---

[1] *„Recht – das bedeutet nur allzu oft, dass die Lebenden von den Toten regiert werden."* (R. Pound)

*Beispiele:* Persönlichkeits- und Datenschutz in Internet und Social Media.

Anderseits kann es sein, dass – je nachdem, welche Mehrheiten zustande kommen – das Recht in Teilbereichen den Überzeugungen von (typischerweise konservativen) Teilen der Gesellschaft **vorauseilt.**[2]

*Beispiele:* Das Rechtsstatut gleichgeschlechtlicher Partnerschaften, die Teillegalisierung des Cannabis-Konsums.

Besonders schwierig wird es, wenn geänderte vorstellungen von Moral, Gesundheitsvorsorge, Freizeitverhalten usw. nicht nur legalisiert, sondern ggf. **als neuer Standard gesetzt oder vorgeschrieben** werden. Auch in diesem Fall steht das Recht, das ja grundsätzlich einheitlich für alle sein soll, vor der Herausforderung, die Überzeugungen möglichst vieler Bürger abzubilden und nicht nur ihren Gehorsam, sondern ihre Zustimmung zu finden.

*Beispiele:* Impfpflicht für Kinder, Vorschriften bzgl. der Heizung in Wohngebäuden.

### d) Sonstige

Die Missachtung von Gesetzen kann auch sonstige Ursachen haben, wie z. B. die ungewollte Normverletzung wegen **Unkenntnis** oder **zu großer Kompliziertheit.**

Kritischer für die Rechtsordnung ist die **Missachtung aus Kalkül:** Wenn der materielle Aufwand der Rechtsbefolgung bzw. die Ersparnis durch eine Rechtsmissachtung (deutlich) größer ist als die zu erwartende Sanktion (gewichtet durch die Wahrscheinlichkeit, „erwischt" zu werden), werden „kühl kalkulierende" Rechtssubjekte ggf. bewusst darauf verzichten, diese zu befolgen.

*Beispiele:* Verkehrsdelikte, Steuerhinterziehung, Arbeitssicherheits- oder Hygienevorschriften.

Auch die gezielte **Ausnutzung der normativen Kraft des Faktischen** trotz entgegenstehender Normen oder bei uneindeutiger Rechtslage, welche Durchsetzungsdefizite oder die Langsamkeit staatlichen Handelns ausnutzt, lässt Normen faktisch unwirksam werden.

*Beispiele:* Handyverbote in Schulen, die nicht durchgesetzt werden, weil sonst alle Schüler sanktioniert werden müssten; Taxidienste durch Privat-Fahrer; flächendeckende Videoaufzeichnung von Straßen und den sie säumenden Privatimmobilien.

Dies führt dazu, dass Normverletzungen nicht vor Gericht gebracht werden, oder dass die Gerichte die Gesetze im Sinne des faktischen Zustands auslegen.

[2] Manchmal sind solche Entwicklungen auch die Folge höchstrichterlicher Rechtsprechung (insbesondere des Bundesverfassungsgerichts). Umgekehrt kann eine „konservative" Rechtsprechung den Gesetzgeber veranlassen, aktiv zu werden.

*Beispiel:* Als die massiven Anleihenkäufe durch die Europäische Zentralbank infolge der Finanz- und Bankenkrise vor Gericht gebracht wurden, waren schon während zwei Jahren Fakten geschaffen worden. Diese finanzpolitischen Maßnahmen nachträglich per Gerichtsurteil als unrechtmäßig zu erklären hätte die Finanzmärkte in ein Chaos gestürzt und ist erwartungsgemäß dann auch nicht geschehen.

## II. Lösungsansätze

Ausgehend von den vorstehenden Feststellungen soll im Folgenden thematisiert werden, welche systematischen Ansatzpunkte es gibt, die Wirksamkeit des Rechts zu erhöhen (s. Abschn. 1), und welche Faktoren hierbei eine besonders wichtige Rolle einnehmen. In der Verantwortung steht hier in erster Linie der Staat, aber auch die Rechtssubjekte können hier ihren Beitrag leisten und ggf. auch durch den Staat aktiv eingebunden werden (s. Abschn. 2–4).

### 1. Grundsätzliche Herangehensweisen

Man kann sich den Maßnahmen zur Sicherstellung bzw. Steigerung der Rechtswirksamkeit grundsätzlich aus **drei Perspektiven** annähern: Der des Handelnden, der Recht setzt, spricht oder exekutiert, der des Adressaten dieser Handlungen, und der des zu erreichenden Wirksamkeitsziels. Dies soll hiernach exemplarisch verdeutlicht werden.

#### a) Rechtsetzungsmethodik

Ein erster Ansatz besteht darin, die **Rechtsetzungsmethodik** oder **Normierungstechnik** zu **optimieren.** Dies ist ein weites Feld, von der Frage, ob und ggf. was überhaupt normiert werden soll bis zur anwenderfreundlichen Formulierung, die aber gleichzeitig vor allem den Maßstäben der Klarheit und einer gewissen Zeitlosigkeit (durch Abstraktion) genügt. Die Gesetzgebungslehre (Legistik) hat diesbezüglich nützliche Empfehlungen erarbeitet.

Gleichzeitig zählt hierzu auch die Frage, ob bzw. in welchem Maße zur Verbesserung der Wirksamkeit die Verantwortung vom Gesetzgeber auf jene übertragen werden kann, die von der Umsetzung betroffen oder hieran beteiligt sind. Durch ihre Einbindung kann ihre Akzeptanz und auch die Effektivität der Umsetzung gesteigert werden.

*Beispiele:* In der REACH-Verordnung der EU zum Schutz der menschlichen Gesundheit und Umwelt vor Risiken, die durch Chemikalien entstehen, übernehmen Unternehmen in der Produktions-, Liefer- und Anwendungskette selbst Prüf-, Bewertungs- und Informationspflichten.

Zur Sicherstellung der Einhaltung der gesetzlichen Spielräume können qualifizierte Dritte (z. B. Wirtschaftsprüfer, Zertifizierer, Auditoren) oder verantwortliche Betroffene selbst (z. B. Beauftragte, Compliance Officer) eingebunden werden. Schließlich sollte zum gesamten Rechtsetzungsprozess eine Evaluation gehören, bei der nach einem angemessenen Zeitraum die Wirksamkeit der Maßnahmen überprüft und diese nötigenfalls angepasst werden.

### b) Psychosoziale Verhaltenssteuerung

Eine andere Herangehensweise geht von der Frage aus, was das **menschliche Verhalten** bzw. das **Verhalten von Organisationen** im Angesicht des Rechts beeinflusst. Dazu gibt es eine Vielzahl von Erkenntnissen, die unterschiedliche **psychische und soziale Einflussfaktoren** betreffen, die im Einzelnen hier nicht dargestellt werden können.

Eine bewusste Integration in die Perspektive der Rechtswirksamkeit gibt es bisher allenfalls punktuell im Rahmen des Gesetzgebungsverfahrens.

Wichtig wäre z. B. die Klärung der Fragen, in welchem Maße die Androhung von Sanktionen wirklich „konformitätsfördernd“ wirkt bzw. wie weit die Vorbildfunktion des Staates oder der Mitbürger über den Nachahmungseffekt reicht. Interessant wäre auch, ob und in wieweit die Rechtsordnung die Konfliktresilienz und/oder Selbstverantwortung der Bürger fördern und damit Gesetzgebung überflüssig machen kann.

Solche Aspekte sind den meisten Juristen fremd. Ihr Verständnis des Standardverhaltensmodells eines *homo juridicus* entspricht dem der absoluten Rechtstreue, die in der Praxis jedoch nicht gegeben ist.

Die aktive Einflussmöglichkeit des Rechts hierauf ist natürlich beschränkt, und zu den Grundrechten zählt zudem das Recht, sich zumindest verbal dem geltenden Recht entgegenzustellen. Es ist aber unabdingbar, die psychosozialen Einflüsse auf die Wirksamkeit des Rechts gebührend zu berücksichtigen (s. auch die folgenden Abschnitte).

### c) Effektivität durch Effizienz?

**(1)** Bei den Überlegungen, wie man die Chancen auf eine bessere tatsächliche Wirkung des Rechts erhöhen kann, werden z. T. auch **ökonomisch fundierte Überlegungen** angestellt, nämlich dass Recht dann effektiver werden könne, wenn es sich am Prinzip der Effizienz ausrichtet.
Um dies einschätzen zu können, müssen die verwendeten **Begriffe** klar sein:

- Das Merkmal der **Effektivität** betrifft die Frage, ob und in welchem Maße Recht überhaupt Wirkungen entfaltet.
- Das Merkmal der **Effizienz** betrifft die Frage, wie man mit möglichst wenig Input einen möglichst großen Output erzielen kann, d. h. im vorliegenden Zusammenhang, wie man die vom Recht bezweckte Verhaltenssteuerung mit möglichst wenig wirtschaftlichem und/oder rechtlichem Aufwand erreichen kann.

Effizienteres Recht führt also nicht automatisch zu mehr Effektivität, kann aber unter Umständen einen positiven Beitrag zur Wirksamkeit leisten.

(**2**) Zunächst einmal steht außer Frage, dass der Effizienzgedanke grundsätzlich ein **nützliches ergänzendes Instrument** zur Beantwortung der Fragen darstellt,

- ob eine rechtliche Normierung überhaupt sinnvoll bzw. erforderlich ist, und
- wie diese vom Grundsatz her gestaltet werden sollte.

Dies kann wie folgt **begründet** werden:

- Die wirtschaftliche Betrachtung der Sachverhaltsebene kann Erkenntnisse vermitteln, die bei rein juristischer Betrachtung außer Acht gelassen werden. Während z. B. Juristen sich zunächst an erfassten Rechtsübertretungen orientieren, liefert die Ökonomie Daten zur Dunkelziffer der unentdeckten Straftaten (z. B. Schwarzarbeit), die zwar nicht für eine gerichtliche Sanktionierung, wohl aber für den Gesetzgeber von erheblicher Bedeutung sind, um die Effektivität der Gesetzgebung zu verbessern.
- Die Prüfung unter dem Blickwinkel der Effizienz zwingt zu rationaler Argumentation und erlaubt einen Vergleich verschiedener Regelungsalternativen bei gegebener Zielsetzung. Auch die Kosten und Gefahren der Überreglementierung (und Bürokratisierung) werden hierdurch transparenter.
- Dies erweitert den Blickwinkel auf die Frage, ob überhaupt eine rechtliche Regelung sinnvoll ist oder nicht doch nichtjuristische Maßnahmen mit weniger Kosten dasselbe Ziel erreichen können.
- Das Effizienzdenken schärft den Blick dafür, dass Prävention, also die Verhütung von Rechtsverletzungen, sinnvoller ist als das Einschreiten gegen Rechtsbrecher. Mittel der Prävention ist in erster Linie die Schaffung guten Rechts (weil so die Chance freiwilliger Befolgung besonders groß ist), erst in zweiter Linie die Androhung von Sanktionen (Rechtszwang, z. B. Strafe oder Schadenersatz).
- Zweckmäßigkeit und Praktikabilität sind auf jeden Fall dort legitim, wo es um technische Aspekte und nicht um materielle Werte geht (z. B. rechts vor links im Straßenverkehr). Soweit gleichwertige Alternativen existieren, ist es sinnvoll, diese aus einer Kostenperspektive zu vergleichen.

Grundsätzlich spielen wirtschaftliche Aspekte auch insofern eine wichtige Rolle, als der Staat über die notwendigen personellen (qualifizierten) und materiellen **Ressourcen** verfügen muss, um die Einhaltung von Gesetzen kontrollieren und sanktionieren zu können. Jede Ausdehnung der Regulierung auf neue Felder führt zudem i. d. R. zu einer Ausweitung des Staatsapparats.

*Beispiele:* Wenn für die Kontrolle der Verbote von „Gammelfleisch“, Steuerhinterziehung oder Schwarzarbeit nicht genügend Personal zur Verfügung steht, steigt automatisch die Wahrscheinlichkeit der Rechtsverletzung in diesen Bereichen.

**(3)** Eine **Ausdehnung und Verabsolutierung** des Effizienzdenkens über diese Aspekte hinaus kann jedoch zu **Problemen** führen.

Es gibt in der Tat keine lineare Verbindung zwischen Effizienz und Effektivität. Ab einem gewissen Grad der Effizienz kann das Recht sogar ineffektiver werden oder seine Wirkung ganz verlieren, wenn dadurch die Rechtsdurchsetzung oder die Rechtsüberzeugung beeinträchtigt werden.

*Beispiel:* Rein ökonomisch betrachtet sind manche Bagatelldelikte den Aufwand der Strafverfolgung nicht „wert". Wenn dies jedoch zum Standard wird, verändern sich implizit die Rechtsnorm und das Verhalten der Bürger bzgl. der Einhaltung dieser Normen, wobei die Neigung verstärkt wird, die Grenzen „nach oben" auszutesten, was die Effektivität der Rechtsordnung infrage stellt.

Wenn das Effizienzdenken gar zum Gerechtigkeitsmodell wird und sich z. B. Wettbewerb und Gewinnstreben als Ordnungsprinzipien etablieren, dann wird sich nicht nur das materielle Recht verändern, sondern auch das Verständnis dessen, was Recht ist und wozu es dient. Denn es gibt wichtige andere Ideale, die für das Funktionieren der Rechtsordnung unerlässlich sind (s. Kap. 8). Es ist daher immer eine Abwägung erforderlich, in welchem Maße der Effizienzaspekt zu priorisieren ist.

*Beispiel:* Richter sollen trotz ihrer Unabhängigkeit ein bestimmtes quantitatives Soll an Arbeitsleistung erfüllen, wenn sie befördert werden wollen. Dies stellt jedoch einen (ungewollten) Anreiz dar, „einfache" Fälle zu favorisieren oder komplexe rechtliche Fragestellungen unzulässigerweise zu vereinfachen.

## 2. Rechtskenntnis und -verständlichkeit

Damit Recht Wirkung entfalten kann, muss es zunächst einmal denen **bekannt** sein, die es befolgen sollen. Daher werden Gesetze in Gesetzblättern veröffentlicht, Urteile öffentlich verkündet und zugestellt, Bescheide zugestellt, Verträge immer im beiderseitigen Einvernehmen vereinbart.

Während bei individualisierten Rechtsquellen die Kenntnis durch diejenigen, die es betrifft, angenommen werden kann, ist dies bei allgemeinen Normen nicht die Regel, sondern die **Ausnahme.** Nicht einmal Juristen können angesichts der Vielfalt und Komplexität der Normen behaupten, die Rechtsordnung vollständig zu kennen, z. T. ist dies selbst in Spezialisierungsbereichen nicht möglich.

Rechtlich betrachtet gilt dennoch, dass alle Normen zu befolgen sind, auch wenn die Rechtssubjekte diese nicht kennen: **„Unkenntnis schützt vor Strafe nicht"** bzw. vor den Rechtsfolgen[3] des eigenen Tuns oder Unterlassens. In der Realität ist Rechtskenntnis also zwar illusorisch, d. h. sie ist eine **Fiktion,** aber diese ist unvermeidlich. Könnte man sich nämlich jederzeit auf das Nichtwissen der gesetzlichen Vorgaben berufen, würde jede Rechtspflicht *ad absurdum* geführt.

[3] Man kann umgekehrt wohl sagen, dass Kenntnis des Rechts vor ungewollten Rechtsfolgen schützen kann.

Damit diese Fiktion nicht vollkommen willkürlich erscheint, versucht die Rechtsordnung sich damit zu behelfen, dass grundsätzlich alle **Normen** unentgeltlich **zugänglich** sind (zumindest wenn man über einen Internetzugang verfügt)[4] und dass grundsätzlich allen Rechtssubjekten **Zugang zur Rechtsberatung** gegeben ist. Außerdem versucht man durch zwingende Regeln, die vermutete Unkenntnis der Rechtssubjekte (z. B. in Vertragsbeziehungen) durch **Aufklärungspflichten** zulasten anderer Rechtssubjekte (insbesondere Informationspflichten, aber auch sonstige) zu verbessern.

*Beispiel:* Die erhöhten Informationspflichten von Unternehmern gegenüber Verbrauchern bei Verbraucherverträgen sollen das natürliche Informationsungleichgewicht kompensieren.

Auch die Bescheide der öffentlichen Verwaltung sind mit **Hinweisen** auf mögliche Rechtsmittel versehen.

Die Vermittlung von Grundwissen in der Schule oder über Massenmedien, heute ergänzt über Informationsmöglichkeiten im Internet, sowie kostenlose Beratung durch kompetente und befugte Organisationen oder Personen können diese Defizite zwar in gewissem Maße kompensieren, aber dies führt letztlich nur zu **Allgemeinwissen oder beschränkter Rechtskunde** zu Einzelfragen. Die Verständlichkeit des Rechts kann letztlich nicht durch die Rechtsquellen selbst, sondern nur durch „Intermediäre" sichergestellt werden.

Paradox ist in diesem Zusammenhang zudem die Tatsache, dass gerade dort, wo die Bürger besonders geschützt werden sollen (z. B. Verbraucherrecht, Mietrecht, Arbeitsrecht, Sozialrecht), die diesem Zweck dienende komplexe Regulierung dazu führt, dass die Bürger überfordert sind, die Gesetzgebung ohne Hilfe Dritter korrekt zu verstehen und anzuwenden.

Angesichts dessen liegt die Lösung in erster Linie in einem Rechtssystem, das jedem einen bezahlbaren Zugang zum Recht bzw. zur Rechtsberatung und Justiz ermöglicht (s. Kap. 5 und 6. III. 2).

## 3. Rechtsüberzeugung und -vertrauen

**(1)** Das Recht wirkt am besten, wenn es von einer Rechtsüberzeugung getragen wird, d. h. es inhaltlich **als gerecht empfunden** wird (s. auch Kap. 8). Denn nur dann werden Normen verinnerlicht und im Verhalten „spontan" berücksichtigt. Je weniger dies der Fall ist, desto mehr muss der Staat kontrollieren und sanktionieren.

Das Recht sollte also möglichst **zu jedem Zeitpunkt die Werthaltungen einer breiten Bevölkerungsmehrheit zum Ausdruck bringen,** damit es sich nicht vom Volk „entfremdet". Hierum muss immer wieder gerungen werden. Tendenziell ist

---

[4] Im Gegensatz zu anderen Ländern verfügt Deutschland aber nicht über ein vernetztes Rechtsinformationssystem, das die Bundes- und Landesebene umfasst und auch Rechtsprechung und den Verwaltungsbereich einbezieht.

dies jedoch über die Gesetzgebung in einer sich rasch wandelnden Gesellschaft schwer zu erreichen. Der Gesetzgeber wird daher eher allgemeine Normen verabschieden und es den Gerichten überlassen, eine zeit- und einzelfallgemäße Auslegung hierfür zu finden.

Das bedeutet auch, dass eine **„Erziehung" der Bürger mit den Mitteln des Rechts** – falls diese Herangehensweise überhaupt als sinnvoll erachtet wird – nur bedingt erfolgreich sein kann. Selbst wenn der Staat die Einhaltung bestimmter Regeln konsequent einfordert und ihre Durchsetzung sicherzustellen vermag, ist zu bedenken, dass Macht und Befehle auf rechtlicher Basis zwar ein Müssen zu statuieren vermögen, nicht aber ein (ethisches) Sollen; sie können **Gehorsam erzwingen**, aber nicht die **Einsicht in die Sinnhaftigkeit des Gehorsams.** Gewalt als Mittel der Macht stellt also zwar eine Option innerhalb eines rechtlichen Rahmens dar, aber dieser muss sein Fundament tiefer legen als nur in der formal-legalen Absicherung, nämlich in der Werteordnung der Gesellschaft. Ein Rechtssystem, das dies nicht beherzigt, wird auf Dauer große Ordnungsprobleme entwickeln (s. auch Kap. 8).

(2) Eng verbunden mit dieser Rechtsüberzeugung ist das **Vertrauen in den Rechtsstaat.** Wenn dieses erschüttert wird, z. B. weil Mitbürger sich straflos nicht an Gesetze halten, oder weil der Staat selbst den rechtsstaatlichen Weg verlässt, dann nimmt auch die Bereitschaft ab, selber dem Recht zu folgen.

Um diesen Vertrauensschwund zu verhindern, schafft bzw. nutzt die Obrigkeit immer wieder Anlässe, welche Vertrauen schaffen sollen.

*Beispiel:* Medienwirksame Prozesse im Straf- oder Steuerrecht werden gerne genutzt, um die Rechtsstaatlichkeit mit der Verhängung strenger Strafen unter Beweis zu stellen.

Problematisch hieran ist die Gefahr, dass dies kontraproduktiv wirken kann, wenn die Menschen es als bloße „Inszenierung" wahrnehmen.

*Beispiel:* Wenn angesichts weniger Prozesse deutlich wird, wie wenig Strafverfolgung bei Steuerhinterziehung oder -betrug z. B. erfolgt, verstärkt dies den Eindruck, dass der Staat hier nicht konsequent agiert.

Das Wissen um das wirksame Funktionieren des Rechtsstaats als Teil einer bürgerlichen Rechtskultur kompensiert in gewissem Maße die hiervor angesprochene Rechts(un)kenntnis, weil sie die Überzeugung schafft, dass ein gleichberechtigter Schutz durch die Rechtsordnung ein ernst genommenes Anliegen der Obrigkeit ist. Wenn sich hingegen die Überzeugung verbreitet, das Recht sei in erster Linie ein manipulierbares Instrument in den Händen der Mächtigen, wird das Rechtssystem geschwächt.

Andere vertrauensschaffende Maßnahmen sind z. B. die Einbindung der Bürger in den Gesetzgebungsprozess (z. B. über Bürgerbegehren, Petitionen, in machen Staaten auch Volksabstimmungen), die Beteiligung an Verwaltungsentscheidungen, Tätigkeiten als ehrenamtliche Richter (oder Schiedspersonen) oder die Vereinfachung oder Beschleunigung von Gerichts- und Verwaltungsverfahren.

## 4. Rechtsdurchsetzung und -vollzug

**(1)** Die vorstehenden Ausführungen haben gezeigt, dass die Durchsetzung und der Vollzug von Gesetzen und auch Urteilen oder Verwaltungsanordnungen grundlegend für ein funktionierendes Rechtssystem sind. Die **formellen rechtlichen Grundlagen** sind hierzu in Deutschland zweifellos gelegt und durch immer wieder erfolgte Überprüfungen ihrer Grundrechtskonformität auch weitgehend abgesichert.

In der Praxis gibt es jedoch sowohl in der **Kontrolle bzw. Erfassung von Rechtsübertretungen** als auch in der **zügigen Sanktionierung und/oder Abhilfe** zahlreiche Defizite.

*Beispiel:* Es gibt zu wenig Steuerfahnder, um die Steuerhinterziehung wirksam zu bekämpfen. In der Strafjustiz kommt es immer wieder vor, dass Verdächtige wegen überlanger Verfahrensdauer aus der Untersuchungshaft entlassen werden müssen.

Auch beim **Vollzug von Gesetzen** oder einzelnen Normen gibt es häufig Einschränkungen, d. h. diese werden nicht oder nur teilweise oder verzögert angewendet. Das liegt oft an fehlenden oder schlecht eingesetzten Ressourcen, sowohl quantitativ als auch qualitativ.

*Beispiel:* Genehmigungsverfahren im Umweltrecht oder Bauplanungsverfahren verzögern sich häufig wegen fehlenden qualifizierten Personals.

Manchmal erscheinen der Staat oder vielmehr seine Organe auch überfordert durch die Komplexität und Dynamik von Phänomenen.

*Beispiele:* Komplexe grenzüberschreitende Steuersparmodelle, internationale Rechtsstrategien, Migration.

**(2)** Stellt der Staat fest, dass gewisse Normen immer wieder bzw. zu oft überschritten werden, geht er manchmal dazu über, diese Normen zu **„verschärfen“** (z. B. höhere Sanktionen, mehr Dokumentation und häufigere Berichterstattung), um ihre Wirkung zu erhöhen. Es ist jedoch fraglich, ob dies zu einer besseren Rechtsdurchsetzung und Wirksamkeit führt.
Man kann zunächst durchaus feststellen, dass z. B. die **Höhe einer Sanktion** (z. B. höheres Bußgeld) einen **disziplinierenden Einfluss** haben kann, auch wenn es sich hierbei keineswegs um einen linearen Zusammenhang handelt.
Nicht übersehen darf man jedoch dabei, dass nicht nur die Höhe der Sanktion eine Rolle spielt, sondern **auch** die **Wahrscheinlichkeit der Entdeckung, Verfolgung und Verurteilung.** Statt durch strengere Gesetze könnte die Wirksamkeit des Rechts in vielen Fällen deutlich besser gestärkt werden, wenn der Staat mehr in die quantitative und qualitative personelle Ausstattung der Kontroll- und Verfolgungsbehörden investierte, um so Vollzugsdefizite zu beseitigen.

*Beispiel:* Mehr Steuerfahnder, Polizisten oder Lebensmittelkontrolleure tragen zur Effektivität des Rechts mehr bei als strengere Gesetze.

**(3)** Im Ergebnis bedeutet dies: Es kann für das Funktionieren der Rechtsordnung sinnvoller sein, **weniger Gesetze** zu erlassen, diese **aber konsequent anzuwenden und durchzusetzen,** als umgekehrt. Denn je weniger Gesetze durchgesetzt werden, desto häufiger werden sie übertreten, wobei sich zudem oft noch die Auffassung verbreitet, dabei handele es sich um „Kavaliersdelikte".

*Beispiel:* Im Dieselabgasskandal hat die jahrelange Untätigkeit der Aufsichtsbehörden die Autobauer offenbar dazu animiert, sich nicht an die gesetzlichen Vorgaben zu halten.

Dass dies nicht geschieht, hat finanzielle Gründe,[5] resultiert aber auch aus der Befürchtung, bei zu viel Kontrolle einen **Überwachungsstaat** zu schaffen, der die **individuelle Freiheit** zu stark einschränkt. Insofern wird immer wieder darum gerungen, ein Gleichgewicht zu finden zwischen dem Schutz individueller Freiheit gegenüber einem „übergriffigen" Staat und der Notwendigkeit, durch staatliche Maßnahmen überhaupt die Freiheit aller zu garantieren.

*Beispiele:* Die Diskussionen über die Videoüberwachung öffentlicher Plätze oder die Möglichkeiten polizeilicher „Computerspionage" und Vorratsdatenspeicherung dokumentieren diese Abwägungsnotwendigkeiten.

## III. Der steuernde Staat

Bei den Überlegungen, welche Rolle staatlichen Organen und Einrichtungen bei der Gestaltung der Rechtsordnung und der Sicherstellung der Wirksamkeit des Rechts zukommen soll, ist eine differenzierte Betrachtungsweise seiner Steuerungsfunktion erforderlich. „Weniger Staat" kann in manchen Fällen sinnvoll sein, in anderen aber nicht. Bei der entsprechenden Bewertung sind zudem nicht nur die Folgen in puncto Wirksamkeit zu berücksichtigen, sondern auch Kollateralwirkungen auf die Realisierung anderer Ziele und Aufgaben.

Dies soll im Folgenden anhand einiger Bereiche exemplarisch dargestellt werden. Dabei geht es nicht nur um nichtstaatliche Rechtsetzung, sondern auch um private Streitregelung und kooperative Vollzugsaufgaben.

### 1. Differenzierte Rolle des Staats

Die zentrale Rolle des Staats für eine moderne Rechtsordnung ist unbestritten, aber die Unterscheidung zwischen Privatem und Öffentlichem Recht (s. Kap. 3) weist auch darauf hin, dass je nach zu regelndem Gegenstand der Staat nicht in einheitlicher Weise in Erscheinung tritt.

[5] Personal ist teuer, die Verabschiedung eines Gesetzes hingegen „preisgünstig". Wenn man allerdings die gesellschaftlichen Kosten von Gesetzesübertretungen dagegen rechnet, sieht die (volkswirtschaftliche) Gesamtbilanz anders aus.

### a) Private Interessen

Bei der Darstellung der **Grundmerkmale des Privatrechts** wurde bereits gezeigt, dass der Staat es im Rahmen bestimmter Vorgaben i. W. den Rechtssubjekten überlässt, ihr **Zusammenleben selbst rechtsverbindlich zu organisieren**. In einem Idealmodell des **„Nachtwächterstaats“** ist die Zurückhaltung des Staates als Akteur gewollt. Er beschränkt sich darauf, die Rahmenbedingungen hierfür zu schaffen und hierüber zu wachen.

Dies bedeutet auch, dass die Rechtssubjekte selber entscheiden, ob und in welchem Maße sie ihre subjektiven Rechte geltend machen und durchsetzen wollen. Sie können dabei auch auf private Schiedsgerichte ausweichen oder sich außergerichtlich einigen, und dadurch trotzdem einen vollstreckbaren Titel erwerben. Außerdem erlaubt die Rechtsordnung in bestimmten Konstellationen, das deutsche Recht oder deutsche Gerichte abzuwählen oder auf seine Anwendung zu verzichten. Das vollzieht sich allerdings immer im Rahmen des geltenden Rechts (s. Kap. 2. IV, 2. IV und 5. III. 5).

Dieses liberale Modell ist jedoch im Laufe der letzten Jahrzehnte nicht nur durch den Ausbau öffentlicher Aufgaben (s. b) verändert worden, sondern auch durch Eingriffe des Staats in private Rechtsbeziehungen. Dem liegt der Gedanke zugrunde, dass der freie Markt zu Verwerfungen führt, die durch das Recht kompensiert werden sollen. Damit dies wirkt, schränkt der Gesetzgeber die individuelle Freiheit durch zwingende Normen ein.

Eine weitere Abweichung vom liberalen Individualismus ist die neueren Datums geschaffene Möglichkeit, bei gleichlaufenden Interessen einer großen Anzahl von Privatrechtssubjekten eine **kollektive Geltendmachung subjektiver Rechte** anstelle einer Vielzahl von Einzelklageverfahren möglich zu machen. Mit der **Musterfeststellungsklage** und/oder einer **Abhilfeklage** gibt es vereinfachte Verfahren für gleiche Ansprüche von zahlreichen Verbrauchern. Im Wettbewerbs- und Umweltrecht gibt es daneben auch Klagemöglichkeiten von Verbänden, die in gewissem Sinne gemeinsame Interessen von Bürgern und Unternehmen stellvertretend geltend machen.

### b) Öffentliche Aufgaben

Der Staat und die ihm zugedachten Aufgaben haben im Laufe der Jahrzehnte einen erheblichen Bedeutungszuwachs erhalten. Inzwischen ist jedoch klar geworden, dass der Staat teilweise überfrachtet und überfordert ist, und dass selbst bei Gemeinwohlinteressen jeweils die Frage zu beantworten ist, **auf welcher Ebene bzw. in wessen Hand eine Regulierung und ihre Umsetzung am wirksamstem angesiedelt ist.**

Dies hat zu einem **Rückzug des Staates aus ursprünglich staatlichen Aufgaben** geführt. Während die Abschaffung staatlicher Monopole im Bereich der Primärversorgung (z. B. im Bereich der Telekommunikation oder Strom- und Gasversorgung) in erster Linie ökonomisch begründet wird und das Funktionieren des (Rechts-)Staats nicht beeinflusst, gibt es andere Gebiete, in denen der Staat echte Hoheitsrechte abgibt, sei es an überstaatliche Organisationen, sei es an Private.

Letztere übernehmen z. B. Aufgaben im **Bereich der Staatsverwaltung** (z. B. Public-Private-Partnership (PPP) Projekte oder Internationales Leasing bei großen Investitionen, Sicherung von Asylunterkünften durch private Bewachungsunternehmen[6]), im **Gesetzesvollzug** (s. Abschn. 2) oder im **Bereich der Streitregelung** (s. Abschn. 3).

Die **Übertragung** von Zuständigkeiten auf **überstaatliche Organisationen** wie insbesondere der Europäischen Union führt außerdem zu einer Verlagerung staatlicher Steuerung und einer Abkehr von der Zentrierung des Rechts auf die nationalstaatliche Ebene. Dies führt zu spezifischen Problemen der Rechtswirksamkeit, die in den Abschn. 3.b und D behandelt werden.

## 2. Compliance

### a) Unternehmens-Compliance

Durch verschiedene Unternehmensskandale im In- und Ausland ist in den letzten zwei Jahrzehnten zumindest in der öffentlichen Wahrnehmung der Eindruck entstanden, (insbesondere große) Unternehmen nähmen es nicht so genau mit der Einhaltung zwingender Rechtsnormen. Zur Verbesserung der Wirksamkeit der staatlichen Regulierung im Wirtschaftsrecht bzw. Unternehmenssektor (nicht nur in Deutschland) haben sich in der Folge die Anforderungen an Unternehmen hinsichtlich ihrer Verantwortung zur Sicherstellung rechtskonformen Verhaltens deutlich erhöht.

Es wird von ihnen erwartet, dass sie ein rechtskonformes Verhalten nicht nur des Unternehmens als solchem, sondern aller Mitarbeiter systematisch sicherstellen. Dies erfolgt nach amerikanischem Vorbild unter dem Stichwort „Compliance" und betrifft letztlich alle für ein Unternehmen relevanten straf- und öffentlich-rechtlichen Gesetze (z. B. Steuerrecht, Datenschutzrecht, Geldwäscherecht, Kapitalmarktrecht usw.).

*Beispiel:* Der Dieselabgasskandal hat deutliche Schwächen in den internen Entscheidungs- und Kontrollsystemen der Autohersteller offenbart.

Compliance ist letztlich nichts anderes als die **organisierte Rechtschaffenheit eines Unternehmens im geschäftlichen Verkehr.** Grundlage hierfür ist die Ansicht, dass Rechtstreue im Unternehmensbereich sich nicht von alleine einstellt, sondern nur durch geeignete organisatorische Maßnahmen herbeigeführt und nachhaltig sichergestellt werden kann und auch muss. Gesetzesverstöße von Unternehmensangehörigen sollen daher schon im Vorfeld durch zumutbare Schutzvorkehrungen unterbunden werden.

*Beispiel:* Es soll durch geeignete Maßnahmen (z. B. Aufklärung, Beratung, Schulung, Überwachungsmaßnahmen) sichergestellt werden, dass keine Bestechungsgelder an andere (auch ausländische) Unternehmen oder staatliche Stellen gezahlt oder Geldwäscheaktivitäten toleriert werden.

---

[6] In manchen Ländern werden z. T. auch Aufgaben der Staatssicherheit privatisiert (z. B. privat organisierte Gefängnisse oder Armeebestandteile).

Beachtenswert ist hieran im vorliegenden Zusammenhang, dass es für diese Compliance-Pflicht – außer in einigen Spezialbereichen – in Deutschland keine explizite gesetzliche Grundlage gibt, dass aber das Fehlen eines Compliance Management Systems sich z. B. negativ auf Haftungsfragen (Schadensersatz und Bußgelder) im Zusammenhang mit Managemententscheidungen auswirken kann.

Zu den typischen Compliance-Maßnahmen zählt die Bestellung eines **„Compliance-Officers“**, dessen rechtliche Befugnisse und Verantwortung jedoch ebenfalls nicht gesetzlich festgelegt sind. Insbesondere ist unklar, bis wo seine internen **Aufklärungsrechte und -pflichten** (auch Anzeigepflichten) reichen. Während die Befugnisse (echter) Staatsanwälte gesetzlich geregelt sind, stellt Compliance in gewissem Sinne eine (Teil-)**Privatisierung staatsanwaltlicher Aufgaben** ohne gesetzliche Grundlage. Dies betrifft insbesondere die Aufdeckung von Straftaten, denn die „echte“ Strafverfolgung obliegt weiterhin der staatlichen Justiz, allerdings nur dann, wenn intern aufgedeckte Straftaten auch tatsächlich zur Anzeige gebracht werden.

### b) Hinweisgeber-Unterstützung

Seit jeher bezieht der Staat seine Informationen über Rechtsverletzungen auch aus **Strafanzeigen** oder **Hinweisen** der Rechtssubjekte, die häufig auch anonym erfolgen (s. auch hiervor bzgl. des Compliance-Systems).

Erfolgen solche Hinweise unabgesprochen durch Mitarbeiter von Unternehmen oder Organisationen (inkl. Medien), kann dies erhebliche negative arbeitsrechtliche und berufliche Folgen für die Hinweisgeber (auch **„Whistleblower“** genannt) haben. Durch das 2023 verabschiedete Hinweisgeberschutzgesetz sollen Mitarbeiter privater Unternehmen oder des öffentlichen Dienstes vor Kündigung und anderen Nachteilen geschützt werden, wenn sie Gesetzesverstöße aufdecken. Sie müssen sich aber grundsätzlich zunächst an bestimmte innerbetriebliche oder externe staatliche Meldestellen wenden und nicht an die Öffentlichkeit.

Eine andere Form der Hinweisgeber-Unterstützung existiert neuerdings im Zusammenhang mit **digitalen Straftaten** (z. B. verbales gesetzeswidriges Verhalten im Netz). Da die klassische strafrechtliche Verfolgung sehr lange dauert und anonyme Autoren ggf. auch gar nicht identifiziert werden können, sind den Plattformbetreibern z. B. Pflichten zur zügigen Löschung rechtswidriger Inhalte auferlegt worden. Wann Äußerungen (z. B. „Hassrede“) aber strafrechtlich verboten ist, ist oft schwer einzuschätzen, da z. B. kritische Äußerungen auch durch die grundrechtlich gesicherte Meinungsfreiheit geschützt werden. Die Plattformen haben eigene Algorithmen zur Entdeckung solcher Inhalte, werden aber auch durch Hinweise nichtstaatlicher Organisationen unterstützt. Wenn letztere Meldestellen als sogen. „Trusted Flagger“ **(vertrauenswürdige Hinweisgeber)** staatlich benannt werden, müssen deren Meldungen privilegiert bearbeitet werden, was ihnen eine erhebliche „Strafverfolgungsmacht“ verleiht, obschon keine abwägende rechtliche Prüfung stattfindet.[7]

[7] Ein ähnliches System gibt es für (vermutete) Urheberrechtsverletzungen im Netz.

## 3. Streitregelung

Nicht nur in den Bereichen der Regulierung und Überwachung gibt es Tendenzen zu einer „Entstaatlichung“, sondern auch in der traditionell staatlich organisierten Judikative. Die hiermit verbundenen Konsequenzen kann man anhand folgender Beispiele illustrieren:

### a) Sportgerichtsbarkeit

Sportgerichte sind keine staatlichen Einrichtungen, sondern von Sportverbänden eingesetzte privatrechtlich organisierte interne Organe zur Ahndung von Regelverstößen in den von ihnen organisierten Sportarten. Als Rechtsgrundlage dienen dabei die Satzungen und Ordnungen der Mitgliedsvereine und Dachorganisationen, die ihrerseits typischerweise als Vereine organisiert sind. Die Sanktionen dieser Sportgerichte reichen bis zu Geldstrafen, Spieler- und Vereinssperren oder Tätigkeitsverbote für Funktionäre. Eine rechtliche Überprüfung dieser Verbandsregelwerke ist bei Zivilgerichten möglich.

Auf nationaler Ebene gibt es als private verbandsübergreifende Einrichtung das Deutsche Sportschiedsgericht, das gemäß den Vorgaben der ZPO rechtsverbindliche Entscheidungen trifft. Auf internationaler Ebene gibt es das Court of Arbitration for Sports (CAS) in Lausanne, das schweizerischem Recht unterliegt.

Problematisch ist dieses System vor allem für Profisportler, da diese durch Monopolverbände typischerweise „genötigt“ werden, Schiedsgerichtsvereinbarungen zuzustimmen, wodurch die Streitfälle vor Sportgerichten geklärt werden müssen und staatlichen Gerichte „entmachtet“ werden. Eine einheitliche Behandlung, z. B. von Dopingfällen, ist damit nur innerhalb der einzelnen Verbände gewährleistet. Auch die in vielen Ländern existierende Unabhängigkeit der Schiedsgerichte und fehlende Anklageinteressen bei verbandsinterner Korruption z. B. führen zu einem „Paralleluniversum“, das den normalen Standards staatlicher Gerichtsbarkeit entzogen ist.

### b) Internationale Investitionsschutzgerichtsbarkeit

Das International Centre for Settlement of Investment Disputes (ICSID) ist eine internationale Schiedsinstitution der Weltbankgruppe und wurde durch einen internationalen Staatsvertrag (ICSID-Konvention von 1965, auch von Deutschland ratifiziert) geschaffen. Es unterstützt die Beilegung von Streitigkeiten zwischen Staaten und ausländischen Investoren im Rahmen von bilateralen und multilateralen Investitionsschutzabkommen durch Verfahrensorganisation und -verwaltung sowie die Verfügbarkeit eines Panels von Richtern, welche die Parteien für die Besetzung des Schiedsgerichts in einem konkreten Streitfall wählen können. Die Verhandlungen des Schiedsgerichts und der Schiedsspruch selbst bleiben geheim, es sei denn, die beteiligten Parteien stimmen einer Veröffentlichung zu.

Die Schiedssprüche sind verbindlich für die Parteien und können auch von nationalen Gerichten nicht aufgehoben werden. Es sind nur ICSID-interne Rechtsbehelfe möglich. Der ergangene Schiedsspruch muss zudem von jedem Mitgliedsland unmittelbar und wie ein letztinstanzliches Urteil, das durch eigene Gerichte des jeweiligen Staates ergangen ist, umgesetzt werden, wobei jedoch die Grundsätze der Staatenimmunität gegen Vollstreckungen nicht berührt werden sollen.

In der Praxis wirft diese eigentlich sinnvolle Institution folgendes Problem auf: Es gibt eine große Zahl von Investitionsschutzabkommen, die Deutschland mit ausländischen Staaten abgeschlossen hat, mit jeweils unterschiedlichen Inhalten. Der ursprüngliche Zweck, hierdurch deutsche Investitionen im Ausland langfristig zu sichern, führt dabei dazu, dass die ausländischen Staaten erhebliche Pflichten eingehen, den wirtschaftlichen Erfolg von privaten Investitionen durch hoheitliche Maßnahmen nicht zu gefährden oder dann Schadensersatz zu leisten.

Dies gilt umgekehrt jedoch in aller Regel auch zulasten des deutschen Staates, d. h. dass möglicherweise auch in Deutschland wichtige politische (auch gesetzgeberische) Entscheidungen nur noch unter dem Risiko möglicher erheblicher Strafzahlungen (die über Steuern finanziert werden müssen) getroffen werden können.

*Beispiel:* Energiekonzerne haben von der Bundesrepublik nach der Entscheidung über den Atomausstieg auf der Grundlage eines enteignungsgleichen Eingriffs über 2 Mrd. Schadensersatz erhalten. Dies erfolgte zwar durch einen direkten Vergleich, wäre aber wohl auch auf Basis eines ICSID Schiedsspruchs (zumindest für einen ausländischen Konzern) zuerkannt worden.

Die Verbindung von Investitionsschutzabkommen mit Freihandelsabkommen, für die die EU zuständig ist und die typischerweise geheim verhandelt werden, kann zu einer Ausweitung dieser Folgen und zu einer Entmachtung der Parlamente und der Staaten insgesamt führen.

*Beispiel:* Das Freihandelsabkommen CETA (EU-Kanada) von 2017, das auch Investitionsschutzregeln umfasst, wurde hinsichtlich der schiedsrichterlichen Streitregelung mit Sonderregeln versehen, die einen Missbrauch ausschließen sollen. Bzgl. des geplanten Parallelabkommens TTIP mit den USA (das bislang nicht zustande gekommen ist), gab es heftige Diskussionen insbesondere auch bzgl. dieser Schiedsgerichtsbarkeit.

## IV. Europäisierung und Internationalisierung

In einer globalisierten Welt sind **nationale Rechtsordnungen keine geschlossenen Systeme** mehr. Daher stellt sich die Frage, ob und in welchem Maße nationales Recht überhaupt noch wirken und mit welchen Mitteln ein möglichst harmonisches Zusammenwirken der Rechtsordnungen erreicht werden kann (s. Abschn. 1; zur Weiterentwicklung s. Kap. 9).

Die faktische Offenheit der Grenzen bei gleichzeitiger rechtlicher bzw. staatlicher Begrenzung führt auch dazu, dass Rechtssubjekte zunehmend dazu übergehen, sich die passende Rechtsordnung für ihre Aktivitäten auszusuchen und die Staaten in einen Wettbewerb hinsichtlich ihrer rechtlichen „Attraktivität“ zu zwingen. Viele Staaten lassen sich hierauf auch ein oder fördern ihn gezielt, da sie die

Rechtsordnung als wichtigen ökonomischen Standortfaktor betrachten (s. Abschn. 2).

## 1. Grenzüberschreitende Wirksamkeit des Rechts

Es wurde bereits darauf hingewiesen, dass das Recht ggf. eine extraterritoriale Wirkung entfaltet und/oder ggf. auch an ausländische Sachverhaltselemente anknüpft (s. Kap. 2. III und 3. I. 3).

Im Übrigen bedingen der typischerweise **nationalstaatliche Charakter des Rechts** und seine hierauf basierende Reichweite verschiedene **Problemfacetten:**

- Zunächst einmal ist es „lästig", wenn beim Personen-, Waren-, Dienstleistungs- oder Kapitalverkehr bei jedem Grenzübertritt typischerweise eine andere (unbekannte) Rechtsordnung gilt. Dies gilt erst recht, wenn wie in der EU ein Binnenmarkt ohne innere Grenzen verwirklicht werden soll.
- Für die Effektivität einer nationalen Rechtsordnung ist es außerdem wichtig, dass man sich den dort geltenden Regeln, verhängten Sanktionen und der angestrebten Rechtsdurchsetzung nicht einfach dadurch entziehen kann, dass man vom Ausland her operiert oder dorthin „flüchtet".
- Schließlich ist es auch im Interesse der Staaten, sich gegen ungebetene „Einmischung" von außen (durch die extraterritoriale Wirkung von ausländischen Rechtsnormen) wehren zu können.

Zur **Reduzierung dieser Vielfalt und Komplexität** wurden verschiedene Instrumente entwickelt bzw. verwirklicht:

- **Kollisionsnormen** sollen bei bestehender Rechtsvielfalt möglichst viele dieser Fragen klären, sei es durch einseitige nationale Regeln oder gemeinsame Normen (Staatsverträge, EU-Normen: s. Kap. 4. II).
  *Beispiele*: Internationales Privatrecht, Steuerrecht oder Strafrecht.
  Dies ist jedoch eine suboptimale Lösung, da die Klärung dieser Fragen einen erheblichen Aufwand erfordert und keineswegs immer zu einer zufriedenstellenden Lösung führt.
- Die **Harmonisierung** der Rechtsordnungen durch Staatsverträge, freiwillige Rezeption (Übernahme von Gesetzen anderer Länder) oder zwischenstaatliche Organisationen analog der EU (soweit diese mit Richtlinien operiert) kann eine mehr oder weniger weitgehende Angleichung der Rechtsordnungen bzw. einzelner Teilbereiche herbeiführen. Der Nutzen der Harmonisierung hängt dabei stark vom Grad der dabei erreichten Standardisierung ab.
  *Beispiele*: Im Sozialrecht oder Zivilverfahrensrecht sind auf europäischer Ebene viele Bereiche durch Angleichung, Koordinierung und gegenseitige Anerkennung und Abstimmung harmonisiert worden, was zwar die Rechtsvielfalt nicht beseitigt, aber eine Systemkompatibilität herstellt.

- Die **Vereinheitlichung** der Rechtsordnungen verschiedener Staaten zumindest in Teilbereichen funktioniert de facto nur innerhalb von Bundesstaaten (wie z. B. in Deutschland, das im Übrigen erst nach der Gründung des Kaiserreiches schrittweise seine stark zersplitterte Rechtsordnung vereinheitlichte) oder vergleichbaren überstaatlichen Gebilden wie der EU, soweit diese mit unmittelbar anwendbaren Verordnungen arbeiten.

Welche Modelle jeweils umgesetzt werden, hängt stark davon ab, wie viel Autonomie die Staaten jeweils behalten wollen und welche (i. d. R. ökonomischen) Vorteile sie sich insbesondere von Vereinheitlichung und Harmonisierung versprechen.

Im Übrigen versuchen die Staaten durch unzählige völkerrechtliche Verträge auf Gegenseitigkeitsbasis, die Wirksamkeit ihres Rechts zu verbessern.

## 2. Wettbewerb der Rechtsordnungen

Die Kombination nationalstaatlicher Rechtsordnungen und weitgehend offener Grenzen führt dazu, dass zumindest international agierende Rechtssubjekte rational überlegen und planen, wo sie ihren Lebens- bzw. Aktivitätsmittelpunkt ansiedeln, um möglichst **von der für sie „günstigsten" Rechtsordnung zu profitieren.** Insbesondere Großkonzerne planen ihre wirtschaftlichen Aktivitäten daher insbesondere unter steuerrechtlichen Gesichtspunkten, aber auch Gesellschaftsrecht, Kapitalmarktrecht, Arbeitsrecht, Umweltrecht usw. können hier je nach Umständen eine wichtige Rolle spielen.

Hinzu kommt, dass sich die Wirtschaftswissenschaft seit jeher mit der Frage beschäftigt hat, welche Rechtsordnungen volkswirtschaftlich erfolgreicher sind. Hieraus hat sie auch Empfehlungen bzgl. der **Optimierung der Rechtsordnung aus wirtschaftlicher Sicht** abgeleitet.

In Anbetracht dessen verwundert es nicht, dass die Staaten sich immer wieder überlegen, wie sie ihre **Rechtsordnung attraktiv** für ausländische „Investoren" oder ganz allgemein **im globalen Standortwettbewerb** machen können.

- Dies wirkt sich typischerweise auf der Ebene der Gesetzgebung aus, die in Teilbereichen besonders interessant (d. h. in aller Regel wenig „streng") gestaltet wird.
  *Beispiele*: Manche Staaten positionieren sich bewusst als „Steuerparadiese" oder sonstige „Oasen" mit wenig stringenter Gesetzgebung (z. B. im Gesellschafts- oder Umweltrecht).
  Deutschland beteiligt sich nicht aggressiv an diesem Wettbewerb, sondern verfolgt eher eine Verteidigungsstrategie. In (insbesondere wirtschaftsbezogenen) Teilbereichen spielen internationale Wettbewerbsvergleiche allerdings eine relevante Rolle und schlagen sich in der deutschen wirtschaftsrechtlichen Gesetzgebung nieder.
  Daneben werben manche Staaten auch mit Rechtssicherheit oder einem besonders effizienten Gerichtssystem. In Deutschland z. B. haben einige OLG-Bezirke

spezielle englischsprachige Kammern für internationale Handelsstreitigkeiten oder besonders kompetente Gerichte für Patentstreitigkeiten eingerichtet.

- Schließlich versuchen Staaten seit jeher, ihre Gesetzesmodelle oder ihr Rechtsverständnis zu exportieren, in der Hoffnung oder Erwartung, dass dies auch dem Heimatstaat zugutekommt. Auch Deutschland ist hier aktiv (z. B. Deutsch-chinesischer Rechtsdialog), daneben auch die EU innerhalb ihrer Zuständigkeiten, allerdings nicht minder auch die angelsächsischen common-law-Staaten.

Dass in diesem „Spiel" die **Lobbygruppen** (von Unternehmensverbänden bis zu Anwälten) sehr aktiv mitmischen, kann nicht verwundern. Es ist aber sehr zweifelhaft, dass die Staaten sich damit einen Gefallen tun, da eine Verbreitung dieser Praxis zum einen durch die Senkung von Schutz- oder Gerechtigkeitsstandards zu einem **qualitativen** *„race to the bottom"* führen kann, zum anderen in erster Linie ohnehin schon potente Wirtschaftssubjekte bevorteiligt, und damit letztlich die Frage aufwirft, ob der Staat noch seiner eigentlichen Aufgabe nachkommt, im gleichen Interesse aller Bürger zu handeln.

Langfristig sind jedenfalls die Staaten und nationalen Rechtsordnungen die Verlierer, da irgendwann nicht mehr sie das Heft des Handelns in der Hand halten, sondern andere **global agierende Wirtschaftssubjekte** (Konzerne, aber auch Einzelpersonen), welche die Staaten und ihre Rechtsordnungen als Instrumente zur Durchsetzung ihrer Interessen (aus-)nutzen.

# Ideale des Rechts

Alle Normen verfolgen einen bestimmten **Zweck,** der zwangsläufig eng mit ihrem Inhalt verbunden ist. Diese Ziele können sehr unterschiedlich sein, eng oder weit gefasst, praktisch oder abstrakt, kurzfristig oder weitsichtig orientiert, usw. Manchmal werden sie ausdrücklich formuliert, oft aber sind sie nicht sofort erkennbar und müssen durch Auslegung ermittelt werden.

Wenn man sich von dieser **operativen Ebene** der einzelnen Normen auf die Ebene der Gesamtrechtsordnung erhebt und sich fragt, welche **übergeordneten Ziele** „das Recht" eigentlich verfolgt, dann bewegt man sich im Bereich des Grundsätzlichen, das nicht nur die Grundlage für die Ziele des Gesetzgebers bildet, sondern für die Anwendung, Auslegung, Ordnung, Fortbildung usw. des Rechts insgesamt.

Diese „Ideale" des Rechts (die man z. T. auch nüchterner als „Funktionen" bezeichnet) kann man zwar mit Begriffen bezeichnen, aber in ihrer konkreten Bedeutung bleiben sie **schwer greifbar bzw. definierbar.** Dies dürfte auch der Grund dafür sein, dass diese Ideale meist gar nicht ausdrücklich festgelegt werden, und falls doch, dann als Generalklauseln oder Grundwerte (wie sie z. B. in Art. 1–20 GG zum Ausdruck kommen).

Im Folgenden sollen diese Ideale kurz skizziert werden, ohne dass dabei auf die in den rechtswissenschaftlichen Teilbereichen (insbesondere der Rechtsphilosophie und Rechtsethik) diesbezüglich geführten Diskussionen und Erkenntnisse eingegangen werden kann. Ziel ist es vielmehr, anhand einer kurzen inhaltlichen Darstellung die grundsätzliche Rolle dieser Ideale und die Probleme ihrer Konkretisierung zu verdeutlichen, die in gewissem Sinne jedoch auch Chancen oder sogar eine Notwendigkeit darstellen. Denn die **inhaltliche Wandelbarkeit** dieser Ideale ist letztlich der Brennstoff, der den stetigen Wandel der Rechtsordnung antreibt und der Schmierstoff, der ihr die **nötige Flexibilität** verleiht, sich den veränderten Gegebenheiten anpassen und weiterentwickeln zu können.



B. Bergmans, *System und Grundlagen des deutschen Rechts*, Springer-Lehrbuch,
https://doi.org/10.1007/978-3-662-72724-9_8

# I. Grundlagen

## 1. Überblick

### a) Unterscheidung

Wenn man von den Idealen des Rechts spricht, muss man **drei Bereiche** unterscheiden:

- Wie das Recht selbst sein soll, damit es seiner formellen Rolle als „Recht" gerecht werden bzw. bestmöglich funktionieren kann: Diese kann man als **„Funktionsideale"** bezeichnen.
- Welche wesentlichen (inhaltlichen) Werte das positive Recht als **„Leitideale"** prägen.
- Wie das Recht wirken bzw. was es in der Gesellschaft bewirken soll: Diese stellen **„Wirkungsideale"** dar.

Diese drei Bereiche überschneiden sich, weil die jeweils zugeordneten Ideale nicht deutlich trennbar sind. Auch in der Praxis spielt die Kategorisierung keine Rolle. Sie dient hier dem besseren Verständnis der Bedeutung dieser Ideale und der Ansatzpunkte für ihre Konkretisierung in unserer Rechtsordnung.

Die Ideale des Rechts werden im Übrigen auch gerne als Grundlage für Definitionen dessen genutzt, was Recht überhaupt sei, indem einzelne Werte mehr oder weniger verabsolutiert und als Maßstab für ein bestimmtes Verständnis dessen genutzt werden, was „Recht" ist bzw. sein soll, z. B. dass nur gerechtes und/oder sittliches Recht „echtes" Recht ist. Dieser Aspekt soll hier keine Rolle spielen.

### b) Funktionsideale

Die wichtigsten Funktionsideale des Rechts sind die folgenden:

- **Transparenz:** Das Recht soll für alle gleichermaßen erkennbar sein, die davon betroffen sind. Auch die Organe der Rechtspflege sollen transparent agieren. Geheimes Recht oder eine nicht erkennbare Anwendung des Rechts bzw. Tätigkeit der juristischen Akteure würde dem zuwiderlaufen.
- **Verständlichkeit:** Nur verständliche Gesetze können befolgt werden, nur verständliche Begründungen von Urteilen oder Verwaltungsakten können Akzeptanz bewirken und die inhaltliche Zustimmung der Adressaten erhalten.
- **Rechtssicherheit:** Das Recht soll sicher und verlässlich sein, d. h. eine immer gleiche Anwendung von klar fixierten Normen mit vorhersehbar gleichem und überprüfbarem Ergebnis bewirken, das zudem rechtsbeständig ist.
- **Kohärenz:** Die Rechtssicherheit, aber auch die Funktionsfähigkeit der Rechtsordnung, setzt ein Rechtssystem voraus, das eine kohärente Ordnung besitzt und insbesondere Norm- oder Wertungswidersprüche beseitigt (s. Kap. 1 und 4)
- **Zweckmäßigkeit:** Normen sollen notwendig und geeignet sein, ihren Zweck auch zu erreichen. Dies bezieht sich auch auf die durch die Normen geschaffenen Organisationen und Verfahren, die zügige Verwaltungsentscheidungen bzw. Klärungen von Rechtsstreitigkeiten sicherstellen sollen.

- **Verhältnismäßigkeit:** Der vom Gesetzgeber vorgegebene „Rechtsaufwand“ für das rechtskonforme Verhalten der Bürger bzw. das eigene Agieren sollte in einem vernünftigen Verhältnis zum Regelungszweck stehen (z. B. sparsame Normierung, keine unnötigen Verfahrenskomplikationen, keine unnötigen Kosten. S. hierzu auch Kap. 5).

Diese Ideale spielen in der Methodenlehre eine wichtige Rolle. Teilweise sind sie auch rechtlich konkretisiert und sanktioniert.

*Beispiele:* Publikation von verabschiedeten Gesetzen, Verhältnismäßigkeitsgrundsatz bei staatlichem Handeln.

Es handelt sich durchweg um **formale Ideale** in dem Sinne, dass sie in Rechtsordnungen unterschiedlicher materiellrechtlicher Prägung gleichermaßen relevant sind bzw. sein können, zumindest soweit sie dem modernen Verständnis einer rechtsstaatlich orientierten Demokratie folgen. Denn ein Vergleich mit Diktaturen oder auch mit älteren Rechtssystemen zeigt, dass ihnen keineswegs nur eine „technische“ Bedeutung zukommt, sondern dass sie auch mit inhaltlich geprägten Idealen verbunden sind.

Diese Zusammenhänge erklären auch, warum in den letzten Jahren neue Ideale wie Widerstandsfähigkeit und Resilienz diskutiert werden. Angesichts starker gesellschaftlicher und politischer Veränderungen soll dem Rechtssystem eine gewisse **Stabilität** innewohnen, die sicherstellt, dass es nicht durch Überreaktionen oder vorübergehende politische Konstellationen dauerhaften Schaden erleidet.

### c) Leitideale

Zu den Leitidealen der deutschen Rechtsordnung zählen in erster Linie die **individuellen Grundrechte und Menschenrechte,** aber auch **kollektive Werte wie Demokratie, Föderalismus, Sozialstaat, Rechtsstaatlichkeit,** usw. Sie sind **inhaltlich-materiell** ausgerichtet, d. h. die Leitideale unterschiedlicher Rechtsordnungen können sich sehr stark unterscheiden. Sie konkretisieren sich vor allem im öffentlichen Recht (vor allem Grundrechte und Staatsorganisation) inkl. dem Straf-, Sozial- und Steuerrecht. Darüber hinaus kommen sie auch in den zwingenden Bestimmungen und Generalklauseln des Privatrechts zum Ausdruck.

Zu den Leitidealen zählen auch viele der **Wirkungsideale** (s. hiernach). Sie unterscheiden sich prinzipiell von diesen dadurch, dass die Wirkungsideale sich darauf beziehen, welcher Zustand in der Gesellschaft erreicht werden soll, die Leitideale hingegen darauf, welche Ideale in den Rechtsnormen selbst zum Ausdruck kommen sollen. Diese lassen sich jedoch nicht immer trennen (z. B. Gerechtigkeit, Sittlichkeit, Ehrlichkeit).

### d) Wirkungsideale

Bei den Wirkungsidealen kann man folgende unterscheiden:

- die **formal** orientierten: Ordnung, Frieden, Sicherheit, Freiheit (s. Abschn. II),
- die **inhaltlich** orientierten: Sittlichkeit, Gerechtigkeit, Billigkeit (s. Abschn. III–V).

## 2. Ziel- und Idealkonflikte

Aus dem Vorstehenden wird auch schon ohne nähere inhaltliche Auseinandersetzung mit den einzelnen Idealen klar, dass es angesichts deren **Vielfalt** nicht nur schwierig ist, alle gleichzeitig zu verfolgen und realisieren, sondern dass es auch zu **Konflikten** zwischen ihnen kommen kann.

*Beispiel:* Rechtssicherheit gebietet, dass nicht endlos über einen Streitfall prozessiert werden sollte, sondern dass irgendwann Klarheit herrschen muss, wer Recht hat. Folglich gibt es nur begrenzte Rechtsmittel und irgendwann werden alle Urteile rechtskräftig, auch wenn das Ergebnis möglicherweise als ungerecht empfunden wird. Analog gilt dies auch für die Verjährung von Ansprüchen oder Straftaten: Es soll aus Gründen der Rechtssicherheit nicht endlos in der Schwebe bleiben, ob Rechte geltend gemacht oder Straftaten verfolgt werden, aber das kann zu Ergebnissen führen, die mit dem individuellen Gerechtigkeitsempfinden schwer vereinbar sind.

*Beispiel:* Das Freiheitsideal steht häufig im Konflikt mit anderen Idealen, z. B. dem der Sittlichkeit, wenn es um sexuelles Verhalten geht.

Eine klare **Hierarchie oder Priorisierung** der Ideale gibt es **nicht,** sondern der Gesetzgeber und auch die Gerichte werden immer wieder darum ringen müssen, unter konkreten Bedingungen diese Ideale in ein (zumindest für die Mehrheit) akzeptables Gleichgewicht zu bringen.

Insbesondere in **heterogenen Gesellschaften** und erst recht auf **internationaler Ebene** kann man sich zwar oft noch auf bestimmte (abstrakte) Ideale einigen, aber es bereitet große Probleme, diese in konkrete Normen oder Maßnahmen umzusetzen. Dasselbe gilt, wenn **neue Phänomene** rechtlich gewürdigt werden müssen.

*Beispiel:* Beim Aufkommen des Internets wurde häufig dafür plädiert, diesen „Raum der Freiheit" nicht zu reglementieren. Inzwischen hat man erkennen müssen, dass es ohne Regelungen zum Datenschutz nicht geht, und dass die Bürger auch vor aggressiven Formen von *hate speech* strafrechtlich geschützt werden müssen.

Die Gesetzgebung wird in diesen Fällen häufig mit Absichtserklärungen, Generalklauseln, Soll-Bestimmungen u. ä. versehen sein. Erst in einem schrittweisen Prozess der Konkretisierung durch Gerichte und die Rechtsanwender selbst, aber auch durch Gesetzesänderungen und -ergänzungen ergibt sich eine klarere Rechtslage, in der dann jeweils das **Bedeutungsverhältnis der einzelnen Ideale** zum Ausdruck kommt.

*Beispiele:* Klima- und Umweltschutz kollidieren nicht nur mit dem Freiheitsideal, sondern müssen auch mit dem Sozialstaatsprinzip vereinbar sein, da sich nicht alle Bürger neue Technologien leisten können. Der diesbezügliche Abstimmungsprozess wird noch einige Zeit in Anspruch nehmen.

Das jeweils geltende Recht stellt im Übrigen auch **nie** die **einzig richtige Umsetzungsmodalität** der Ideale dar. Denn man kann leicht feststellen, dass andere Rechtsordnungen dieselben Ideale auf anderen Wegen zu verwirklichen suchen.

### 3. Ideale der Akteure

Die Ideale sind nicht nur in der Gesetzgebung relevant, sondern auch in der Rechtsanwendung. Bei der Thematisierung der Praxis des Rechts (s. Kap. 6) wurde gezeigt, dass dort **Gestaltungsspielräume** bestehen, bei denen sowohl Juristen als auch Nichtjuristen **Vorverständnisse, Idealvorstellungen oder Präferenzen** zum Ausdruck bringen, und diese beruhen letztlich auf den hier behandelten Idealen.

Bei Berufsjuristen ist es weit verbreitet, juristische Argumente vordergründig rein positivistisch zu fundieren. Juristerei ist für sie die Beherrschung der Rechtstechnik, und in ihrem Selbstverständnis beschäftigen sie sich nicht mit Idealen, sondern allenfalls mit der teleologischen Auslegung von Gesetzen. Unterstützt wird dies durch ein Verständnis der Rechtswissenschaft, das die Überzeugungskraft ihrer Argumente vorgeblich rein „wissenschaftlich" aus der geltenden Rechtsordnung ableitet und explizite nichtjuristische Argumentationsebenen ausschließt.

In der Realität liegen allen Entscheidungen jedoch auch Wertungen zugrunde, die den Juristen vielleicht nicht bewusst sind, die aber immer Präferenzen für bestimmte Ideale zum Ausdruck bringen, und seien es nur bestimmte Einstellungen hinsichtlich der eigenen beruflichen Verantwortung. Verallgemeinernd kann man sagen, dass es **nicht nur kein Recht, sondern auch keine juristische Tätigkeit ohne eine Vorstellung von Idealen** gibt, selbst wenn diese nicht bei jeder Entscheidung relevant sind und sich natürlich auch nicht von denen des Gesetzgebers unterscheiden müssen.

Das gilt im Übrigen nicht nur für Berufsjuristen wie Richter und Anwälte, sondern auch für die Bürger, deren abweichendes Verständnis der Rechtsideale sich ggf. auch bewusst in Gesetzesübertretungen ausdrücken kann (s. auch Kap. 7).

Schließlich sind insbesondere die Leitideale **nicht nur ein Anliegen des Rechts bzw. der Juristen,** sondern auch der Politiker, Ökonomen, Soziologen u. v. m., die auf ihre Weise und mit ihren Mitteln nach einer gerechten Gesellschaftsordnung streben – und zwar nicht selten nach der Gerechtigkeit, die *noch nicht* geltendes Recht ist. In diesen Fällen dienen die Ideale auch der Legitimierung oder Delegitimierung aktueller oder geplanter Maßnahmen bzw. Zustände, nicht zuletzt, weil solche Argumente überzeugender wirken können als rein rechtlich bzw. legalistisch formulierte.

## II. Sicherheit, Frieden, Freiheit

Die **formalen Wirkungsideale** Sicherheit, Frieden und Freiheit, welche eng mit den Funktionsidealen verbunden sind, werden weniger als Ideale denn als (unstrittige) **Rechtsprinzipien** verstanden. Problematisch werden sie in erster Linie, wenn es um Abwägungen zwischen ihnen und anderen (insbesondere **inhaltlichen**) Idealen geht. Zu letzteren zählt z. T. auch die Freiheit, die hier zwar als formales Ideal behandelt wird, jedoch insbesondere als Grundrecht auch zu den Leitidealen gezählt werden muss.

## 1. Sicherheit

Die Rechtsordnung soll Sicherheit verwirklichen. Dies kann in unterschiedlicher Weise verstanden werden:

- **Rechtssicherheit** (und Kohärenz) als Funktionsideal (s. hiervor).
- Sicherheit im Sinne von **Gefahrlosigkeit:** Hier geht es darum, die Bürger insbesondere vor Fehlverhalten Dritter zu schützen.
- Sicherheit im Sinne von **Effektivität und Effizienz in der Umsetzung** des Rechts und seiner Ideale.

Als grundsätzliches Ideal ist Sicherheit allgemein akzeptiert, kritisch ist vor allem das Maß einer freiheitsschonenden Sicherheit und der hierzu einsetzbaren Mittel. Ge- und Verbote beeinträchtigen nämlich nicht nur die **Freiheit** (s. Abschn. 3 hiernach), sondern realisieren häufig auch bloß ein Gefühl von Sicherheit, das auf rechtlichem Wege aber nicht realisiert werden kann (s. Kap. 7 zur Wirksamkeit des Rechts).

## 2. Frieden

Das Ideal des Friedens in der Gemeinschaft als Gegensatz zu gewalttätigen Konflikten, sowohl was **Konflikte zwischen Bürgern als auch was das Verhältnis der Bürger zum Gemeinwesen betrifft,** ist unstrittig und wird rechtlich vorbeugend insbesondere auf folgende Weise realisiert:

- Nur der Staat hat ein Gewaltmonopol, dem Einzelnen ist die Anwendung von Gewalt – von Ausnahmen abgesehen – verboten. Entsprechend darf auch nur der Staat bestrafen.
- Die Bürger müssen ihre Rechte vor unabhängigen (grundsätzlich staatlichen) Gerichten geltend machen und mithilfe des Staates durchsetzen.
- Der Staat (die Rechtsordnung) stellt die Mittel bereit, mithilfe deren die Bürger untereinander auf gesicherter und damit friedlicher Basis ihr Leben gestalten und organisieren können.

Ziel ist es, dass auch eine im Rechtsstreit unterlegene Partei nicht nur gehorcht, sondern den Urteilsspruch auch versteht und innerlich akzeptiert. Insofern geht das Befriedungsideal über die reine (weitgehend formale) Rechtssicherheit hinaus.

Als **Rechtsfrieden** wird daher teilweise auch ein Zustand bezeichnet, in dem Konflikte und rechtliche Streitigkeiten endgültig beigelegt sind und es hierzu keine rechtlichen Auseinandersetzungen mehr gibt, was auch dann vorkommen kann, wenn Rechtsverletzungen nicht sanktioniert wurden, sich aber alle damit abfinden.

Im Gegensatz zum **inneren Frieden** ist dieses Ideal auf **internationaler zwischenstaatlicher Ebene** weit weniger gediehen. Zwar sind durch internationale Verträge und Institutionen in den letzten Jahren deutliche Fortschritte von einem konfrontativen zu einem kooperativen Verhalten erreicht worden, aber nationale Interessen sind immer noch die Triebfeder für Konflikte, die nicht nur mit Kriegswaffen, sondern z. B. auch mit wirtschaftlichen Mitteln (z. B. Embargo) und zunehmend auch mit rechtlichen Mitteln vor internationalen Gerichtshöfen ausgetragen werden.

## 3. Freiheit

Das Ideal einer möglichst großen **Freiheit aller Rechtssubjekte** prägt die gesamte Rechtsordnung. Diese Freiheit wird geschützt

- grundsätzlich durch die Grundrechte der individuellen Handlungsfreiheit und der Privatautonomie,
- gegenüber dem (potenziell übergriffigen) Staat durch das Rechtsstaatsprinzip, die Gewaltenteilung, die Menschenrechte, den Grundsatz der Verhältnismäßigkeit, usw., sowie
- gegenüber den Ansprüchen und Übergriffen anderer durch individuelle und kollektive Klagemöglichkeiten, Ver- und Gebote (zwingende Regeln zum Schutz der Schwächeren), ein System des Ausgleichs zwischen den Freiheiten der Einzelnen usw.

Die besondere Herausforderung besteht dabei darin, dass die **Freiheit des Einzelnen** nicht absolut sein kann, sondern immer auch die Freiheit der anderen respektieren muss, und dass es neben der Freiheit des Einzelnen auch eine **System-Freiheit** zu schützen gilt.

Letztere bedeutet aber nicht Liberalismus um jeden Preis, d. h. Reduzierung staatlicher Eingriffe oder rechtlicher Vorgaben auf das strikt Notwendige. Dadurch würde zwar die tatsächliche Freiheit vergrößert, aber davon profitieren vor allem die faktisch Mächtigen. Die Aufgabe des Rechts besteht gerade darin, durch die **Beschränkung der faktischen und rechtlichen Freiheit** und das Ausüben von Zwang (d. h. Unfreiheit) eine freiheitlich orientierte Gesellschaftsordnung zu schaffen, und dazu sind (schwierige) **Abwägungen** zwischen den Arten von Freiheiten und ihren Inhabern bzw. Nutznießern zu treffen.

Zu bedenken ist in diesem Zusammenhang auch Folgendes: Je weniger (soziale) Ethik in einer Gesellschaft verbreitet ist, desto mehr wird man sich auf zwingende Regeln (Recht) für das Zusammenleben und -arbeiten stützen müssen, und desto weniger Freiheit verbleibt dem Einzelnen. Die Beachtung ethischer Grundsätze schränkt demnach vielleicht die Willkür-Freiheit (Egoismus) des Einzelnen ein, aber sie schafft auch die System-Freiheit, die wiederum jedem Einzelnen zugutekommt.

Es sollte auch nicht vergessen werden, dass Freiheit immer auch **Risiko und Unvorhersehbarkeit** bedeutet, sowohl für den Einzelnen als auch für den Staat bzw. die Gesellschaft. Wenn also mehr „Sicherheit“ (= Gefahrlosigkeit, Vorhersehbarkeit, Risikolosigkeit: s. hiervor) gefordert wird, dann wird dies zwangsläufig nur durch eine Reduzierung der Freiheit möglich sein. Absolute Sicherheit gibt es nur zum Preis der Abschaffung der Freiheit. Welche Präferenzen als Folge solcher Abwägungen im Recht zum Ausdruck kommen, repräsentiert letztlich den Grad an Gemeinsamkeit und Toleranz bzw. Resilienz einer Gesellschaft.

Schließlich ist Freiheit im privatrechtlichen Kontext auch **nicht gleichbedeutend mit einem rechtsfreien Raum.** Mit ihr verbunden ist immer auch die **Verantwortung** für eigene Entscheidungen und Handlungen.

*Beispiel:* Trotz seiner Handlungsfreiheit ist jeder verpflichtet, den durch sein fahrlässiges Tun oder Unterlassen einem anderen widerrechtlich zugefügten materiellen Schaden zu ersetzen (§ 823 BGB).

## III. Sittlichkeit

Es wurde bereits an mehreren Stellen deutlich, dass das Recht substanziell auch auf der **Moral** fußt, im Gegensatz zu dieser aber mit Verbindlichkeit und Sanktionen bei Übertretungen verbunden ist.

Das Recht selbst verwendet in dem Zusammenhang den Begriff der „Sittlichkeit“ („gute Sitten“, „Anstandsgefühl“, „Treu und Glauben“ und ähnliche Begriffe) in zahlreichen Normen ausdrücklich oder implizit. Denn der Gesetzgeber weiß sehr wohl, dass eine Rechtsordnung nicht alleine mit Zwang und Sanktionsandrohungen funktionieren kann, sondern dass sie auf dem **Fundament der Bereitschaft der Menschen beruht, sich spontan „sittlich“ zu verhalten.** Entsprechend wird sittliches Verhalten **im Rechtssinne** grundsätzlich als rechtskonform betrachtet, unsittliches jedoch nicht.

Was das jedoch konkret bedeutet, ist keineswegs klar und auch gesetzlich nicht fixiert. Immerhin ist man sich einig, dass Sittlichkeit **mehr** ist **als Sitte,** d. h. Erscheinungen wie Anstandsregeln, Umgangsformen, Lebensbräuche, die zwar gelegentlich in Rechtsregeln integriert werden (s. z. B. §§ 157, 242 BGB), aber nur den faktischen Ist-Zustand abbilden und kein Ideal. Der Begriff der guten Sitten dokumentiert vielmehr das *„Gerechtigkeits- und* Anstandsgefühl *aller billig und gerecht Denkenden“* in der Gesellschaft und entspricht damit der vorherrschenden Gesellschaftsmoral (s. Kap. 1).

Der rechtliche Begriff der Sittlichkeit ist allerdings nicht identisch mit dem wortgleichen **Allgemeinbegriff.** Letztere Sittlichkeit kann **auch außerhalb des Rechts** (z. B. das Gebot, seine Eltern zu ehren) liegen oder sogar auch **im Widerspruch**

**zum geltenden Recht** stehen. Letzteres kann insbesondere der Fall sein, wenn religiöse Aspekte in die Sittlichkeit hineinspielen.

*Beispiel:* Es gibt religiöse Überzeugungen, die es verbieten, Kinder in eine Schule zu schicken oder Krankheiten medikamentös zu behandeln. Dies kann je nach Umständen und Gesetzeslage gegen Rechtspflichten verstoßen.

Umgekehrt gibt es viele **Rechtsnormen** oder sogar Rechtsbereiche, die **keinen oder nur einen entfernten Bezug zur Sittlichkeit** haben.

*Beispiele:* Technikrecht, Straßenverkehrsrecht.

Insofern ist Sittlichkeit ein wichtiges Leit- und Wirkungsideal, das aber nur Teilbereiche des Rechts betrifft und in der Gesamtmenge des Rechts zunehmend eine geringere **Bedeutung** einnimmt, weil (auch angesichts der Komplexität und Diversität der Gesellschaft) zunehmend Zweckmäßigkeit (oder ein anderes formales Ideal) als Maßstab für die Normierung von Verhaltensstandards dient. Je mehr dies der Fall ist, desto mehr wird die **moralisch fundierte „Innensteuerung"** ersetzt durch eine **rechtlich begründete „Außensteuerung"**, was im Endergebnis in Technokratie oder sachbezogener „Diktatur" enden würde. Hierdurch wird jedenfalls die Aufgabe des Rechts erschwert, wirksame Rechtsbefolgung sicherzustellen (s. Kap. 7).

## IV. Gerechtigkeit

Das **umfassendste** und **schwierigste** Ideal, das bei jeder Bewertung des positiven Rechts implizit oder explizit zur Anwendung kommt, ist das der Gerechtigkeit. Das liegt vermutlich daran, dass dieser Begriff seit jeher in den unterschiedlichsten Zusammenhängen mit weit gefächerten Bedeutungen verwendet wird, und das keineswegs nur in einem rechtlichen Kontext.

Es geht hier im Kern um die Frage, ob Entscheidungen, Handlungen, Zustände oder auch Rechtsnormen als „OK" (fair, zumutbar, zufriedenstellend, akzeptabel usw.) betrachtet werden bzw. werden können, wobei diese Bewertung von dem hierbei angewendeten Maßstab abhängt, der „gerecht" sein soll. Auch wenn Gerechtigkeit letztlich immer einzelfallbezogen ist, gehört es zu ihrem Wesen, dass Gleiches gleich behandelt wird. Insbesondere Philosophien haben sich deshalb seit jeher Gedanken darüber gemacht, welche übergreifenden abstrakten Kriterien grundsätzlich geeignet sind, Gerechtigkeit herzustellen.

Trotz der sprachlichen Nähe zum „Recht" handelt es sich **nicht** um einen zentralen **Rechtsbegriff.** Der Gesetzgeber meidet ihn wegen seiner Vieldeutigkeit weitgehend und verwendet eher präzisere Begriffe. Dies gilt analog auch für die Praxis, wo z. B. selten das Argument der Ungerechtigkeit verwendet wird. Dennoch ist Gerechtigkeit als Ideal insbesondere in rechtspolitischen Diskussionen allgegenwärtig (s. z. B. auch Art. 1 Abs. 2 GG) und eine Auseinandersetzung mit ihr unabdingbar für ein vertieftes Verständnis des Rechts.

## 1. Einleitung

**Recht steht im Dienst der Gerechtigkeit.** Mittels der Rechtsordnung sollen Rechte und Pflichten gerecht verteilt, Rechts- und Interessenkonflikte gerecht gelöst oder Straftaten gerecht sanktioniert werden. Was aber bedeutet „gerecht"?

(1) Der Gerechtigkeit kann man sich auf zwei Wegen nähern:

- Aus der **Perspektive des Einzelnen,** der erwartet, gerecht behandelt oder beurteilt zu werden: Aus dieser Sicht geht es um eine individuelle Sichtweise, ein Rechtsgefühl, eine subjektive Einschätzung, einen Gerechtigkeitssinn. Diese Perspektive betrifft sowohl die Normen als solche, die als (un)gerecht empfunden werden können, als auch die (un)gerechte Anwendung eigentlich akzeptabler Normen im Einzelfall, z. B. vor Gericht.
- Aus der **Perspektive der Gesellschaft:** Hier geht es um die Ordnung des menschlichen Zusammenlebens, um einen objektiven Zustand bzw. ein zu erreichendes Ergebnis, also nicht um Einzelfallgerechtigkeit, sondern um einen Systemzustand, der sich aus dem positiven Recht ergibt.

Gerechtigkeit wäre also **objektiv** als Ideal die „vollkommene Ordnung im Recht", **subjektiv** die dem Einzelnen zuteil werdende oder von ihm umgesetzte Verwirklichung des objektiven Rechts, die von ihm als „in Ordnung" empfunden wird.

(2) Auf Gerechtigkeit wird auch oft Bezug genommen, wenn es um die Definition des Rechts geht: Nur gerechtes Recht sei „echtes" Recht. Recht ist dann in gewissem Sinne eine Form der Verkörperung des Gerechtigkeitsideals; oft wird in diesem Zusammenhang auch auf das Naturrecht verwiesen.

Dieser **inhaltlich** orientierten steht heute eher eine **positivistisch-formalistisch** ausgerichtete Sichtweise gegenüber, die das Recht als reines Menschenwerk betrachtet und Gerechtigkeit nur als Ziel bzw. Maßstab des positiven Rechts definiert, dieses dann aber mit spezifischeren Begriffen konkretisiert.

(3) Entsprechend dieser doppelten Dichotomie (objektiv/subjektiv, inhaltlich/formal) gibt es unterschiedliche **Theorien,** was Gerechtigkeit ist, sein könnte oder sein sollte. Einige wichtige werden in ihren Kerngedanken und Implikationen hiernach dargestellt. Es wird dabei deutlich werden, dass das Ideal der Gerechtigkeit weit über den juristischen Horizont hinausreicht.

Gemeinsam ist diesen Ansätzen das **Ziel einer Objektivierung des individuellen Rechtsgefühls.** Es geht daher darum, formale und materielle Maßstäbe zu finden, die dem Recht eine möglichst **weitreichende Überzeugungskraft und damit Akzeptanz** durch die größtmögliche Zahl der Rechtssubjekte verleihen.

## 2. Austauschende und verteilende Gerechtigkeit

Grundlegend und bis heute richtunggebend sind die Ansichten des altgriechischen Philosophen **Aristoteles** (384–322 v. Chr.) über die Gerechtigkeit als die **Tugend der zwischenmenschlichen Beziehungen** und als **Maßstab zur Regelung der Beziehungen zwischen Bürgern sowie zwischen Bürgern und Gemeinwesen.** Er unterscheidet zwei Gerechtigkeitsbegriffe

- Unmittelbar zwischen den Bürgern soll die **ausgleichende Gerechtigkeit** *(iustitia commutativa)* gelten, d. h. die Leistung muss der Gegenleistung entsprechen, der Schadensersatz dem Schaden, das Herauszugebende der ungerechtfertigten Bereicherung, oder die Strafe der Schuld, usw.
- Im Gemeinwesen insgesamt geht es um **austeilende Gerechtigkeit** *(iustitia distributiva),* d. h. um die gleichmäßige Teilhabe aller an den Gütern und am Wohlstand, aber auch um die gleichmäßige Verteilung der Lasten (z. B. Steuern) oder Vorteile (z. B. Sozialleistungen) auf alle sowie schließlich um den Ausgleich zwischen Einzel- und Gemeinwohlinteressen.

Diese beiden Begriffe differenzieren zwei wichtige Grundthemen der Gerechtigkeit, die in einem aktuellen Kontext einer **Konkretisierung** z. B. in folgender Hinsicht bedürfen:

- Wie ist bei ausgleichender Gerechtigkeit die Gleichwertigkeit der Güter und Leistungen (gerechte Preise, gerechter Lohn) zu bemessen? Dient nur der freie Markt als Austauschmechanismus? Darf bzw. soll der Staat Preise festlegen?
- Was bedeutet es bei austeilender Gerechtigkeit, Gleiches gleich zu behandeln, wo ist eine Differenzierung nicht nur erlaubt, sondern sogar geboten? Sollen Reiche mehr Steuern zahlen als Arme? Wer soll unter welchen Bedingungen Anspruch auf welche Sozialleistungen haben?

Es ist offenkundig, dass zur Beantwortung dieser Fragen Erkenntnisse anderer Wissenschaften eine zentrale Rolle spielen.

## 3. Gleichheit

Aristoteles hat die hiervor ausgeworfenen Fragen (die sich zu seiner Zeit natürlich in anderer Form stellten als heute) im Sinne der Gerechtigkeit als eine auf die **Herstellung der Gleichheit** gerichtete Individualtugend beantwortet:

- Mit **ausgleichender** Gerechtigkeit meint er **absolute Gleichheit** (allen das Gleiche),
- mit **austeilender** Gerechtigkeit **relative Gleichheit** (jedem das Seine).

Kern der Gerechtigkeit ist demnach der Gedanke der Gleichheit, der auch in Art. 3 I GG als eine wesentliche **formale** Grundlage der deutschen Rechtsordnung verankert ist. In der **inhaltlichen** Konkretisierung ist jedoch auch Gleichheit ein schwieriges Konzept. Wenn nämlich Gleiches gleich, Ungleiches jedoch ungleich behandelt werden soll, stellen sich automatisch vertiefende Fragen:

- Relative Gleichheit bedeutet „gerechte" Differenzierung, aber nach welchen Kriterien und Maßstäben darf bzw. muss diese erfolgen (z. B. Bedürftigkeit oder Leistungsfähigkeit)? Ab wann liegt keine (erlaubte) Differenzierung mehr vor, sondern eine (verbotene) Diskriminierung?
- Absolute Gleichheit würde eine verlässliche genaue Quantifizierung erfordern, die aber nicht realisierbar ist. Wenn man ersatzweise mit einer approximativen Gleichheit argumentiert, wäre zu klären, bis zu welcher Grenze Abweichungen erlaubt sind und ab wann von einer Unverhältnismäßigkeit auszugehen ist.

Zu all diesen Fragen gibt es unterschiedliche Ansichten, und auch das Recht kann hier zwar allgemeine Maßstäbe vorgeben, in der konkreten Umsetzung (Normierung oder Anwendung) wird es sich jedoch auf die Ideen anderer Erkenntnisquellen stützen müssen.

## 4. Ökonomische Effizienz

Angesichts der Probleme, Gerechtigkeit inhaltlich zu konkretisieren, liegt der Ansatz nahe, **Gerechtigkeit von außerhalb des Rechts zu definieren.** Insbesondere in der Ökonomie spielen das Gerechtigkeitsideal und seine Quantifizierung seit jeher eine wichtige Rolle. Dabei wird insbesondere argumentiert, im Zweifel sei alles gerecht, was **ökonomisch effizient** sei oder den **größten Nutzen** erbringt, bzw. bei der Entscheidung zwischen zwei alternativen Lösungen sei jene zu wählen, die ökonomisch effizienter oder nützlicher sei. Ungerechtigkeit ist dann nichts anderes als eine Differenz zwischen dem erreichten und dem erreichbaren Gesamtnutzen.

Obschon die **Wirtschaftswissenschaft** grundsätzlich deskriptiv ist und beschreibt, was ist, oder prognostiziert, was kommen wird, begibt sie sich mit diesem **präskriptiven Ansatz** in den normativen Bereich, wodurch sie gefordert ist, diesen „Utilitarismus" bzw. die Legitimität des Nutzenvergleichs zu rechtfertigen. Das gelingt ihr aber nicht überzeugend, denn auch hier gibt es **Bedenken und Anwendungsprobleme:**

- Der Begriff der Effizienz (oder des Nutzens) ist **vieldeutig,** und das Verhaltensmodell des *homo oeconomicus*, das den Erklärungsmodellen zugrunde liegt, beruht auf zahlreichen modellhaften Annahmen (z. B. einer egoistischen Rationalität), die keineswegs immer zur beurteilten Realität passen.
- Bei der Entscheidung über Streitfälle oder verschiedene Lösungsalternativen müssen in dieser Sichtweise die jeweiligen Vor- und Nachteile zwangsläufig quantifiziert werden. Die **Wertansätze und die Berechnungsmodelle** sind

jedoch nicht einheitlich und auch nicht vollständig. Insofern täuscht die (Nutzen-)Quantifizierung eine Scheinpräzision vor, die sie nicht besitzt. In Wirklichkeit fließen „Vorverständnis“ oder subjektive Einflüsse (bewusst oder unbewusst) in die Berechnungen ein.

- Streitfragen beziehen sich oft auf Gegenstände, die überhaupt **nicht** oder zumindest nicht objektiv **quantifizierbar** sind. Aber auch in solchen Fällen muss es eine belastbare Entscheidung geben, für die Kriterien benötigt werden.
- Ein Rechtssystem, das einseitig an Effizienz, Nutzen, Gewinn usw. orientiert ist, führt **langfristig** zu Verhaltensweisen, die den **Zusammenhalt** der Gesellschaft (zer)**stören.** Das Effizienzdenken ignoriert nämlich die grundlegenden immateriellen Werte von Gleichheit, Sittlichkeit, Menschenwürde usw., die in diesem Denken keine Rolle spielen.

Aufgabe des Rechts, unterstützt durch die Rechtswissenschaft, ist es daher, die Erkenntnisse der Ökonomie zwar zu berücksichtigen, aber auch Maßstäbe für ihre **Korrektur und Ergänzung** zu entwickeln.

## 5. Kategorischer Imperativ

Der Philosoph Immanuel **Kant** (1724–1804) hat den Maßstab für gerechtes Handeln in der **Verallgemeinerungsfähigkeit** gesehen. Daraus hat er den sogenannten „kategorischen Imperativ“ abgeleitet (kategorisch heißt: ohne Bedingungen oder Berücksichtigung des verfolgten Zwecks). Dieser lautet:

„Handle immer nach derjenigen Regel, von der Du zugleich wollen kannst, dass sie ein allgemeines Gesetz werde!“

Dieses Prinzip ist zwar als oberstes **Prinzip der Moral** gedacht und nicht unmittelbar auf die Gerechtigkeitsfrage bezogen. Aber es lässt sich hierauf übertragen: Die beste bzw. gerechteste Lösung eines Falles berücksichtigt nicht nur alle Umstände des Einzelfalls, sondern sie muss grundsätzlich verallgemeinerungsfähig sein, also als allgemeines Gesetz taugen, dem man sich auch selbst unterwerfen würde.

Dieser Grundsatz bezieht also die **Gleichheit** mit ein, daneben auch die **Reziprozität,** da man nur so handeln darf, wie man auch selbst behandelt werden möchte.[1]

Wirklich klar ist dieses **formelle Verständnis** der Gerechtigkeit aber auch nicht, denn es gibt für **viele** Probleme verschiedene **verallgemeinerungsfähige Lösungen.** Es bleibt daher die Frage, welche Lösungen inhaltlich überhaupt infrage kommen und welche Lösung von mehreren ggf. die gerechteste ist.

[1] Dem entspricht das Sprichwort: *„Was Du nicht willst, dass man Dir tu ‚das füg‘ auch keinem andern zu.“*

## 6. Verfahrens- und Organisationsgerechtigkeit

Angesichts der Probleme, Gerechtigkeit inhaltlich zu definieren, wird auch argumentiert, dass man **nicht** zwangsläufig beim **Ergebnis** ansetzen muss, **sondern** Gerechtigkeit auch daran messen bzw. daraus ableiten kann, **wie das Ergebnis zustande gekommen** ist.

Entscheidungen wären demnach immer dann gerecht, wenn sie in bestimmten Verfahren und/oder im Rahmen der Tätigkeit bestimmter Organe/Organisationen zustande kommen.

*Beispiele:* Entscheidungen über Gesetze durch demokratisch gewählte Volksvertreter; Urteile in Gerichtsverfahren, bei denen beide Seiten gehört werden müssen; verfahrensmäßige Beteiligung von Minderheiten bei Entscheidungsfindungsverfahren.

In der Tat tragen „gute" **Verfahrensregeln** dazu bei, die Wahrscheinlichkeit gerechter Normen, Urteile oder Entscheidungen und nicht zuletzt deren Akzeptanz zu erhöhen.

Analog zum Vorstehenden geht es in dieser Perspektive also auch darum, durch **organisatorische Strukturen** Macht zu legitimieren, sie angemessen zu verteilen, zu begrenzen und zu kontrollieren. Wenn dieser organisatorische Rahmen „stimmt", werden die Handlungen und Entscheidungen der so Befugten eher als gerecht empfunden als im gegenteiligen Fall.

Ablauf- und Aufbaustrukturen des Rechtssystems tragen also zur Gerechtigkeit bei, wenn sie **bestimmten Maßstäben** gerecht werden. Welche diese sind, muss in jeder Gesellschaft **definiert werden.** Je zerstrittener eine Gesellschaft ist, desto wichtiger werden die Verfahren und Strukturen zur Konsens- oder Kompromissfindung. In den westlichen Rechtsordnungen dominiert z. B. heute das „demokratische Mehrheitsprinzip", aber dieses wird ergänzt durch unterschiedliche Regeln zum Minderheitsschutz.

*Beispiele:* Faire und freie Wahlen, damit Minderheiten auch Mehrheiten erringen können; Gleichheits- und Freiheitsgarantien für alle (nicht nur für Anhänger der Mehrheit); besonderer Schutz für Benachteiligte.

Allerdings bringt auch diese formale Herangehensweise an die Gerechtigkeit bestimmte **materielle Werte** zum Ausdruck, die Bestandteile eines übergreifenden Gerechtigkeitsideals sind.

*Beispiel:* Demokratie beruht auf der Überzeugung, dass alle Macht vom Volk ausgeht, und dass alle Bürger ein gleiches Recht zur Teilhabe besitzen. Es gibt aber unterschiedliche politische Auffassungen darüber, wer ein teilhabeberechtigter Bürger ist. Diese Meinungsunterschiede können zur Infragestellung der Demokratie führen.

## V. Billigkeit

### 1. Dem Gesetz entsprechen

Grundsätzlich sind im Sinne der Rechtssicherheit und Gleichbehandlung alle Rechtssubjekte **gleich zu behandeln** bzw. gleichermaßen dem Gesetz unterworfen. Wo zu differenzierende **Einzelfallprobleme** häufig auftreten, hat der Gesetzgeber dies entweder bei typischen Konstellationen schon ausdrücklich **berücksichtigt** oder **allgemeine Begriffe bzw. Generalklauseln** verwendet.

Dabei benutzt er häufig (insbesondere im Zivilrecht (Vertragsrecht), aber auch darüber hinaus) den Begriff der **„Billigkeit"** (oder „billiges Ermessen"), der es erlaubt, in begründeten Einzelfällen eine feinjustierte und deshalb zielgenauere Gerechtigkeit walten zu lassen, weil sie einem Entscheider erlauben, im Rahmen eines legalen Ermessens auf besondere Umstände Rücksicht zu nehmen.

*Beispiele:* Vergleichbare Begriffe zu „Billigkeit" sind Treu und Glauben, Angemessenheit, Zumutbarkeit.

So sollen Härten vermieden oder gemildert und eine **Einzelfallgerechtigkeit** erreicht werden. Was dabei jeweils mit Billigkeit gemeint ist, hat der Gesetzgeber nicht definiert, sondern dies wird von der Rechtsprechung im Laufe der Zeit schrittweise konkretisiert, wobei die Bedeutung je nach Anwendungsbereich unterschiedlich sein kann.

### 2. Vom Gesetz abweichen

**Vergleichbare Probleme** kann es aber auch in Fällen geben, die eigentlich **eindeutig geregelt** sind und keine abweichende Einzelfallentscheidung vorsehen. Auch hier kann sich nämlich die Frage stellen, ob nicht in besonders „krassen" **Ausnahmefällen** von der Norm abgewichen werden darf, weil eine an sich gerechte Regel im Einzelfall zu einem ungerechten Ergebnis führen würde.

Im Gegensatz zur angelsächsischen Rechtstradition („*equity*") gibt es in Deutschland keinen allgemeinen Rechtsgrundsatz, und auch **kein allgemein akzeptiertes Ideal,** das dem Richter in solchen Konstellationen **abweichende Einzelfallentscheidungen** erlauben würde.

Gelöst wird dieses Problem in der Praxis indirekt über (insbesondere teleologische) **Auslegung** (ggf. explizit *contra legem*, d. h. entgegen dem Wortlaut des Gesetzes), **Argumentation und Rechtsfortbildung** als formal akzeptierte Instrumente, Einzelfallgerechtigkeit nicht nur zu gewähren, sondern langfristig zu neuen Fallgruppen und neuen Standardregeln zu entwickeln, die ggf. irgendwann sogar gesetzlich verankert werden.

Als (unausgesprochene) **Begründung** dient dabei die Erkenntnis, dass eine blinde strenge Gesetzeshörigkeit auf Dauer den Rechtsgehorsam und das Vertrauen in den Rechtsstaat in Frage stellt. Anderseits besteht die **Gefahr,** dass auf diese Weise eine zunehmend große und undurchschaubare Kasuistik entsteht, welche die

Idee der Gleichbehandlung infrage stellt. Bei zu häufiger oder zu großzügiger Anwendung stellt sich schließlich die Frage der Gesetzestreue und -wirksamkeit.

Eine allgemeingültige Lösung dieses Spannungszustands gibt es nicht. Es kommt letztlich auf das **Verantwortungsbewusstsein** und das **Rechtsgefühl** des Entscheiders an.

Letztlich ist es vermutlich nicht entscheidend, ob man Gerechtigkeit bzw. Billigkeit allgemein oder im Einzelfall definieren kann, sondern dass sowohl der gesetzgeber als auch die Gerichte immer wieder versuchen, durch allgemein-abstrakte Gesetze und auch Billigkeitsentscheidungen Gerechtigkeit zu schaffen, und dass diese Dynamik von den Menschen als ausreichend betrachtet wird, um der Rechtsordnung zu vertrauen.

# Zukunft des Rechts

Eine Rechtsordnung, wie sie derzeit in Deutschland existiert, ist eine Errungenschaft und nicht naturgegeben. Sie hat sich im Laufe von Jahrhunderten entwickelt, und sowohl die zu erfassende Realität (Gesellschaft, Natur, Technik) als auch die prägenden Wertvorstellungen und -prioritäten der Menschen haben zu einem sich ständig ändernden Recht beigetragen. Dieser **stete Wandel des positiven Rechts** wird auch in Zukunft ein **grundlegendes Wesensmerkmal** bleiben.

Betrachtet man darüber hinaus die **Veränderungen des Rechts als System** aus einer **langfristigen Makroperspektive,** kann man feststellen, dass auch das Grundverständnis dessen, was Recht ist oder sein sollte, und welche Funktion ihm in der gesellschaftlichen Realität zukommt, sich weiterentwickelt hat, wenn auch in einem langsameren Tempo.

Insbesondere Rechtsgeschichte und Rechtssoziologie tragen dazu bei, diese Dynamik transparent zu machen. Allerdings zählt dazu typischerweise nicht der Blick in die Zukunft, der in hohem Maße **spekulativ** ist, aber sehr **erhellend** sein kann, wenn es darum geht, den aktuellen Zustand zu verstehen und mit Blick auf ein anzustrebendes Ziel zu beeinflussen.

In diesem Kapitel wird daher der Versuch unternommen, zumindest auf einige wichtige Entwicklungen hinzuweisen (s. Abschn. I) und diese zu deuten (s. Abschn. II), nicht zuletzt auch mit Blick auf die (voraussichtlichen) Auswirkungen auf die juristischen Berufe (s. Abschn. III).

## I. Makroentwicklungen der Rechtsordnung

### 1. Problemstellung

Das Recht verändert sich in seiner Statik und Dynamik permanent in vielfältiger Weise. Dieses ständig Neue wird i. d. R. als eine Summe von Einzelaspekten wahrgenommen, die Rechtswissenschaft macht es sich darüber hinaus zur Aufgabe,



B. Bergmans, *System und Grundlagen des deutschen Rechts*, Springer-Lehrbuch,
https://doi.org/10.1007/978-3-662-72724-9_9

dies aus einer ordnungserhaltenden Perspektive zu begleiten und ggf. zu beeinflussen.

Die Grundlagen- und Nachbarwissenschaften versuchen ihrerseits, hieraus zumindest in Teilbereichen eine **längerfristige Entwicklungsperspektive** zu generieren. Die Ergebnisse hängen jedoch entscheidend davon ab, mit welchem Zeithorizont hierbei gearbeitet wird. Je aktueller die beobachteten Entwicklungen, desto schwerer ist es, eine Tendenz in ihnen zu entdecken und die zahlreichen Puzzleteile zu einem aussagefähigen **Gesamtbild** zusammenzusetzen.

Trotz der zu erwartenden Fehlobservationen ist es **wichtig,** den „Wald vor lauter Bäumen" nicht aus den Augen zu verlieren:

- Eine **in sich stimmige Rechtsordnung** bleibt, wenn schon keine zwingende Notwendigkeit, dann doch ein erstrebenswerter Zustand, nicht nur mit Blick auf seine technische Funktionsfähigkeit, sondern auch zur Sicherstellung der wesentlichen Werte und Ideale des Rechts.
- Grundlegende Veränderungen, vor allem wenn sie innerhalb einer kurzen Zeitspanne erfolgen, rufen **Sorgen und Ängste** hervor, nicht nur bei den Bürgern, sondern auch bei den Staatsorganen und Berufsjuristen. Diese können im Sinne einer selbsterfüllenden Prophezeiung echte Probleme verschärfen oder sogar überhaupt erst hervorrufen. Das Verständnis der tieferen Zusammenhänge ermöglicht hingegen einen **nüchternen und sachbezogenen Umgang mit den Entwicklungsphänomenen** und letztlich auch geeignete Maßnahmen, die mit den Entwicklungen Schritt halten können.
- **Rechtspolitische Stellungnahmen,** aber in gewissem Maße auch individuelle Auslegungen und Ermessensentscheidungen, erfordern nicht nur die Kenntnis der aktuellen Rechtslage, sondern auch eine korrekte Einschätzung der Tragweite der eigenen Position. Dabei hilft ein umfassenderes Verständnis der gesamten Rechtsordnung, seines aktuellen Entwicklungsstands sowie der Richtung, in die sie sich zukünftig bewegen könnte und/oder sollte.

## 2. Beispiele für aktuelle Veränderungen

In den folgenden Abschnitten sollen beispielhaft einzelne Aspekte solcher Makroentwicklungen skizziert werden. Es gibt kein objektives Observatorium für solche Entwicklungen, sondern die Auswahl resultiert aus der subjektiven Einschätzung des Verfassers, die allerdings auf zahlreichen Lektüren und Beobachtungen über einen langen Zeitraum beruhen. Zugrunde gelegt wird hierbei eine **Systemperspektive,** nicht eine Analyse positivrechtlicher Normbereiche. Einzelne Aspekte wurden in früheren Kapiteln teilweise bereits angesprochen, sollen hier aber im Sachzusammenhang noch einmal adressiert werden.

### a) Vielfalt und Komplexität

Die Rechtsordnung ist zunehmend **vielfältig und komplex** geworden, selbst wenn man nur die „echten" Rechtsquellen betrachtet. Das liegt zum einen an **neu hinzugekommenen Rechtsgebieten,** die möglichst harmonisch in die gesamte

Rechtsordnung eingegliedert werden müssen (allem voran die Grundrechte, aber z. B. auch das öffentliche Wirtschaftsrecht), zum anderen an **neuen bzw. differenzierten Regelungsebenen und -arten**, die zudem nicht nur **nationalen,** sondern auch **europäischen, internationalen** oder **ausländischen Ursprungs** sind.

Auch das **Tempo der Veränderungen** ist zumindest in Teilbereichen erheblich.

*Beispiele:* Das Steuer- und Sozialrecht, aber auch Bereiche wie das Arbeitsrecht oder das Zivilrecht.

Nicht zuletzt ist die deutlich gewachsene Sichtweise des **Staates als gesellschaftlicher Problemlöser** verantwortlich dafür, dass er viel häufiger ordnend, regulierend und sanktionierend eingreift, und das nicht nur in den klassischen Bereichen der öffentlichen Sicherheit und Daseinsvorsorge, sondern auch mit zwingenden und manchmal strafrechtlichen Normen in den privatrechtlichen Beziehungen der Bürger untereinander. Paradoxerweise sind dabei gerade jene **Rechtsbereiche, die eine Schutz- oder Unterstützungsfunktion für die Bürger haben** (z. B. Sozialrecht, Arbeitsrecht, Verbraucherrecht, Mietrecht usw.), **besonders komplex** geworden und für Rechtsunkundige ohne professionelle Unterstützung kaum zugänglich.

### b) Überforderung und Unsicherheit

Nicht nur die **Bürger** sind im Umgang mit den rechtlichen Rahmenbedingungen schnell **überfordert,** sondern häufig auch der **Staat und seine Organe**.

So lässt die **Gesetzgebungsqualität** vielfach zu wünschen übrig und schafft damit weniger Ordnung als Rechtsunklarheit, die **Menge der Normen** hemmt die Entscheidungs- und Unternehmensbereitschaft angesichts ständiger rechtlicher Vorprüfungsbedürfnisse, und der Staat selbst ist oft nicht in der Lage, für die Einhaltung der rechtlichen Vorgaben Sorge zu tragen.

Gleichzeitig hat die **Bedeutung der Rechtsprechung** für die Klärung auch grundsätzlicher Rechtsfragen zugenommen. Hierdurch bürdet man den Gerichten eine Verantwortung auf, die – zumindest bei höchstinstanzlichen Urteilen – über den Einzelfall weit hinausgeht und für die Rechtssubjekte zu erheblichen **Unwägbarkeiten** führt. Dies gilt insbesondere für das Bundesverfassungsgericht, aber auch für andere Gerichte.

*Beispiel:* Im Steuerrecht dauert die Klärung von Rechtsfragen auf gerichtlichem Wege häufig mehrere Jahre. Hinzu kommt, dass die Steuerverwaltung durch sogen. Nichtanwendungserlasse solchen Urteilen über den Einzelfall möglicherweise keine Bedeutung zumisst, sodass eine unklare Rechtslage also nicht beseitigt wird.

Die **Exekutive** stößt im ständigen Ringen um eine kompetente und effiziente Verwaltung mit ausreichender Vollzugsqualität und -kapazität im Interesse der Bürger an ihre Grenzen. Auch das Bemühen um Transparenz und Bürgerbeteiligung führt nicht selten zu Überforderungssituationen auf beiden Seiten sowie (sehr) langen Bearbeitungs- und Verfahrensdauern, welche die Unzufriedenheit aller Beteiligten hervorrufen.

### c) Entfremdung von Bürgern, Staat und Recht

Im Idealzustand bilden Bürger, Staat und Recht ein zusammengehöriges Gesamtsystem. Verschiedene Entwicklungen weisen jedoch darauf hin, dass hier Entfremdungsprozesse stattfinden, welche das Funktionieren der Gesamtrechtsordnung verändern.

Der **Zugang zum Recht bzw. zur Inanspruchnahme von Rechtsdienstleistungen** für „Normalbürger“, aber auch die hieraus resultierende kapazitative Bewältigung durch die Rechtsordnung, stellen eine Herausforderung für das Gemeinwesen dar, nicht nur zwecks Garantie gleicher Chancen für alle, sondern auch im Sinne der Sicherstellung einer funktionierenden Rechtsordnung. Die Unvorhersehbarkeit des Ausgangs von Gerichtsverfahren sowie die häufig überlange Verfahrensdauer beeinträchtigen das Vertrauen der Bürger in die Justiz und verstärken die Tendenz zur **außergerichtlichen** und/oder **außerrechtlichen Streitregelung.**

Das **Vertrauen** in die Leistungsfähigkeit des Staates und seiner Organe hat trotz (oder vielleicht auch wegen) der Vielzahl der ihm anvertrauten Aufgaben gelitten.

Der Staat neigt zudem angesichts seiner eigenen Probleme dazu, die **Verantwortung** für die Einhaltung rechtlicher Normen und Standards bzw. die diesbezügliche Kontrolle auf die Unternehmen (z. B. Compliance, Beauftragtenwesen), ihre Verbände oder unabhängige Dienstleister (z. B. Wirtschaftsprüfung, Umweltaudits, technische Prüfungen) **auszulagern,** wobei die genauen Standards und Verfahrensweisen gesetzlich häufig nicht spezifiziert sind, sondern Selbstregulierungsbefugnissen der Betroffenen unterliegen.

Insbesondere Unternehmen, aber auch Private, nutzen ihre rechtlichen Gestaltungsspielräume dazu, sich **unabhängiger vom Staat und möglichst unbelasteter von dessen Gesetzgebung** zu machen. Mithilfe kreativer Rechts- und mitunter strategischer Sachverhaltsgestaltung, ggf. unter Einbezug ausländischer Rechtsordnungen, haben Interessengruppen unterschiedlicher Art (von Konzernen bis zu ideologiegetriebenen Gruppierungen) eine Einstellung entwickelt, die staatliches Recht eher als nützliches Instrument denn als gemeinwohlorientierte zwingende Normierung betrachtet.

### d) Digitalisierung und KI

Als neueste Entwicklung mit zu erwartenden dauerhaften Auswirkungen sind die Digitalisierung und Künstliche Intelligenz zu betrachten. Diese führen nicht nur zu neuem Regelungsgegenständen sowie Anpassungsbedarf in der Berufsausübung von Juristen, sondern werden voraussichtlich tiefgreifendere (von manchen als „disruptiv“ bezeichnete) Auswirkungen haben.

Bereits jetzt haben zahlreiche **legal-tech-Instrumente** Auswirkungen auf die Gestaltung, Anwendung und Durchsetzung des Rechts. Mit der zu erwartenden Verbreitung von leistungsfähigen KI-Systemen werden sich neue Fragen stellen, wie z. B. ob und bis zu welchem Maße juristische Tätigkeiten nicht mehr durch Menschen (z. B. Richter) ausgeführt werden, sondern durch intelligente Software, und vor allem ob man zu neuen Formen der Gesetzgebung, Auslegung und Fortbildung in inhaltlicher und methodischer Hinsicht kommen wird, die dann auch eine Neufestlegung der staatlichen Hoheit auf dem Gebiet des Rechts erfordern würden.

## II. Deutungsversuche

Aus den vorstehend beschriebenen und auch sonstigen Beobachtungen werden immer wieder in der einen oder anderen Form **Schlussfolgerungen bzgl. des Zustands des Rechtssystems und seiner Zukunft** gezogen. Dies soll hier anhand von drei häufig angeführten Themen dargestellt werden.

### 1. Verrechtlichung?

Bereits bei der Darstellung der Praxis der Gesetzgebung ist auf die „Gesetzgebungsflut" und die daraus resultierende Bürokratisierung und Justizialisierung hingewiesen worden (Kap. 6. II. 2).

Ob man hieraus eine Tendenz zur „Verrechtlichung" ableiten kann, bedarf jedoch einer genaueren, **nicht nur quantitativen, sondern auch qualitativen Analyse.** Fallzahlen kann man dabei zwar als Indikatoren verwenden, aber diese müssen auch an qualitativen Maßstäben gemessen werden:

- Die Zahl der Gesetze gibt keinen Aufschluss über ihren Umfang und ihre Regelungsdichte und -komplexität.
- Der Aufwand der Gesetzesbefolgung und -anwendung muss abgewogen werden mit den positiven Wirkungen, die oft schwer zu quantifizieren sind.

  *Beispiel:* Welchen Wert besitzt eine größere Rechtssicherheit?

- Die Rechtsordnung setzt sich aus zahlreichen Einzelbereichen mit unterschiedlichen Normadressaten zusammen. Es sind aber nicht alle Bereiche „überreglementiert". Außerdem richten sich viele Normen an kompetente Spezialisten und nicht an juristische Laien.

Wie die Ausführungen im Kap. 7 gezeigt haben, tut der Gesetzgeber gut daran, die **Belastbarkeit und Akzeptanzbereitschaft der Normadressaten** zu berücksichtigen, wenn er seine Ziele erreichen will. Daher ist eine differenzierte Vorgehensweise erforderlich, welche deren Aufnahme- bzw. Verarbeitungskapazität berücksichtigt.

Selbst wenn die Gesetzgebungsbreite, -tiefe und -dichte zugenommen hat, bedeutet das nicht zwangsläufig, dass es zu viele Gesetze gibt. Probleme resultieren daraus nur, wenn die Normadressaten (inkl. dem Staat selbst) unfähig sind, damit adäquat umzugehen. Dies gilt insbesondere für **Berufsjuristen**, die sich z. B. in der Arbeitsorganisation darauf einstellen, insbesondere auf Spezialgebiete konzentrieren und komplexe Probleme arbeitsteilig behandeln müssen.

Für **Rechtsanwender**, die keine Berufsjuristen sind, muss der Zugang zu kompetenter (und bezahlbarer) Beratung sichergestellt sein, für die sie nicht nur auf Allgemeinanbieter (Anwälte bzw. Volljuristen) zugreifen können sollten, sondern auch auf rechtlich qualifizierte Berater in Spezialgebieten.

Insgesamt weist das Thema der Verrechtlichung also einen engen Bezug zu der Frage auf, welche Juristen die Gesellschaft in Zukunft benötigt (s. Abschn. III).

## 2. Krise des Rechts?

Es wird immer wieder die Sorge geäußert, das Recht – und mit ihm die gesamte Rechtsordnung inklusive dem Rechtsstaatsprinzip – befinde sich in einer Krise oder zumindest auf dem Weg dorthin.

### a) Symptome

Die Krise des Rechts resultiert in dieser Sicht aus mehreren miteinander verbundenen Teilbereichen:

- **Funktionskrise:** Das Recht hat einen Teil seiner Ordnungs- und Risikominimierungsfunktion eingebüßt und wird in gewissem Sinne selbst zu einem neuen Problem- bzw. Risikofaktor für Bürger und Unternehmen.
- **Wirkungskrise:** In vielen Fällen ist der Staat als der Hüter von Recht und Ordnung nicht zu einer konsequenten Rechtsdurchsetzung in der Lage, was sich z. B. in der Hilflosigkeit gegenüber systematischen Rechtsbrüchen im großen Stil oder gegenüber der gezielt geschaffenen Macht des Faktischen äußert. Die Rechtstreue ist zudem für viele Rechtssubjekte sogar nur noch eine strategische Option (bzw. eine Frage des Risikos und der damit verbundenen Kosten), das Recht wird instrumentalisiert und verliert seine ordnende Kraft.
- **Legitimitäts- und Akzeptanzkrise:** Die Identifizierung der gesellschaftlichen Akteure mit den Inhalten und Spielregeln des Rechts nimmt ab bis hin zur diskreditierung des Rechts und der zu seiner Verabschiedung und Durchsetzung berufenen Institutionen. Grundrechte wie Persönlichkeitsschutz oder Gleichheit werden ebenso infrage gestellt wie das Demokratieprinzip.

### b) Bewertung

„Krisen“ sind Veränderungen, die als **Gefahr,** und nicht als **Chance** wahrgenommen werden. In Deutschland ist diese einseitige Sichtweise weit verbreitet, auch z. B. bei technologischen Veränderungen. Natürlich ist es richtig, echte Gefahren im Blick zu haben, besser aber, zu erkennen, wo mögliche Ursachen für diese liegen, auf sie einzuwirken und eine positive Vision daraus zu entwickeln. Dazu ist aber in erster Linie eine **außerrechtliche Sichtweise** erforderlich, die keine typische Stärke von Juristen darstellt, die sich in erster Linie am positiven Recht orientieren und nicht als Systemverantwortliche verstehen.

Die Lösung der unzweifelhaft bestehenden Probleme dürfte nicht darin bestehen, die „gute alte Zeit“ zu beschwören und zu versuchen, Entwicklungen zu ignorieren. Es gibt auch sicher kein einfaches und einheitliche Patentrezept zur Bewältigung der Herausforderungen, sondern es sind **mehrschichtige und differenzierte Vorgehensweisen** erforderlich, denen ein **zukunftsorientiertes Verständnis der**

**Ziele und Funktionsweisen des Rechts** zugrunde liegen sollten. Dazu zählen insbesondere:

- Das Recht ist nicht nur in seinen positiven Normen wandelbar, sondern auch in seinen Aufgaben und Funktionsweisen. Um hierauf steuernd einzuwirken, bedarf es eines differenzierten Blicks auf Statik und Dynamik des Rechtssystems sowie einer systembezogenen Innovationsbereitschaft und -fähigkeit.
- Rechtliche und staatliche Eingriffe in die Freiheit sind auf das strikt Notwendige zu begrenzen, aber ihre Einhaltung und damit verbundenen Verantwortlichkeiten auf allen Ebenen konsequent durchzusetzen.
- Das Recht lebt ganz entscheidend von und mit den Rechtsauffassungen der Bürger. Kommunikation und ernsthafte Diskussion, die Schaffung von Vertrauen in den Rechtsstaat in allen Bereichen, aber auch das gemeinsame Verständnis der Grenzen des Rechts und der Verantwortung jedes Einzelnen sind unabdingbar für ein gelingendes Funktionieren der Rechtsordnung.
- Den Juristen kommt eine besondere Verantwortung für die Verzahnung des Rechtssystems mit den Bürgern und der Sicherstellung des immateriellen Wohlergehens der Gesellschaft (auch in einer Zukunftsperspektive) zu. Dies hat Konsequenzen für die Ausbildung und Berufstätigkeit der Juristen, die im Abschn. III separat behandelt werden.

## 3. Evolution des Rechts?

Beobachtet man das Recht und seine Praxis aus einer historischen und geografisch-rechtsvergleichenden Perspektive, stellt man eine große **Vielfalt seiner Ausprägungen** fest, die sich nicht nur auf **Inhalte** und **Formen** des Rechts beziehen, sondern auch auf seine gesellschaftlichen **Funktionen.** Diese stellen starke Indizien für die **Relativität** des Rechts dar und damit eine gewisse Willkürlichkeit als menschengemachtes Produkt.

Gleichzeitig ergibt sich aus solchen Analysen aber auch, dass man das Recht als eine **anthropologische Konstante** betrachten kann, weil selbst in wenig entwickelten Gesellschaften Recht in der einen oder anderen Form existiert. Außerdem kann man feststellen, dass die Kenntnis einer Rechtsordnung trotz aller unterschiedlichen Eigenheiten Juristen in die Lage versetzt, sich relativ schnell in fremde Rechtsordnungen einzuarbeiten, weil es offenbar bestimmte **gemeinsame Methoden, Mechanismen, Denkformen, Arbeitsweisen,** usw. gibt, auch wenn diese in den allermeisten Fällen unbewusst bleiben, solange man sich nur in der eigenen Rechtsordnung bewegt.

Dieser Zwiespalt hat viele Denker dazu gebracht, sich Gedanken über das **„Recht an sich“**, den unveränderlichen **Wesenskern** des Rechts zu machen, und hieraus sind zahlreiche Theorien entstanden.

Hierunter sind auch solche, welche die Veränderungen und die hieraus resultierende Vielfalt aufgrund bestimmter **Evolutionsmodelle** erklären wollen, d. h. als **erklärbare und zumindest in ihren Mechanismen, manchmal auch in ihrer**

**Zielrichtung, vorhersehbare Prozesse.** Diese Modelle stammen typischerweise aus anderen Wissenschaften (Biologie, Soziologie, Ökonomie, Systemtheorie, usw.) und verwenden daher deren Erklärungsmuster.

Gemeinsam ist den meisten von ihnen, dass sie eine gewisse Zwangsläufigkeit postulieren, deren Ergebnis zwar nicht vorhersehbar ist, die jedoch der Gestaltbarkeit durch die Menschen bzw. die Gesellschaft Grenzen setzt. Diese Theorien sind immer langfristig orientiert und empirisch nicht überprüfbar. Sie dienen manchmal auch der Rechtfertigung aktueller sozialer Zustände und sind demnach nicht wissenschaftlich unvoreingenommen. Allgemein akzeptiert ist keine dieser Theorien und von vielen wird Recht ganz **im Gegenteil rein positivistisch als formbares Instrument ohne jegliche (ggf. aus der „Natur" abgeleitete) Eigengesetzlichkeit** betrachtet.

Vermutlich liegt die Wahrheit irgendwo zwischen diesen Extrempositionen. Das Recht hat sich von Theologie, Philosophie, Ethik, Psychologie, Ökonomie, Soziologie und Weisheitslehren in einem über mehrere hundert Jahre dauernden Prozess gelöst und eine Eigenständigkeit erlangt, bis es so wurde wie wir es heute kennen. Die Verwissenschaftlichung und Rationalisierung haben hierbei eine wichtige Rolle gespielt, aber diese haben auch zu den hiervor beschriebenen Entwicklungen beigetragen: Entfremdung der Menschen, Technisierung der Anwendung, positivistisches Denken, Juristen als Vollstrecker des Rechts ohne eigenen Beitrag, Zersplitterung des Rechts in Teilbereiche, die kein Einzelner mehr überschauen kann.

Die Einsicht, dass das Recht sich in einem langfristigen Prozess stetig weiterentwickelt, kann – selbst wenn man die Zielrichtung nicht genau erkennen kann – auch als **Appell an die Verantwortung** verstanden werden, das sich in diesem Rahmen bietende **Gestaltungspotenzial bestmöglich zu nutzen.**

## III. Folgerungen für die Juristenberufe und -qualifikationen

### 1. Problemstellung

Aus dem bisher Gesagten ergibt sich die Notwendigkeit, die Berufsjuristen als Teil der durch den steten Wandel hervorgerufenen Probleme, aber auch der Lösung derselben zu verstehen, und daher auch diese hinsichtlich ihrer Funktion im Rechtssystem und ihrer Qualifikation(en) in einer Zukunftsperspektive zu betrachten.

Genauer gesagt geht es dabei um die Frage, welche Rechtsqualifikation(en) in welcher Form bei welchen gesellschaftlichen Teilgruppen vorhanden sein sollten, damit die Funktion(en) des Rechts auch tatsächlich erfüllt werden können. Denn die weit verbreitete Überzeugung, dass nur (Berufs-) **Juristen** sich um die Zukunft des Rechts kümmern sollten, und dass diese sich fundamental von den **Nicht-Juristen** unterscheiden, musst als überholt betrachtet werden.

Im Rechtsdienstleistungs- und -arbeitsmarkt werden **vielfältige Qualifikationen mit abgestuften rechtlichen Kenntnissen** benötigt, sodass eine Gesamtbetrachtung auch neue Tätigkeits- und Qualifikationsbereiche umfassen muss, die nicht mehr als typische Berufsgruppen erfasst werden können. Insbesondere bildet die Justiz nur noch ein Teilsegment, selbst wenn man die als *litigation lawyers* tätigen Rechtsanwälte hinzuzählt. Proaktive Gestaltung und lösungsorientierte Beratung in vielfältigen Spezialbereichen gehören heute zu den Kerntätigkeiten einer großen Anzahl von Juristen, die in ihrer Spezialisierung z. T. auch weitgehendes nichtjuristisches Fachwissen benötigen.

In Deutschland gibt es nur **wenig** breit angelegte **Diskussionen** oder **Visionen** zu diesem Thema, sondern allenfalls interessegeleitete Teilanalysen, vor allem wenn es darum geht, sich in lukrativen Teilmärkten zu positionieren. Wenn überhaupt Lösungsansätze zu den hiervor angesprochenen Problembereichen diskutiert werden, sind diese immer struktur- oder verhaltensorientiert. Personalthemen werden als Fragen der Personalausstattung und -bezahlung angesprochen, aber nie mit Blick auf die Qualifikation von Juristen oder gar die Übernahme von Verantwortung durch Nichtjuristen.

## 2. Weiterentwicklung

Für die hiervor postulierte Weiterentwicklung der Juristentypologie und der jeweils benötigten Qualifikationen sind folgende **Grundgedanken** von Bedeutung:

- Die Unterscheidung Jurist-Nichtjurist ist überholt. Analog zu anderen Berufsfeldern wie Medizin oder Technik wird es einen vielfältigen Juristenmarkt mit unterschiedlichen Spezialisierungen geben (müssen).
- Neben dem traditionellen Typus des Volljuristen/Nur-Juristen wird es verschiedene Arten von Hybridjuristen/Auch-Juristen geben, die auch eine relevante und typischerweise spezialisierte Qualifikation in nicht-juristischen Fachgebieten besitzen. Dabei wird es auch Qualifikationsprofile geben, in denen das Recht nur eine Nebenrolle spielt.
- Es wird differenzierte Ausbildungsmodelle geben müssen, um diese unterschiedlichen Qualifikationen zu vermitteln. Die derzeit bestehenden Modelle der rein juristischen Volljuristenausbildung und der interdisziplinären Wirtschaftsjuristenausbildung können dabei als Vorbilder für weitergehende differenzierte Ausbildungsmodelle dienen.
- Die Ausbildungsmodelle müssen sich am (zukünftigen) gesellschaftlichen Bedarf orientieren, nicht an einem realitätsfernen Idealmodell, das sich aus der „reinen" Rechtswissenschaft ableitet. Entsprechend darf sich die Expertise von Juristen nicht auf das Recht oder die Rechtswissenschaft beschränken, weil dies die Entfremdung von Recht und Gesellschaft verfestigt.
- Juristen sind in ihrer Gesamtheit idealerweise die primären Schnittstellenmanager zwischen Recht und Gesellschaft. Daher ist zumindest ein Großteil von ihnen entsprechend ihrer verantwortlichen Rolle in der Gesellschaft zu qualifizieren, auch für Führungsaufgaben, die weit mehr als nur Rechtskompetenz verlangen. Dazu zählen auch neue Denkschemata (z. B. problemlösungsorientiertes

komplexes und dynamisches Modellieren), denn das Denken dieser Juristen geht weiter als das klassische schematisch geprägte Rechtsdenken.

Um diese Ziele zu erreichen, ist die Juristenausbildung aus der primären Zuständigkeit der Justizministerien zu lösen. Hochschulen, Berufs- und Arbeitgeberverbände müssen zwingend bei der Entwicklung von Ausbildungsmodellen mitwirken.

# Ausblick

Jeder hat eine Vorstellung vom (deutschen) Recht, so wie er es kennt und/oder erlebt, teilweise wohl auch, wie er es gerne hätte. Dieses Bild variiert nicht nur zwischen Juristen und Nichtjuristen, sondern auch innerhalb der beiden Gruppen.

In diesem Buch wird der Versuch unternommen, dieses Verständnis durch die Herausarbeitung der statischen und dynamischen Dimensionen des Rechts und seiner Verbindungen mit der außerrechtlichen Realität zu vertiefen, zu objektivieren und durch die Beschränkung auf das Wesentliche zu vereinfachen, ohne zu banalisieren.

Die Darstellung hat gezeigt, dass Recht ein Phänomen ist, das zwar Einheitlichkeit/Dauerhaftigkeit/Klarheit/Effektivität/Ordnung erwarten lässt, aber eben auch Vielfalt/Vergänglichkeit/Unverständlichkeit/Wunschdenken/Widersprüche beinhaltet. Entsprechend können viele grundlegende Fragen zwar gestellt, aber nicht eindeutig beantwortet werden, darunter solche wie: Was ist das spezifisch Juristische bzw. das Proprium des Rechts? Was bedeutet es im Kern, Jurist zu sein? Wie weit sollte der Rechtsgehorsam eines mündigen Bürgers reichen?

Die Antworten hierauf muss jeder für sich finden. Leider ist die klassische (Voll) Juristenausbildung in Deutschland wenig geeignet, eine kompetente Anleitung für diesen Findungsprozess zu geben, eher im Gegenteil. Junge Volljuristen haben umfangreiches Detailwissen erworben, aber nur ein geringes Verständnis für Hintergründe und Zusammenhänge und keine besondere Kompetenz im Umgang mit den grundlegenden Fragen aus einer persönlichen Perspektive.

Wenn von einer Krise des Rechts gesprochen wird, hat dies auch damit zu tun. Juristen begreifen sich in der Regel als Diener des Rechts und/oder als Dienstleister für Bürger und Unternehmen, aber nicht als Repräsentanten und Vermittler der rechtlichen Dimension im Gesellschaftsleben und in der individuellen Existenz. Dieses Buch soll sie auch befähigen, einen Schritt in diese Richtung zu unternehmen und dabei eine explizite und verantwortungsbewusste Haltung zu entwickeln.

Es erfordert dabei einen gewissen Mut, sich gegenüber den aufgeworfenen Fragen und Herausforderungen zu öffnen und zu positionieren, vor allem aber auch



B. Bergmans, *System und Grundlagen des deutschen Rechts*, Springer-Lehrbuch,
https://doi.org/10.1007/978-3-662-72724-9_10

eine Offenheit für die Grenzgebiete des Rechts, die Gegenstand anderer Wissenschaften sind. Diese Haltungen entsprechen leider nicht dem typischen Persönlichkeitsprofil vieler Juristen. Ein wichtiges Anliegen dieses Buches ist es daher, diesbezügliches brachliegendes Potenzial zu aktivieren.

Aber nicht nur Juristen können und sollen sich mit dem Recht befassen, sondern auch Nichtjuristen. Für sie geht es nicht in erster Linie um rechtliche Fachkunde, sondern um das Verständnis der Aufgaben, Ziele und Stellschrauben des Rechtssystems. Wenn das Recht Instrument und Ausdruck des Versuchs der Menschen ist, das Gemeinschaftsleben in geordnete Bahnen zu lenken und zu erhalten, und dabei gleichzeitig möglichst vielen unterschiedlichen Interessen, Belangen und Werten gerecht zu werden, dann müssen auch möglichst viele Menschen Kompetenzen hierin erwerben. Auch diesem Ziel dient das vorliegende Buch. Denn jeder kann Verständnis für das Recht und seine Grundlagen erlangen, ohne Jura studiert zu haben.

Die Auseinandersetzung mit den Inhalten dieses Buches zeigt, dass nicht nur Fachkompetenz und Ethos, sondern auch eine positive „Zukunftsvision" des Rechts benötigt werden, um den bereits jetzt erkennbaren Herausforderungen gerecht werden zu können. Auch wenn der eigene Beitrag zur Statik und vor allem Dynamik (weil der Einzelne hier im wahrsten Sinne des Wortes mehr „bewegen" kann) des Rechts auf den ersten Blick gering erscheinen mag, die in diesem Buch behandelten Themen liefern zahlreiche Anknüpfungspunkte, um diesem Engagement einen Sinn zu verleihen.

So betrachtet kann die Rechtssystembefähigung, um die es letztlich in diesem Buch geht, eine Eintrittskarte zur Teilnahme am „Abenteuer Recht" darstellen. Denn das ist die intensive Beschäftigung mit Recht: Eine nicht enden wollende Exploration eines sich ständig wandelnden Untersuchungsobjekts mit immer neuen Einsichten, aber auch Handlungsmöglichkeiten.

# Stichwortverzeichnis

**A**
ab initio, 115
Abhilfeklage, 126
Absatz, 18
Abtretung, 52, 56
Abwägung, 4
Abwehrrecht, 45
Adressat, 11, 35, 43, 53, 72, 118, 136
Akteur, 10, 126, 139
Allgemeinverfügung, 24
Amtsnotar, 80
Amtssprache, 11
Änderungsgesetz, 18
Anerkenntnisurteil, 22
Anerkennung
  privater Rechtsquellen, 59
  von Urteilen, 58, 59
Anfechtbarkeit, 54
Angeklagter, 47
Annexdienstleister, juristische, 82–83
Anspruch, 46, 51
Anstandsgefühl, 142
Anwaltskosten, 104
Anwaltsnotar, 80
Anwaltszwang, 104
Anwendbarkeit, 62
Anwendungsbereich, 25, 50, 70
Anwendungsvorrang, 65, 68, 71
Argumentation, 7, 9, 72, 73, 101–102, 149
Artikel, 18
Artikelgesetz, 18
Aufhebungsgesetz, 18
Aufklärungspflicht, 47, 122, 128
Augenschein, 107
Auslegung, 9–11, 19, 23, 28, 31, 33, 62, 68, 70, 72, 99, 102, 152
Auslegungsmethode, 11, 101
Aussageverweigerungsrecht, 107
Außerkraftsetzung., *siehe* Außer-Kraft-Treten
Außer-Kraft-Treten, 60
Ausübung
  von Rechten, 41, 46, 49, 52, 96
  von Zwang, 3, 6, 43
Autonomie, 132

**B**
Befangenheit, 21
Befristung, 60–62
Befugnis, 2, 6, 25, 46, 53, 64
Begriff, 10
Begründung, 9, 22, 25, 97, 98, 101–102
Bekanntgabe, 62
Beklagter, 48, 106
Beratung, 159
Beratungshilfe, 105
Beruf, zugangsbeschränkter, 75, 79
Berufsjurist, 75, 100, 139, 152, 154, 155, 158, 159
Berufsrecht, 79
Berufung, 21
Bescheid, 26
Beschluss, 22, 27
Beschuldigter, 47
Beschwerde, 21
Bestandskraft, 62
Betriebsvereinbarung, 30
Beurkundung, 80
Beweis, 9, 105
Beweislast, 106
Beweismittel, 106–107
Beweisrecht, 95, 105
Beweissicherungsverfahren, 108
Beweisverfahren, 107–108
bilateral, 32, 129


B. Bergmans, *System und Grundlagen des deutschen Rechts*, Springer-Lehrbuch,
https://doi.org/10.1007/978-3-662-72724-9

Billigkeit, 149–150
Bösgläubigkeit, 49
Brauch, 32
Bundesgericht, 66, 97
Bundesgesetzblatt, 17, 60, 97
Bundespräsident, 17
Bundesrat, 17
Bundesrecht, 66
Bundesstaat, 5
Bundestag, 17
Bundestagsdrucksache, 94
Bundesverfassungsgericht, 20, 21, 46, 96
Bürgerbegehren, 123
Bürgerrecht, 45
Bürokratie, 92, 155
Bußgeld, 124

**C**
Compliance, 83, 119, 127–128, 154
contra legem, 149
Corporate-Governance-Kodex, 31

**D**
de lege ferenda, 9, 73, 102
de lege lata, 9, 73, 102
Defensivnotstand, 108
Delegation, 17
Delikt, 38
Deliktsfähigkeit, 36
Demokratie, 7, 93, 94, 116, 137, 148
  repräsentative, 93
Diplom-Jurist, 84
Diskriminierung, 92, 146
dispositiv, 30, 40, 66
dissenting opinion., *siehe* Sondervotum
Doppelbesteuerungsabkommen, 67, 72
Drittwirkung der Grundrechte, 44
Drucksache., *siehe* Bundestagsdrucksache, Bundesratsdrucksache

**E**
Effektivität, 119, 131
Effizienz, 8, 119, 146–147
Ehe, 39
Ehe- bzw. Partnerschaftsschließungsfreiheit, 48
Eid, 107
Eidesfähigkeit, 36
Eigenmacht, 109, 114
Eigentum, 37, 39, 51
Eigentumsfreiheit, 48
Einführungsgesetz, 18
Eingriff, 43, 126
Einheit, 64
Einklagbarkeit, 31
Einrede, 52
Einwendung, 52
erga omnes, 51
Erkenntnisverfahren, 96
Erlass, 25
Erlaubnis, 3
Ermächtigung, 24
Ermessen, 43, 45, 149, 152
Erzwingbarkeit., *siehe* Zwang
Ethik, 3, 37, 92, 117, 123, 135, 141–143, 147
EU (Europäische Union), 5
EuGH., *siehe* Gerichtshof (EU)
Europäische Union (EU), 5
Europäischer Gerichtshof., *siehe* Gerichtshof (EU)
Europarecht., *siehe* Recht, europäisches
ex ante, 100
ex nunc, 68
ex post, 99
ex tunc, 68
Exekutive, 6, 24–26, 94
Experte., *siehe* Gutachter

**F**
Fachanwalt, 79
Fachbegriff., *siehe* Begriff
Fahrlässigkeit, 49
Faustrecht, 4, 108
Fiktion, 121
Föderalismus, 5, 137
Forderungsrecht, 37, 51, 56
Fraktionszwang, 94
Freihandelsabkommen, 130
Freiheit, 4, 29, 40, 43–45, 48, 49, 59, 92, 125, 126, 138, 141–142
Freiheitsgrad, 89, 99–102
Freiheitsstrafe, 38
Freiraum, 4, 64
Freistellung, 3
Frieden, 140–141
Friedensrichter, 78
Frist, 28, 38, 60, 62

**G**
Gebot, 3
Gefälligkeit, 32
Gegenrecht, 42, 52

Geldstrafe, 38
Geltung, 28, 29, 53
Geltungsvorrang, 60, 65, 68, 72
Gemeinwesen, 5
Gemeinwohlinteresse, 42, 43, 48, 126
Generalklausel, 23, 31, 44, 48, 50, 101, 135, 149
Gerechtigkeit, 5, 96, 116, 122, 139, 143–148
Gericht, 19
  der EU, 28
Gerichtsbarkeit, 20
  freiwillige, 20, 22, 77
Gerichtshof
  EU, 28
  international, 27
Gerichtskosten, 104
Gerichtsstand, 58
Gerichtssystem, 20–21
Gerichtsverfahren, 20, 96–97, 104
Gerichtsvollzieher, 77, 97, 109
Geschäftsfähigkeit, 36
Gesellschaft, 30, 59
Gesetz, 4, 16, 18
  materielles, 25
Gesetzbuch, 18, 40
Gesetzesabkürzung, 17
Gesetzesauslegung, 9, 19, 31, 62, 72, 93, 100, 101, 135, 149
Gesetzesbezeichnungen, 18
Gesetzesentwurf, 19, 94
Gesetzeserschleichung, 50
Gesetzesfolgenanalyse, 9
Gesetzesnovelle., *siehe* Novelle
Gesetzestreue, 150
Gesetzesumgehung, 50
Gewalt
  gesetzgebende. (*siehe* Legislative)
Gesetzgebung, 16, 91–95
Gesetzgebungsflut, 92, 125
Gesetzgebungslehre, 118
Gesetzgebungsmaterial, 19
Gesetzgebungsorgan, 16
Gesetzgebungsqualität, 93, 115
Gesetzgebungsverfahren, 24, 93–94
Gesetzlichkeitsprinzip, 47
Gestaltung, 4, 47, 50, 62, 66, 73, 86, 100, 101, 114, 115, 125, 159
Gestaltungsrecht, 52
Gestaltungsspielraum, 59, 99, 139, 154
Gewalt
  hoheitliche, 44
  rechtsprechende (*siehe* Judikative)
  vollziehende (*siehe* Exekutive)
Gewaltenteilung, 6, 64, 94, 141
Gewaltmonopol, 6, 140
Gewohnheitsrecht, 26, 31, 67
Glaubhaftmachung, 108
Gleichheit, 23, 25, 40, 48, 64, 123, 133, 145–146
Gründe
  tragende, 98
Grundgesetz, 5, 17, 43
Grundlagenfächer, 8
Grundordnung, 43–44
Grundrecht, 7, 44, 45, 137
Gut, immaterielles, 37
Gutachter, 102, 107
Gütestelle, 78
gütlich, 78, 96, 110

**H**

Haftung, 31, 33, 38, 40, 49
Handlung
  rechtsgeschäftsähnliche, 38
  unerlaubte, 38
Handlungsfähigkeit, 36
Handlungsfreiheit, 29, 30, 49, 141
Herrschaftsrecht, 4, 51
Hierarchie, 64–68
Hinweisgeber, 128
höchstinstanzlich, 23, 62, 65, 73, 97, 99–101, 153
höchstrichterlich., *siehe* höchstinstanzlich
Hoheitsbereich, 57
Hoheitsrecht, 126
homo juridicus, 119
homo oeconomicus, 146

**I**

Ideal., *siehe* Rechtsideal
Immobilie., *siehe* Sache, unbewegliche
in dubio pro reo, 47
In-house-Rechtsberater., *siehe* Rechtsabteilung
In-Kraft-Treten, 60
Instanz
  Gericht, 21, 23, 28, 65, 66, 97, 99
  Rechtsetzung, 4, 15, 17
inter partes, 51
Interpretation., *siehe* Auslegung
Investitionsschutzabkommen, 129
ipso iure, 68

**J**

Judikative, 6, 19, 96
Jurist/in, 75

Juristendeutsch, 11
justiziabel, 56, 59, 63
Justizialisierung, 155

**K**

Kammer (Gericht), 21
Kapitalgesellschaft, 36, 58
Kasuistik, 102, 149
Kavaliersdelikt, 125
Klagebefugnis, 4
Kläger, 48, 102, 105, 106
Kohärenz, 136
Kollegialgericht, 96
Kollektivklage, 126
Kollisionsregel, 29, 58, 69, 71, 72, 131
Kombinationsregel, 69–70
Kompetenz, 53
Konsolidierung (Gesetz), 17
Kraft, normative des Faktischen, 94–95, 103, 117, 156
Kriminalpsychologie., *siehe* Rechtspsychologie
Kriminologie, 9, 41, 111

**L**

Landesrecht, 5, 57, 66, 68, 78
Landtag, 17
legal tech, 104, 154
Legalität, 47, 60, 102, 139
Legislative, 6, 16
Legistik., *siehe* Gesetzgebungslehre
Legitimität, 5, 102, 114, 139, 146, 148, 156
Leistungsanspruch., *siehe* Leistungsrecht
Leistungsrecht, 46
Leitsatz, 23, 97, 98
lex posterior, 71
lex specialis, 70
lex superior, 70
Liberalismus, 141
Lobbying, 94, 116, 133

**M**

Macht, 4, 114, 123, 141
Machtgleichgewicht, 6
Machtmissbrauch., *siehe* Macht
Machtmonopol, 114
Mantelgesetz, 18
Mediation, 110
Mehrheit, 102, 116, 122
Mehrheitsentscheidung, 93, 96, 148
Meinung, herrschende, 23, 73
Menschenrecht, 45, 137, 141
Menschenwürde, 37
Methodenlehre, 8, 101
Minderheit, 116, 148
Mindermeinung, 73
Mobilie., *siehe* Sache, bewegliche
Moral., *siehe* Ethik
multilateral, 129
Musterfeststellungsklage, 126

**N**

Nachtwächterstaat, 126
Nationalstaat, 5, 57, 127, 131–133
Naturrecht, 5, 102, 144, 158
Nichtanwendungserlass, 153
Nichtbeachtung, 113
Nichtigkeit, 54, 68
Nichtjurist, 81
Norm, 2, 55–58, 60–61, 68, 95
  technische, 31
  soziale, 92
Normenkontrollentscheidung, 20
Normierungstechnik, 118
Normkonkurrenz, 64
Notar, 80
Nothilfe, 108
Notwehr, 108
Novelle, 18
numerus clausus, 59

**O**

obiter dictum, 98
Objektivitätsprinzip, 47
Öffentlichkeit, 20, 43
Offizialmaxime, 47
Ombudsstelle, 110
Opportunitätsprinzip, 47
Ordnung, 2, 25, 64, 93
  Gesetz, 18
Ordnungsfähigkeit, 114
Ordnungswidrigkeit, 38
Organ, 36
  der Rechtspflege, 75, 79
Organisation, 30

**P**

Paragraph, 18
Parteifähigkeit, 36
Parteivernehmung, 107
Patentanwalt, 80
Person

juristische, 19, 36, 47
natürliche, 36, 47
Personengesellschaft, 36
Personenvereinigung., *siehe* Personengesellschaft
Petition, 123
Pflicht, 47, 51, 144
Pflichtverteidiger, 104
Psychologie, forensische., *siehe* Rechtspsychologie
Positivismus., *siehe* Rechtspositivismus
Präjudiz, 23
Praxis, 7, 9, 23, 25, 32, 73, 85, 94, 95, 97–98, 100, 101, 119, 124, 130, 136, 157
Primärrecht (EU), 27–28
Priorisierungsregel, 70–71
Privatautonomie, 29, 48, 50, 56, 62, 141
Privatinteresse, 126
Privatklage, 47
Privatrecht, 39, 41, 48, 49, 126, 129
Internationales, 29, 58, 71, 73, 131
Produkthaftung, 38
Prozess., *siehe* Gerichtsverfahren
Prozessfähigkeit, 36
Prozessfinanzierung, 105
Prozesskostenhilfe, 105
Prozessordnung, 20
Prozessrecht, 36, 61, 105
europäisch, International, 58

**R**

Rangstufe, 60, 64, 67, 70–71
Ratifizierung, 26
ratio legis, 101
Realakt, 38, *siehe* Tathandlung
Recht
absolutes, 51
ausländisches, 26, 29, 57, 58, 66, 71, 154
der Europäischen Union. (*siehe* Recht, europäisches)
europäisches, 27–29, 66
formelles, 2, 96
höchstpersönliches, 46, 52
interlokales, 71
Internationales Öffentliches. (*siehe* Völkerrecht)
intertemporales, 72
materielles, 2
nichtstaatliches, 29–31
objektives, 3, 15
Öffentliches, 17, 19, 24, 36, 39, 41, 43, 49
positives, 4, 35, 143, 144, 151, 157
relatives, 51
subjektives, 3, 41–42, 44–46, 50–52, 126
überpositives, 5
übertragbares, 52
Rechtfertigung, 102
rechtmäßig, 43
Rechtsabteilung, 84, 85, 103
Rechtsanwalt, 79–80, 103
Rechtsanwender, 7, 99, 101, 102, 155
Rechtsanwendung, 4, 5, 8, 12, 64, 65, 72, 99–101, 103, 116
Rechtsbefolgung, 3, 4, 115
Rechtsbehelf, 21
Rechtsberatung, 79, 81, 103
Rechtsbereich, 23, 27, 39–40
Rechtschaffenheit, 127
Rechtsdienstleister, 78–83
Rechtsdienstleistungsgesetz, 79, 81, 103
Rechtsdogmatik, 7, 73
Rechtsdurchsetzung, 27, 61, 78, 96, 102, 108–109, 114, 116, 117, 121, 123–126, 131, 154, 156
Rechtserkenntnisquelle, 15, 20, 24, 39, 73
Rechtsetzung, 8
Rechtsetzungsmethodik, 118
Rechtsetzungsverfahren, 17
Rechtsfähigkeit, 35
Rechtsfigur., *siehe* Rechtsinstitut
Rechtsfolge, 2, 3, 38, 54, 56, 68, 69, 92, 96, 99, 100, 121
Rechtsfortbildung, 8, 22, 72, 95, 149
rechtsfreier Raum, 2, 4, 138, 142
Rechtsfrieden, 96, 141
Rechtsgebiet, 40–41
Rechtsgefühl, 144, 150
Rechtsgehorsam, 114, 149
Rechtsgeltung, 53
Rechtsgeschäft, 38
Rechtsgeschichte, 8
Rechtsgestaltung, 8
Rechtsgewinnung, 8
Rechtsgut, 38
Rechtshandlung, 37
Rechtsharmonisierung, 29, 131
Rechtsideal, 11–12, 44, 121, 152
Rechtsinstitut, 35, 39, 74
Rechtskenntnis, 82, 95, 103–104, 117, 121–123, 157, 158
Rechtskonformität, 114, 124, 127
Rechtskonstrukt, 36
Rechtskraft, 19, 21, 56, 96
formell, 61
Rechtskunde, 122
Rechtslage, 2, 7, 10, 24, 58, 61, 62, 72, 95, 97, 102, 111, 117

Rechtsmethode, 22
Rechtsmissbrauch, 4, 49, 52
Rechtsmittel, 21, 29, 96
Rechtsmittelbelehrung, 22
Rechtsnorm, 15, 16, *siehe* Norm
Rechtsnormkonkurrenz, 68–72
Rechtsobjekt, 37
Rechtsökonomik, 8, 111
Rechtspersönlichkeit, 36
Rechtspflege, 75, 77
  vorsorgende, 76, 80
Rechtsphilosophie, 8
Rechtspolitik, 8
Rechtspositivismus, 5, 89, 139, 144, 158
Rechtsprechung, 19, 22, 56, 58–59, 61–62, 95–99
  ständige, 23, 32
Rechtspsychologie, 8, 41
Rechtsquelle, 15
  private, 56, 59, 62
Rechtsreflex, 42
Rechtssatz, 98, *siehe* Norm
Rechtsschutz, 19, 103, 105, 108
Rechtssicherheit, 4, 32, 61, 62, 72, 93, 99, 132, 136, 138, 140
Rechtssoziologie, 8
Rechtsstaat, 44, 76, 108, 123, 137, 141
Rechtsstaatsprinzip, 6, 19
Rechtssubjekt, 35–36
Rechtssystem., *siehe* System
Rechtstheorie, 8
Rechtsträger, 35
Rechtstreue, 4, 114–115, 127
Rechtsübertretung, 95, 120, 124
Rechtsungehorsam, 95
Rechtsvereinheitlichung, 29
Rechtsvergleichung, 8
Rechtsverletzung, 4
Rechtsverordnung, 19, 24
Rechtsverstoß, 3
rechtswidrig, 38
Rechtswirklichkeit, 11–12
Rechtswirksamkeit, 19, 20, 25, 26, 38, 52, 54, 62, 65–68, 72
Rechtswissenschaft, 7–9, 15, 39, 72, 73, 101, 102, 139, 147, 151, 159
Referentenentwurf, 94
Regulierung, 43, 92, 115, 120, 122, 126
Relativität
  des Rechts, 2, 157
  Vertrag, 30
Resolution, 27
Ressourcen, 124
Revision, 21
Rezeption, 131
Richter, 19, 76–77, 99
  ehrenamtlicher, 76, 123
Richterrecht, 22–24, 32
Richtlinie (EU), 28
Risiko., *siehe* Sicherheit
Rückwirkung, 60, 61

S

Sache, 37
  bewegliche, 37
  unbewegliche, 37
Sachrecht., *siehe* Recht, materielles
Sachverhalt, 6, 9, 10, 20, 22, 47, 57–61, 63, 68–71, 86, 95, 96, 98–101, 106, 107, 120, 131
Sachverhaltsfeststellung, 9
Sachverständiger, 9, 104, 107
Sanktion, 3, 27, 42, 50, 58, 60, 115, 117, 119, 120, 122, 124, 129, 131, 142
Satzung, 19, 25
Satzungsautonomie, 17, 19, 25
Schiedsgericht, 126, 129
Schiedsgerichtsbarkeit, 110
Schiedsperson, 78
Schiedsspruch, 109, 129
Schiedsstelle, 78
Schlichter, 78
Schlichtung, 110
Schöffe., *siehe* Richter, ehrenamtlicher
Schuld, 51
Sekundärrecht (EU), 28
Selbsthilfe, 109
Selbstregulierung, 30–31
Selbstverpflichtung, 30
Selbstverwaltungsträger, 19, 25
Senat (Gericht), 21
sensu lato, 16
sensu stricto, 16
Sicherheit, 12, 49, 92, 140
Sitte., *siehe* Verkehrssitte
  gute, 49, 50, 52, 142
sittenwidrig., *siehe* Sitte, gute
Sittlichkeit., *siehe* Sitte, gute
Sitzungsprotokoll, 19
Sondervotum, 96
Sozialstaat, 137
Sportgericht, 129
Sprache, 10–11
Staat, 5, 125–130, 153
Staatsangehörigkeit, 45

Staatsanwalt, 77, 99, 128
Staatsgebiet, 57
Staatsgewalt, 6, 7
Staatsorganisation, 16, 24, 43
Staatsvertrag, 28, 67
Staatsverwaltung, 127
Stabilität, 137
Stammgesetz, 18
Standard (technischer), 31
Statut, 27
Steuerberater, 80–81
Steuerparadies, 132
Steuerung, 119, 125, 127, 143
Strafbarkeit, 46
Strafe, 3
Straffähigkeit, 36
Strafrecht, 41, 46–47, 106
Straftat, 38
Straftatbestand, 38
Strafverfahren, 104
Streitregelung, 129–130
  alternative, 109–111
  außergerichtliche, 110, 154
  einvernehmliche, 48, 78
  nichtjuristische, 110–111
  vorgerichtliche, 78
subsidiär, 71
Subsumtion, 99, 100
Syndikusrechtsanwalt, 79, 85–86
System, 6, 7, 11, 13, 39–42, 64, 65, 73–74, 78, 89, 122, 124, 137, 151, 155
System-Freiheit, 141

T
Tarifvertrag, 30
Tatbestand, 99
Tathandlung, 38
Tatsache, 21, 47, 50, 94, 102, 105–107
Teilhaberecht, 46
Teilrechtsordnung, 5
Tenor, 22, 98
Territorium, 5, 6, 57
Testierfähigkeit, 36
Testierfreiheit, 48
Theorie, Ökonomische des Rechts., *siehe* Rechtsökonomik
Tier, 37
Träger hoheitlicher Gewalt, 44
Transparenz, 43, 136
Treu und Glauben, 33, 49
Tun, 37, 49, 51

U
Übergangsregelung, 60
überstaatlich, 5, 26–29, 113, 127, 132
Überwachungsstaat, 125
ungerecht., *siehe* Gerechtigkeit
ungeschrieben, 32
Unkenntnis schützt vor Strafe nicht, 121
Unrecht, 5, 32, 96
Unschuldsvermutung, 106
Unterlassen, 37, 49, 51
Unternehmen, 127, 153
Unternehmensjurist, 84
unwirksam., *siehe* Rechtswirksamkeit
Unwirksamkeit., *siehe* Wirksamkeit
unzulässig, 52
Urkunde, 20, 107, 109
Urkundenbeweis., *siehe* Urkunde
Urteil, 7, 19–21, 24, 42, 66, 96, 108, 121, 124
  Arten, 22
  ausländisches, 58
Urteilsspruch, 22, 96, 98, 140

V
Verabschiedung eines Gesetzes, 16
Verantwortung, 36, 48, 49, 84, 86, 89, 118, 119, 127, 128, 139, 142, 150
Verband, 36, 42, 82, 126
Verbandsklage, 42, 126
Verbandsregelwerk, 129
Verbindlichkeit, 3, 51
Verbot., *siehe* Gebot
Verbraucher, 48, 55, 81, 110, 122, 126, 153
Verbrechen, 38
Verein, 30, 36, 59, 129
Vereinheitlichung, 132
Vereinigungsfreiheit, 48
Verfahren, 2, 9, 16, 17, 20–22, 25, 27, 28, 30, 40, 47, 48, 54, 56, 60, 61, 64, 93–94, 96–97, 104, 107–108, 148
Verfassung, 5, 17
Verfassungsmäßigkeit, 44, 49, 93, 115
Verfügung, 22
  einstweilige, 108
Vergehen, 38
Vergleich, 78, 96, 103, 110, 111, 130
Verhalten, 100, 114, 119, 121, 122, 127, 137, 141, 142, 146
Verhältnismäßigkeit, 109, 137, 141
Verjährung, 61
Verkehrssitte, 3, 31–33, 49
Verkündung (Urteil), 20
Vermögensmasse, 36

Veröffentlichung, 17, 20, 25, 26, 97, 121–122
Verordnung (EU), 28, 29, 132
Verrechtlichung, 82, 92, 155–156
Versäumnisurteil, 22
Verschulden, 38, 49
Versicherung an Eides statt, 107
Verständlichkeit des Rechts, 11, 121–122, 136
Vertrag, 30, 39, 56, 62
 bilateraler, 26
 multilateraler, 26
Vertragsfreiheit, 48
Vertragsgestaltung, 9, 73
Vertragsverletzungsverfahren (EU), 29
Vertretbarkeit, 102
Verurteilung, 47, 97, 124
Verwaltungsakt, 24, 38
Verwaltungsanordnung, 26
Verwaltungsjurist, 87
Verwaltungsvorschrift, 25
Völkerrecht, 26, 67
Vertrag
 völkerrechtlicher, 27, 132
 völkerrechtlicher (Arten), 26
Volljurist, 76, 79, 84, 87
Vollstreckung, 21, 24, 42, 58, 78, 109
Vollstreckungstitel, 21, 109
Vollstreckungsverfahren, 97, 109
Vollzugsdefizit, 124
von Amts wegen, 47
Vorabentscheidungsverfahren (EU), 28
Vorinstanz, 99
Vorrang, 54, 65, 67
Vorsatz, 49
Vorverständnis, 100, 139, 147

**W**
Wert, immaterieller, 69, 147
Wertungswiderspruch, 65
Wettbewerb der Rechtsordnungen, 132–133
Whistleblower., *siehe* Hinweisgeber
widerrechtlich, 38
Wiederaufnahmeverfahren, 56
Wille, 3, 6, 11, 30, 32, 33, 38, 48, 52, 94, 101
Willenserklärung, 11, 38
Wirksamkeit, 113–120, 124, 125, 127, 143, 150
Wirkung extraterritoriale, 58, 131
Wirtschaftsjurist, 84, 86, 87
Wirtschaftsprüfer, 81, 119
Wirtschaftswissenschaft, normative, 8, 132, 146
Wortlaut, 10, 11

**Z**
Zeugenbeweis, 107
Zeugnisverweigerungsrecht, 106, 107
Zugang
 zum Recht, 11, 48, 102, 103, 122, 153, 154
 zur Justiz, 19, 102, 103, 122
Zuständigkeit, 5, 21, 24, 25, 27, 28, 43, 53, 57, 59, 64, 67
Zwang, 3, 29, 30, 40, 43, 48, 50, 56, 66, 122, 126, 127, 141, 154
Zwangsvollstreckung., *siehe* Vollstreckung
Zweckmäßigkeit, 136
zwischenstaatlich, 6, 26, 27, 131, 141
Zwischenurteil, 22

Zeitfracht Medien GmbH
Ferdinand-Jühlke-Straße 7
99095 Erfurt, Deutschland
produktsicherheit@kolibri360.de